내셔널리즘의 틈새에서

ナショナリズムの狭間から：「慰安婦」問題へのもう一つの視座

이 도서의 국립중앙도서관 출판시도서목록(CIP)은 e-CIP홈페이지(http://www.nl.go.kr/ecip)와 국가자료공동목록시스템(http://www.nl.go.kr/kolisnet)에서 이용하실 수 있습니다.(CIP제어번 호 : CIP2012000521)

위안부 문제를 보는 또 하나의 시각

내셔널리즘의 틈새에서

ナショナリズムの狭間から：「慰安婦」問題へのもう一つの視座

야마시타 영애 지음 | 박은미 옮김

한울
아카데미

시작하며

1988년 9월 나는 마음 한구석에 불안과 기대를 품고 한국에서의 유학 생활을 시작했다. 때마침 서울 올림픽이 열려 거리마다 올림픽 주제가였던 「손에 손잡고」가 울려퍼지고 있었다. 산뜻한 공기와 투명한 창공, 저 잣거리에서 들려오는 활기찬 소음, 그리고 생활 속에 스며들어 있는 한국 특유의 냄새가 인상적으로 느껴졌다.

한국에서 유학하기로 한 이유는 두 가지였다. 하나는 조선의 여성사·여성 문제를 연구하고 싶다는 생각, 또 다른 하나는 아버지의 고향인 한국에 가서 언어와 문화를 익히고 정체성에 대한 고민에 종지부를 찍고 싶다는 생각이었다. 앞으로 상세하게 기술하겠지만, 나는 이른바 조선총련계 소학교(도쿄 조선제3초급학교)에 다녔고, 일본에 살면서 조선인으로서의 정체성을 키워왔다. 그러나 6학년 때쯤 아버지가 총련을 그만두게 된 것을 계기로 어머니가 일본인이며 나 자신도 일본 국적을 갖고 있다는 사실을 알게 되었다. 그 일이 있은 뒤 나는 다른 많은 '재일조선인' 젊은이들이 그랬듯이 내가 '조선인인지 일본인인지', '재일조선인이란 무엇인지' 등 정체성에 관한 고민을 계속하게 되었다. 또 유학을 결심하게 된 이유로 한국 이화여자대학교에 여성학을 마음껏 배울 수 있는 여성학과(Women's Studies)가 있다는 점도 매력적으로 다가왔다.

그런 경위로 유학생활을 시작한 나는 곧바로 한국 여성들과 위안부 문제에 매달렸다. 이 문제는 나에게 멋진 주제로 다가왔고, 내가 활동할 만한 장이라 생각했기 때문이다. 당시 나는 여기에 매달리면서 여성학적 사고를 심화하는 동시에 운동과 일체감을 가짐으로써 정체성 고민을 극복하려 했다. 그러나 운동을 진행해나가는 사이, 위안부 인식에 대한 활동가들, 그리고 한국 사회의 뿌리 깊은 민족주의 의식에 직면하게 되었다.

나에게 여성학을 통해 배운 이론과 눈앞에서 벌어지고 있던 운동의 민족주의적인 위안부 인식과 운동 내용은 양립될 수 없는 것이었다. 일반 조선인 여성이 속아서 연행되어 위안부가 된 경우와 위안소로 가게 된다는 사실을 알고 있던 창기 출신자가 상당수를 차지한 일본인 위안부의 경우를 구별하여, 전자는 '성노예'지만 후자는 자기 의사로 된 '매춘부'라고 간주했던 당시 한국 활동가들의 인식을 솔직히 받아들일 수 없었다. 또 '여성을 위한 아시아 평화국민기금(이하 국민기금)'을 받을 것인지를 둘러싸고 피해자에 대해서보다 운동을 우선시키는 운동방침에도 찬성할 수 없는 부분이 있었다.

활동가들과의 견해 차이로 괴로워하다가, 나는 한국인과 일체감을 갖고 있다고 생각했던 것이 나의 착각이라는 의식에 이르렀다. 그리고 내가 존경하며 믿고 있는 사람들의 사고를 깊이 이해하고 싶었다. 마찬가지로 페미니즘(여성주의)을 주장하며 한국 사회의 여성차별을 고발해온 운동단체 활동가들이 왜 위안부 문제에 관해서만큼은 민족주의자가 되는지 알고 싶었다.

물론 '민족주의자'라는 말 한마디로 뭉뚱그리는 것은 위험하다. 사람에 따라 그 내용과 정도가 다르기 때문이다. 또 이 운동에 관련된 사람들도 똑같지 않고, 모두를 페미니스트로 규정하는 일도 불가능하다. 하지만 적어도 내가 함께 활동해온 운동단체의 열 명가량 되는 중심 활동가들은 한국의 군사독재정권 아래에서 민주화운동에 참가하고 1980년대 후반부터는 여성운동에도 적극 매진한 사람들이었다. 또 직접 운동에 참가하지 않았더라도 운동을 지지했으며, 이미 대학교수와 여성단체 지도자로서 사회적 지위가 높은 지식인 여성들이었다.

그 때문에 내가 한국에서 공부한 10년, 아니 후반 5년 정도는 활동가들과의 견해 차이에 관해 여러 가지로 생각하게 만든 시간이었고, 그런 고민은 한국을 떠난 뒤에도 지속되었다. 그리고 자연히 그것이 내 연구주제의 하나가 되었다. 이 책은 그 궤적이라고도 말할 수 있다.

내가 이 운동에 관여하면서 해온 활동을 돌이켜보면, 첫째로 한국에서 일어난 운동의 내용을 일본에 정확하게 전달하려고 노력했다. 둘째, 위안소 제도는 무엇인가에 대해 조사, 연구했다. 셋째, 운동단체와 여론에 나타난 남성중심적이고 민족주의적인 위안부 담론을 비판했다. 넷째, 한국의 활동가들이 왜 이런 인식을 지니고 있는지를 식민지지배로 인한 트라우마라는 관점과 여성운동의 역사성이라는 측면에서 생각해보았다. 다섯째, 위안부 문제를 나 자신의 내셔널 아이덴티티에 대한 고뇌와 연결지어 생각해본 것 등으로 정리할 수 있다.

장별 내용은 다음과 같다.

먼저 서장에서는 나 자신의 정체성에 대한 고민의 원점으로 거슬러올라가 양친과 어린 시절의 이야기, 그리고 한국에 유학 와서 위안부 문제에 매달리게 된 경위를 기술했다.

제1장에서는 '위안부' 또는 '위안소' 제도는 무엇인가 하는 의문에서부터, 이 제도의 토대가 된 조선의 공창제도에 관해 고찰했다. 내가 이 연구를 시작한 1990년대 초는 조선의 공창제도에 관한 연구가 일본은 물론 한국에서도 거의 전무했다. 그래서 19세기 말부터 20세기 초반에 걸쳐 어떤 경위로 일본식 공창제도가 조선에 도입되었고 그 특징은 어떠했는지에

관해 조사했다. 조선에서 위안부 징집이 대규모로 이루어지게 된 배경에는 공창제도의 침투와, 그에 동반된 주선업자와 인신매매라는 구조가 자리잡고 있었던 것이 분명하다.

제2장에서는 위안소 제도를 일본군이 자행한 성적폭력의 전체상 속에 위치 지워 전쟁과 성폭력이라는 측면에서 위안부 문제를 상대화하여 파악하려 했다. 그렇게 함으로써 일본군의 성적폭력의 특징과 위안부의 역사적 성격이 보다 명확해질 것이라 생각했기 때문이다.

제3장에서는 여성학의 관점으로 한국의 위안부 문제와 관련된 이른바 민족주의적인 인식에 대해 비판했다. 그리고 페미니즘적 관점에서 위안부 인식은 어떠해야 하는지 논의했다. 이것은 이화여자대학대학원 여성학과에서 공부하고 논의한 내용이 토대가 되었다.

제4장에서는 앞 장에서 논의한 문제를 더욱 진전시켜, 왜 운동단체 활동가들이 이런 인식을 지니게 되었는지에 관해 살펴보았다. 특히 주디스 허먼의 연구를 도입하여 위안부 생존자들을 성적폭력 피해자로 간주하는 일의 중요성과, 활동가들 역시 식민지지배에 따른 마음의 상처를 받았다는 점을 언급했다.

제5장은 앞 장의 문제의식을 공유하면서, 각도를 바꾸어 한국의 위안부 문제 해결운동의 주체를 1980년대 이후 여성운동의 흐름 속에 위치 지우고자 했다. 운동단체의 중심이 된 한국여성단체연합은 민주화운동의 진전과 밀접한 연관을 지니고 있다. 이런 흐름과 한국에서의 여성학과 페미니즘운동의 계보는 어떻게 관련되어 있는지 살펴보았다.

일본 사회든 한국 사회든 근대에 형성된 민족의식은 남성중심의 가부장제를 그 토대로 한다. 어느 사회에서든 여성은 배제되고 차별대상이 되었다. 이런 배제와 차별의식은 그 자녀와 외국인, 그리고 '이질적'이라 여겨지는 사람들에게까지 미쳤다. '조선(한국)인인가, 일본인인가' 하는 양자택일적인 질문은 이러한 타자 배제의 사회구조 위에서 성립되어온 것이 아닐까. 한국의 민족주의적 위안부 인식에 대해 고찰하는 동안 그런 점이 명확하게 눈에 띄었다는 생각이 들었다. 타자에게 양자택일을 강요하는 것이 가부장적 사고방식이며, 양자택일을 미리 고민하는 것조차 스스로 그것을 내면화하고 있다는 증거라고 말할 수 있을지도 모른다. 종장에는 그런 사고를 담았다.

추가된 장은 일본인 위안부 문제에 관한 글이다. 일본에서 이 책을 출판한 다음, 이 책에서 일본인 위안부 문제를 거론하지 못했다는 생각이 들었다. 다행히 출판 직후 일본인 위안부에 관한 논문을 쓸 기회가 찾아왔다. 문제 제기 수준에 불과하지만 한국 사람들도 이 문제에 대해 고려해주었으면 하는 생각에서 한국어판에서 추가했다.

한편 본문에도 여기저기 언급했지만, 한국에서 위안부 문제는 운동이 일어난 당시부터 '정신대'라는 어휘를 일본군 위안부의 의미로 사용하고 있었다. 그것은 해방 후 한국에서 하나의 집단적 기억으로 형성되었다고 말할 수 있다. 그러나 사실은 '여자정신근로령(女子挺身勤勞令, 1944년 8월 일본에서 공포)에 기초하여(실제로는 그 이전부터이지만) 일본의 군수공장 등에서 노동을 강요당한 약 4,000명에 이르는 조선인 여자정신대원들이 해방 후 위안부와 혼동된 것이다. 여기에 위안부 문제의 한국적 특징이 있다고 말할 수 있다. 보론은 이 문제에 관하여 기술했다.

끝으로, 위안부 문제에 대해 간단하게 설명해둔다.

일본군 위안부는 1931년에 시작된 '아시아태평양 전쟁' 중에 일본 병사의 성욕 처리를 위해 설치된 위안소에서 병사의 성적행위 상대자가 된 여성들을 말한다. 후술하듯이 위안부로 강제당한 사람은 일본인을 비롯하여 조선인, 타이완인, 중국인, 필리핀인, 인도네시아인, 네덜란드인도 포함한 일본군에 점령된 각 지역의 여성들이었다. 위안부들은 군의 감시 아래 '위안'을 강요당했으며, 그 실태는 성노예였다. 여성들 가운데는 가혹한 생활로 인해 죽은 사람도 있고, 살해당한 사람도 있다. 살아남는 일이 가능했다 해도 현지에 버려졌고, 운이 좋아 고향에 돌아갔다 해도 일단 위안부였다는 사실이 알려지면 어느 나라에서든 '더럽혀진 여성'으로 차별당했다. 그 때문에 전후 약 반세기가 지난 뒤에도 이 여성들은 침묵을 강요당하고 사회로부터 잊혀온 것이다.

일본군 위안부 문제에 관한 관심은 일본과 한국의 1980년대 여성운동 속에서 이미 그 싹을 드러냈지만, 반세기에 걸친 침묵을 깨는 계기를 만든 것은 한국의 여성들이었다. 1990년 5월, 한국의 모든 여성운동단체가 일본 정부에 대해 일본군 위안부 문제의 진상규명을 요구하는 성명을 발표했다. 이 일이 행동을 일으키는 직접적인 기폭제가 되어 아시아 각지에서 이 문제의 해결을 요구하는 운동이 활발하게 일어나게 되었고, 또 피해자들이 신원을 드러내게 했다.

그런 문제 제기로부터 18년째를 맞이하고 있는 지금도 운동은 지속되고 있다. 국가로서 이 제도를 만든 일본 정부에 사죄와 배상, 진상규명을 요청하고 있는 것은 말할 것도 없다. 하지만 일본 정부는 한일협정 등을 이유로 법적 책임이 없다고 주장하고, 그 대신 도의적 책임을 지겠다며 국민기금을 설립하여 피해자에게 배상금 지불과 수상의 서명이 담긴 사죄편지를 전달하는 등의 사업을 진행해왔다.

이것으로 일본 정부의 도의적 책임을 다했다고 보는 측과, 어디까지나 일본 정부의 법적 책임을 인정시키려고 하는 측, 처음부터 정부의 책임은 없다고 주장하는 측 등등 이 문제를 둘러싼 관점과 견해는 다양한 차원에서 뒤섞여 있는 것이 현 상황이다. 하지만 최근 미국, 네덜란드, 캐나다, EU의 의회결의 움직임에서 드러나듯이, 일본 정부가 법적 책임을 져야한다는 목소리가 국제적으로 높아져 가고 있다.

이런 상황 속에서 우리는 위안부 문제를 어떻게 인식하고, 그것을 해결하기 위해 어떤 노력을 해야 할까. 또 우리 한 사람 한 사람이 이 문제에서 어떤 역사적 교훈을 배울 수 있을까. 이런 질문에 대해 이 책이 조금이나마 참고가 될 수 있기를 바란다.

한국어판 서문

4년 전 이 책이 일본에서 출간된 데 이어, 한국어판이 세상에 나오게 되어 정말 기쁘다. 책 제목 '내셔널리즘의 틈새에서' 나오는 목소리는 일본과 한국 양쪽에 전달되어야 그 의미가 더 크다고 생각하기 때문이다.

이 책은 한국인과 일본인 사이에서 태어나 내셔널 아이덴티티의 고뇌를 지녀온 내가 한국에 유학 와서 일본군 '위안부' 문제 해결운동을 통해 치열하게 고민했던 일들을 기록한 것이다. 한국에서 생활하던 시기는 민주화선언이 이루어진 뒤였음에도 내가 일본에서 조선학교에 다닌 일조차도 대놓고 말할 수 없는 분위기였다. 내셔널 아이덴티티에 대한 고뇌에 대해서도 한국 친구들에게 세세히 밝힐 수 없었다. 그런 의미에서 이 책은 한국 사람들에 대한 나의 자기소개서이기도 하다.

내가 한국에서 몸담았던 일본군 '위안부' 문제 해결운동은 여전히 지난한 걸음을 걷고 있다. 책 내용 가운데 이전 운동권의 문제점을 몇 가지 지적한 것은 이 운동의 발전을 바라는 마음에서였다. 그러나 재일한국인인 한 친구는 "그런 지적이 온당하기는 하지만 현재의 운동에 걸림돌이 될 뿐"이라고 말한 적이 있다. 이 책의 출판을 좀 더 서둘러야 했다고 후회하고 있던 나에게는 의외의 반응이었다. 이런 '또 하나의 목소리'는 대단히 발설하기 어려운 것임을 실감했다.

이 책이 일본에서 출판되었을 때 나는 여러 단체와 사람들로부터 '위안부' 문제에 관한 강연을 의뢰받는 반면, 한국의 운동조직과 강한 관계를 맺고 있던 소수의 사람들로부터는 역시 차가운 반응밖에 얻을 수 없었다. 의견 차이가 있으면 토론하고 서로의 인식을 더 깊이 해야 할 필요가 있다고 생각하지만, 그런 논의의 장을 만드는 일조차 어려웠다. 그러는 사이에 일본에서는 교과서에서 '위안부' 문제가 삭제되고, 이 문제에 무관심한 젊은이들이 점점 늘어나고 있다. 게다가 작년에 발생한 동북지방의 대지진과 원자력발전소 폭발사고는 일본 사회를 더더욱 위축시켰으니, 앞으로 편협한 내셔널리즘이 더욱 고양되지 않을까 염려스럽다.

한국어판의 출간이 일본군 '위안부' 문제를 시작으로 갖가지 인권 문제에 관한 논의를 활성화시키는 계기가 되기를 바란다. 한국에서의 인권과 민주주의에 대한 활발하고 다양한 논의와 활동이 '한류'와 마찬가지로 일본 사회에도 큰 영향을 미치리라 믿는다.

끝으로 이 책의 출판을 흔쾌히 떠맡아주신 도서출판 한울에 깊은 감사의 말씀을 전하고 싶다. 또 한국 사람들이 이 책을 만날 수 있게 된 것은 전적으로 옮긴이인 박은미 선생 덕분이다. 이 장을 빌어 마음으로부터 감사드린다.

2012년 1월 26일
오사카에서 야마시타 영애

차례

※ **일러두기**

1. 이 책은 『ナショナリズムの狭間から: 「慰安婦」問題へのもう一つの視座』(明石書店)의 2008년 9월 20일 초판 2쇄를 옮겼으며, 저자의 요청에 의해 '추가장'이 새로이 삽입되었고 본문 내용에도 일부 수정이 있다.

2. 이 책의 외래어는 국립국어원 외래어 표기법(문교부 고시 제85-11호)의 규정을 따랐다.

서장 내셔널 아이덴티티의 갈등

1. '조선인'으로서

1) 부모님

나는 조선인 아버지와 일본인 어머니 사이에서 태어났다. 부모님이 법적 혼인을 하지 않아서[1] 소위 '사생아'로 일본인인 어머니의 호적에 등록되어 일본 국적이 부여되었다. 만일 부모님이 내가 태어나기 전에 혼인신고를 했더라면 나에게는 아버지와 같은 조선 국적과 조선 이름이 붙여졌을 것이다. '재일(조선인)' 친구 가운데는 나와 마찬가지 상황이라도 법률혼 상태에서 태어나 조선 국적을 갖고 있는 친구가 많다. 나 같은 경우는 대체로 바람직하지 않게 여겨져 찾아보기 어렵다.[2] 내가 '재일조선인' 가

---

1) 부모님은 내가 소학교에 들어갈 무렵 혼인신고를 하셨다.
2) 山下英愛, 「在日朝鮮・韓國人」, 西川長夫 編, 『グローバル時代を讀みキーワード』(平凡社, 2003) 참조.

운데서도 정체성이나 이름 문제에 관해 계속 고민해야 했던 데는 바로 이런 사정이 한몫을 했다.

아버지는 어린 시절에(1930년경) 조선 남부의 빈촌(경상남도 사천)에서 친조부모와 양친에게 이끌려 일본으로 건너왔다. 물론 생활고를 해결하기 위해서였다. 일본에서 차례로 누이와 남동생들이 태어나 어느 사이에 7형제의 장남이 되었다. 아버지는 가난한 생활 속에서도 일본 학교에 다녔고 일본어를 몸에 익혔다. 1945년 8월 일본이 전쟁에 지고 조선이 일본의 지배로부터 해방되었을 때, 당시 18세였던 아버지도 친형제와 함께 고향으로 돌아갔다. 하지만 고향에서 일자리를 구하지 못하고 1년도 채 되지 않아 혼자 일본으로 되돌아왔다.

그 후 아버지는 고학으로 대학에 입학했고, 학생 시절에 훗날 나의 어머니가 될 일본인 여성을 알게 되었다. 공원에서 스쳐 지나가는 정도라고 말할 수 있는, 실로 우연한 만남이었다. 하지만 언젠가 조선으로 돌아가겠다고 생각했던 아버지는 어머니와 결혼할 생각을 하지 않았던 것 같다. 그런데 조국은 남북으로 나뉘더니 한국전쟁으로 분단이 고정되어버렸다. 아버지는 사회주의에 경도되어 재일본조선인연맹[약칭 조련(朝連), 총련의 전신] 활동에 관심을 가졌다. 또 한국전쟁 후인 1955년에 재일조선인총연합회(이하 총련)가 결성되자 거기에 들어가 활동했다. 고향인 조선반도의 남쪽이 반공을 국시로 하는 국가다 보니 그런 사정 때문에 긴 세월동안 고향의 부모님과도 소식이 끊겼던 것 같다. 아버지와 어머니는 오사카(大阪)에서 생활하기 시작했고, 오빠가 태어났다. 5년 뒤 아버지가 도쿄(東京)에 있는 총련계 신문사에서 근무하게 되어 가족 모두가 도쿄로 이사했고, 그해 내가 태어났다.

한편 어머니는 효고(兵庫) 현 북부의 산인(山陰) 지방 출신으로 아버지보다 4살 연상이다. 생활은 어렵지 않았지만 가정환경은 복잡했던 모양이다. 어릴 때 어머니가 가출했고, 소학교 시절에는 두 명의 오빠가 결핵에 걸려 차례로 사망했다. 어머니가 집을 나간 뒤 몇 번인가 후처가 들어와 함께 살았다고 한다. 이런 일 때문에 나의 어머니는 고등소학교를 졸업하자 여학교에 진학하는 것보다 일찌감치 가정의 어두운 분위기를 벗어나고 싶은 마음에 다카사고(高砂) 시의 가네보(鐘紡)에서 일하는 쪽을 선택했다.

그 후 일단 고향으로 돌아가 가까운 소도시의 은행에서 근무하며 선을 보았는데 그 남자는 곧바로 소집되어 돌아오지 못하는 사람이 되었다. 그런 뒤 어머니는 은행의 단골손님이었던 조선인 남성과 연애를 했다. 결혼하려고 했지만 외할아버지와 친척의 맹렬한 반대로 헤어지고 말았다. 외할아버지는 "조선인과 결혼할 생각이라면 정신대에나 가라"며 반대했다고 한다.

어머니가 아버지를 알게 된 것은 집을 떠나 교토에서 혼자 생활하고 있을 때였다. 어머니는 조선인 남성과 가졌던 몇 번의 우연적인 만남을 '운명'이라 생각한 듯하다. 내가 "조선인에 대한 편견은 없으셨냐"고 물어본 적이 있다. 어머니는 "내 선조는 원래 몰락한 헤이케(平家) 사람이어서, 어린 시절에 친구한테 갖가지 차별적인 말을 듣기도 했다"라고 했다. 차별받는 사람에 대한 동정심이 있어서인지 만난 남성이 조선인이라는 사실을 알게 되었을 때도 별다른 저항감이 없었다고 한다.

총련 조직에서 활동하던 아버지와 가정을 꾸린 어머니는 도쿄로 이사한 뒤 이타바시(板橋) 구 여성동맹(총련 산하의 여성조직)지부에서 활동했다. 또 총련 분회의 야간학교에 다니며 조선어도 배웠다. 그 때문에 어머니는 유아였던 나와 취학 전이던 오빠를 집에 두고 자주 외출했다. 어린 아이들을 집에 두고 밤에 외출하는 것은 큰 결심이 필요했는데, 조선어를 배우기 위해 마음을 독하게 먹었다는 말을 나중에 해주었다. 조선어 사전 뒤에는 어머니의 이름이 쓰여 있었는데, 아버지와 같은 성을 붙인 조선 이름이었다고 기억한다. 또 재봉을 잘했던 어머니는 전통의상인 치마저고리를 직접 만들어 행사가 있을 때에는 그 옷을 입고 나갔다.

여성동맹지부에서 열심히 활동하던 어머니는 내가 소학생이 될 즈음에 커다란 문제에 부딪혔다. 물론 내가 그 사실을 알게 된 것은 한참 뒤의 일이다. 어머니는 '조선인이 되어' 여성동맹활동에 참가하고 있었는데 어느 날 일본인 아내들만 불러내더니 임무에서 배제시켰다. 이유를 묻자 "피가 다르다", "조선인이 아니라서"라는 대답이 돌아왔다고 한다. 어머니는 이 일로 엄청난 충격을 받아 그 후 활동을 그만두셨다.[3] 총련 활동가였던 남편에게도 충분한 이해를 얻지 못한 채 한동안 혼자 번민하며 지냈던 것 같다.

나중에 나는 어머니에게 "왜 조선인이 되려 하셨냐"라고 여쭈어본 적이 있다. 어머니는 "당시 아내는 남편을 따르는 사람이라 생각했고 약자인 조선인 측에 붙지 않으면 안 된다고 생각했다", "한 가정에 두 개의 민족이 있는 것은 좋지 않다고 생각했다"라고 말씀하셨다. 고등교육을 받지 못한 시골 출신이지만 사회적 약자에게는 민감했던 어머니가 할 수 있었던 최선의 생각이었다.

2) 조선학교의 모범생

나는 소학교에 들어갈 때까지 언제나 집 근처에서 놀았다. 철이 들 무렵부터 다섯 살 위의 오빠와 오빠 친구들의 뒤를 따라다니면서 놀았는데,

---

[3] 발표하지는 않았지만, 어머니는 그 후 이때의 일을 소재로 한 소설을 썼다.

오빠가 소학교 고학년이 되고부터는 동년배 남자아이들과도 잘 놀았다. 취학 전에는 희한하게도 여자친구들이 한 명도 없었다. 소꿉놀이나 인형 놀이는 전혀 좋아하지 않았고, 남자아이들과 술래잡기나 전쟁놀이를 하는 등 말하자면 '위험한' 놀이를 즐겼다. 창고 지붕 위에서 뛰어내리며 놀아 근처에 사는 아주머니가 순경을 데리고 왔던 것 같은 일밖에 기억나지 않는다. 어머니는 "너는 남자로 태어났더라면 더 좋았을 거다"라는 말을 자주 하셨다.

오빠는 동네 유치원에 다녔는데, 나는 어떤 이유에서인지 다니지 못했다. 그 유치원의 빨간 털실 방울이 달린 검은색 모자가 마음에 들어 남몰래 그곳에 다니게 될 것을 기대했지만 끝내 그 꿈은 이루어지지 않았다. 그즈음 어머니가 나에게 "집에서 유치원 공부를 시켜줄 테니까"라고 하셨던 말씀이 기억난다. "소학교는 조선 학교에 다니게 될 테니 일본 유치원에 다녀서 득 될 게 없다", "돈을 절약해야 한다"는 것이 어머니가 하신 말씀이었다. 하지만 가정의 경제 상황은 오빠가 유치원에 다닐 때와 크게 다르지 않고 오빠도 조선 학교에 들어갔으므로, 지금 생각하면 내가 여자 아이이고 둘째 아이라는 점이 작용한 것은 아닌지 모르겠다.

초급학교 입학 전에 어머니가 조선어로 숫자 세는 방법을 가르쳐주셨다. 어머니는 야간학교에서 배워서인지 조선어를 상당히 잘하셨다. 노래를 좋아하셨던 어머니는 조선 민요 레코드를 자주 걸고 노래를 부르셨는데, 나도 취학 전에는 「노들강변」이나 「목포의 눈물」 등의 조선어 노래를 부를 수 있었다.

1966년 4월 나는 도쿄 이타바시 구에 있는 도쿄 조선제3초급학교에 입학했다. 입학식 날 어머니와 손을 잡고 교문에 들어서자 누군가가 빨간 리본이 달린 커다란 명찰을 내 가슴에 붙여주었다. 명찰에는 '최영애(崔英愛)'라고 쓰여 있었다. 그때까지 '에코짱'이라는 애칭으로 불리던 나는 처음으로 정식 이름과 만나게 되었다. 그 이후 6학년의 어느 시점까지 내가 조선인이라는 사실을 믿어 의심치 않았다.

저학년 때의 일은 별로 기억나는 것이 없는데, 나름대로 즐겁게 지냈다. 3학년 때는 총련이 '대음악무용서사시(大音樂舞踊敍事詩)'라는 커다란 공연을 센다가야(千駄ヶ谷) 체육관에서 일주일 동안 개최한 일이 있었다. 초등학교 아동부터 조선대학 학생까지 모두 수천 명이 참가하는 대회였다. 초등학교 무용부에 제3초등학교 학생도 십여 명 뽑혀 참가했다. 나도 거기에 선발되어 반년 동안 수업도 하지 않고 날마다 연습에 주력했다. 드디어 일주일간의 공연이 다가왔고, 커다란 무대에서 화려한 치마저고리를 입고 춤을 추었다. 머리에는 큼지막한 리본을 달고 태어나서 처음으로 무대 화장도 했다. 밤 공연이 끝난 후 전세버스를 타고 학교에 돌아오면 어머니들이 꿀을 넣은 뜨거운 레몬차를 만들어 맞아주셨다. 우리 어머니도 얼굴에 미소를 가득 머금고 기다리셨다가 내가 돌아오자 따뜻한 물수건으로 얼굴을 닦아주셨던 기억이 난다.

하지만 4학년이 되어 소년단에 입단(전원이 무조건 입단했다)했을 무렵부터 점차 학교생활이 즐겁지 않게 되었다. 모범 분단으로 표창을 받는 일이 목표가 되어 매일의 총괄(總括)이나 사상교육도 강해졌다. 긴장과 책임, 의무의식을 강하게 느끼면서 지냈다. 물론 당시 나에게는 그것이 일상이었고 당연한 일이었다.

새해가 되면 ≪조선신보(朝鮮新報)≫ 1면에 가득히 게재된 '김일성 원수님'의 '신년사'를 한 글자도 빼놓지 않고 베끼고 암기하는 숙제가 주어졌다. 그 외에도 갖가지 '교시'를 마찬가지로 베껴 쓰고 외웠다. 물론 '모범생'이었던 나는 필사적으로 암기했다. 수업시간에도 증조부부터 시작되는 김일성 일가의 혁명운동사를 중점적으로 배웠다. 학교에는 김일성의 혁명활동을 배우는 특별한 교실이 있었다. 그 교실에는 붉은색의 고급 융단이 깔려 있었고, 정면 중앙에는 석고로 만들어진 커다란 김일성 흉상이 놓여 있었다. 창문에는 차광용 검은 벨벳 커튼을 걸어놓아 밖에서는 보이지 않도록 했다. 벽에는 김일성 일가를 중심으로 한 혁명활동의 역사를 사진이나 그림으로 그려놓은 패널이 몇 장인가 걸려 있었다. 그 교실에 들어갈 때는 반드시 붉은 소년단 넥타이를 매고 입구에서 경례를 했다. 그 교실의 청소당번도 명예로운 일이었는데, 김일성 흉상을 정성스럽게 닦고 융단 전체를 온 마음을 다하여 청소했다. 흉상에 등을 보이지 않도록 교육도 받았다.

하루를 끝내는 일과는 '하루 총괄'이었다. 먼저 소그룹별로 총괄을 하고 분단 전체가 총괄한다. 반장이나 부반장이 전체 총괄을 진행했는데, 급우 중 누군가를 지명하여 비판하고 이후에는 비판받지 않도록 확실히 생활하게끔 주의를 주는 것이었다. 예컨대 누군가가 일본어를 했다거나 선생님의 말을 듣지 않았다거나 하는 비판이었다. 총괄은 정말로 괴로운 시간이었다. 6학년이 끝날 무렵에는 '6년 총괄'을 시행하여 한 명 한 명이 6년간 자신이 저지른 문제점을 반성하고 자기비판했다. 나는 부반장이어서 친구를 비판해야 했는데, 비판하려다가 울어버리고 말았다. 담임선생님은 "내일은 확실하게 총괄해야 한다"고 말하며 격려해주셨지만 그 말이 더 가슴 아팠던 기억이 난다.

성실한 성격이었던 나는 1학년부터 6학년까지 자타가 공인하는 모범생으로 지냈다. 언제부터인가 6학년 최우등상과 개근상을 받는 것이 목표가 되었다. 폭설이 내려 버스가 다니지 않아도 눈 속을 헤치고 학교까지 걸어가서 학교가 휴교인 것을 확인하고 돌아오기도 했다. 또 결석해서는 안 된다는 일념으로 고열에 시달려 어질어질한데도 어머니와 함께 학교에 갔던 일도 있었다.

학교에서 배운 김일성 혁명운동사나 북조선의 일은 스펀지처럼 흡수하고 그 모든 것을 믿어 의심치 않았다. 그즈음 나에게 북조선에 대한 이미지는 핑크색으로 빛나는 지상낙원이었고, 그에 비해 남조선은 아이들이 깡통을 들고 다니며 구걸해야 하는 잿빛 세상이었다. 어른이 되면 조선인민군이나 김일성 종합대학에 들어가는 것이 꿈이었다. 인민군 병사 그림과 니가타(新潟)에서 북으로 향하는 귀국선 만경봉호를 잘 그렸다. 나의 모범생다운 태도를 학교 측도 인정했는지 북조선에서 온 손님을 하네다 공항으로 맞이하러 갈 때 그 사람들에게 꽃다발을 건네는 역할을 맡기기도 했다. 그리고 나는 장래의 꿈을 이루기 위해 중·고등학교에서도 계속 1등을 하고 결석하지 않을 것이며, 모범생 중의 모범생이 되겠다고 결심하고 있었다.

2. 내셔널 아이덴티티의 고뇌

1) 두 개의 이름

나의 인생관이 크게 뒤흔들리게 된 것은 초급학교 6학년, 졸업을 얼마 남기지 않았던 때였다고 기억한다. 나는 이미 총련의 도쿄 조선중고급학교에 진학하기 위해 면접도 마친 상태였다. 그러던 어느 날 부모님이 "중학교부터는 일본 학교에 다녀라"라고 말씀하셨다. 아버지가 조직을 그만두었기 때문이라는 것이 이유였다.[4] 나는 부모님이 하신 말씀을 쉽사리 이해할 수 없었다. 일본 학교에 다닌다는 일은 생각조차 해본 적이 없었

---

4) 아버지가 조직을 떠난 것은 김병식(金炳植)사건과 관계가 있었다고 생각한다. 崔碩義, 『黃色い蟹』(新幹社, 2005), 93~98쪽 참조.

기 때문이다. 학교에서는 일본을 일종의 적과 마찬가지로 가르치고, 일본어 사용도 금지했다. 나에게 일본은 '조선을 식민지로 지배하고 지금도 조선을 괴롭히는 나라'였다.

나는 "일본 학교에 다녀야 한다면 귀국선을 타고 북조선으로 돌아가겠다"며 울면서 매달렸다. 동급생 가운데에서도 초급학교를 졸업하면 북조선으로 돌아가겠다는 친구가 몇 명 있었는데 그 친구들이 너무나 부러웠다. 며칠 동안 그렇게 부모님에게 저항했으나 전혀 들어주지 않았고, 그 사이 나는 단념하고 말았다. 그때 처음으로 어머니가 일본 사람이라는 사실과 오빠도 나도 일본 국적과 호적상 '야마시타(山下)'라는 성(姓)을 소유하고 있다는 것을 알게 되었다. 이렇게 소학교 시절에 배양된 세계관이 밑바닥에서부터 무너져 내렸다.

가까이에 있던 일본 중학교에는 '야마시타 에이아이'라는 전혀 친숙하지 않은 이름으로 다녔다. 집에서는 변함없이 '영애'라는 이름을 썼는데, 밖에서는 '야마시타 에이아이'라는 호적상의 이름을 사용하는 일이 더 많았다. 중학 시절 초기에는 조선어를 아주 잘한다는 것 등을 친구나 선생님에게 아무렇지 않게 말했는데, 점차 그런 일도 줄어들었다. 고등학생이 되었을 즈음에는 동아리 친구 몇 명에게 말한 것을 제외하고는 교실에서 한 번도 나의 내력에 대해 밝힌 일이 없었다.

대학생이 되자 재일조선인 학생 동아리나 대학 밖에 있던 재일조선인 청년들의 모임에 나가게 되었는데, 그런 곳에서는 꼭 '최영애'라는 이름을 댔다. 그러다가 나중에 '재일조선인' 공동체에 들어가게 되었고, 나는 '최영애'와 '야마시타 에이아이'라는 두 개의 이름을 구분해서 쓰게 되었다. 나에게 이 두 개의 이름은 두 개의 민족(조선과 일본)을 의미했다고 말해도 좋다. 그것은 나를 혼란시켰고, 이름을 구분하여 사용할 때마다 '나는 도대체 조선인인가 일본인인가', '자이니치(재일조선인)란 무엇인가'를 고뇌하지 않을 수 없었다.

2) 페미니즘과의 만남

고교 시절, 나는 국제적으로 활약하는 예술가가 되겠다는 꿈을 꾸었다. 1학년 때부터 아침 일찍 학교에 가서 데생을 하고 학교가 끝나면 미술학원에 다녔다. 그런데 2학년 즈음 ≪아사히신문≫에 게재된 사토 요코(佐藤洋子) 기자의 "여성은 만들어진다"[5]라는 연재기사를 읽고 '남녀차별문제'에 크게 눈을 뜨게 되었다. 이 기사는 내가 늘 느끼고 있던 일상생활에서의 불만이 몽롱하게 가려져 있던 이유를 명쾌하게 드러내주었다. 부모님이 오빠와 나를 대하는 태도나 대우에 차이를 두었던 것이 늘 불만이었는데, 그게 나이 차이 때문만은 아니었던 것이다. 또 학교에서의 남녀 구별도 석연치 않았었다.

예를 들어 나는 어렸을 때부터 치마를 싫어하고 바지를 좋아했다. 그런데 소학교에 들어가면서부터는 학교에 치마를 입고 다녀야 했다. 반장은 언제나 남자아이였고, 내가 소속되어 있던 기악합주클럽에서 여자아이는 절대로 지휘자가 될 수 없었다. 중학교나 고교 시절에도 교복은 치마였다. 집에서 부모님은 나에게 '여자답게 행동하라'는 말씀을 대놓고 하시지 않았으나, 시장을 보러 가는 것은 언제나 내 역할이었다. 이런저런 일에서 내가 여자라는 사실이 늘 불만스러웠다. ≪아사히신문≫의 연재기사는 그런 불만의 원인이 남녀차별에 의한 것이라는 사실을 가르쳐주었다. 솔직히 말해서 눈에 씌워져 있던 덮개가 떨어져 나간 기분이었다.

---

5) 나중에 책으로 출판되었다. 佐藤洋子, 『女の子はつくられる ― 敎育現場からのレポート』(アンリ出版, 1977).

여성차별문제에 눈을 뜬 후에는 도서관에서 관련된 책을 찾아 읽고, 뜻
맞는 친구들을 모아 여성문제연구회를 만들었다. 그즈음부터 어떤 이유
에서인지 그림에 대한 열정이 식어버렸다. 당시 나는 수험 공부를 열심히
하지 않았기 때문에 미술대학의 시험만 치를 수 있었다. 다행인지 불행인
지 1978년에 곧바로 대학에 진학할 수 있었지만 그림에 대한 흥미는 이미
잃어버린 상태였다. 대신 신문의 소모임 소개란에서 발견한 '아시아 여성
들의 모임'이 주최하는 '여성대학'에 관심을 가지게 되어 그곳에 다녔다.
매월 1회 정도 열린 그 강좌에서 여러 선배 여성들이 모여 활발하게 토론
을 벌이던 일이 선명하게 기억난다.

그 당시 이 회합에서 정체성이나 이름에 대한 고민을 털어놓고 이야기
했을 때 '아시아 여성들의 모임'의 어떤 사람이 "'야마시타 영애'라는 이름
은 어때요?" 하고 제안했다. 호적상의 한자 이름을 그대로 사용하면서 '에
이아이'가 아니라 '영애'라고 바꿔 읽기만 하는 것이다. 이 이름이라면 내
가 양친에게서 받은 일본의 성과 조선의 이름을 그대로 사용할 수 있었
다. 따라서 '일본식이냐 조선식이냐'의 양자택일을 할 필요가 없어졌다.
거기서 나는 곧바로 이 이름을 사용하기로 했다.

무슨 이유에서인지 일본과 한국은 양국 모두 이중국적을 인정하지 않
고 단일민족을 표방한다. 많은 재일조선인은 사회적 차별[6]을 조금이라
도 면하기 위해 일본 이름을 사용해야 했다. 그 때문에 재일조선인 2세, 3

---

6) 역사적으로 식민지시대에 일본으로 온 이후 계속 일본에서 생활하는 조선반도 출신
자와 그 자손들, 소위 '자이니치(在日)'에 대한 일본 사회의 차별은 대단히 강했다.
재일 외국인 전체에 대한 정책상의 차별도 있지만, 특히 '자이니치'에 대해서는 일반
인들에 의한 민족적 차별, 편견 등이 장기간에 걸쳐 계속되었다. 예를 들어 재일조
선인(한국 국적/조선 국적을 가리지 않고)은 아파트를 빌리는 일도 곤란했다고 전
해진다.

세가 민족성을 내세우려면 '본명'을 당당히 써야 했고, 그런 경우 특히 성이 중요하며 이름은 어느 정도 일본적이어도 어쩔 수 없다고 받아들이는 경향이 있었다. 이런 흐름 속에서 나와 같은 이중의 이름, 특히 성(씨)이 일본식이라면 전혀 환영받지 못했다. 조선, 일본 양쪽 사회로부터 하나의 이름을 선택하라는 압박감에 시달려야 했다.

법적으로 보면, 일본과 한국의 가족에 관한 법률은 남성중심적인 구조를 가지고 있다. 특히 1980년대와 1990년대에 양국의 국적법[7]이 개정되기 전까지는 그 정도가 심했다. 1950년대 일본의 법률에서는 조선인 남성과 일본인 여성이 결혼한 경우 그 자녀에게 아버지의 국적만 부여되었다. 또 일본인 남성과 조선인 여성 사이에서 태어난 자녀는 아버지와 같은 일본 국적이 부여되었다.

후에 일본 국적법이 개정되었을 때 재일조선인 일부가 반발한 일이 있다. 조선인 남성과 일본인 여성이 결혼해서 그 자녀가 어머니의 일본 국적을 얻을 수 있게 되면 재일조선인의 동화가 진전된다는 이유에서였다. 즉, 재일조선인에게 민족성과 연결된다고 여겨지는 국적은 남자계 혈통 중심사상에 기초한 것이다. 조선인 자녀는 부계의 성을 무조건 받아들여야 했다.

많은 재일조선인과 본국의 한국인들은 '만일 부친이 조선인이면 그 자녀도 당연히 조선인이어야 한다'고 믿고 있었다. 나도 한국에 체류할 때 주변 사람들로부터 "아버지가 최 씨면 너도 최 씨다"라는 말을 자주 들었다. 재일조선인 사회에서도 "만일 네가 조선인으로서의 민족의식이 있다

---

7) 국제연합(UN)의 여성차별철폐조약이 1981년에 발효됨으로써 일본은 1985년 비준과 더불어 여성차별적인 국적법을 개정하고(1986년 1월 시행) 부모양계주의를 도입했다. 한국도 1996년 12월에 부모양계주의로 개정되었다.

면 호적상으로는 어머니 쪽 일본 성을 지니고 있다 하더라도 조선인 아버지의 성을 이름에 붙이는 게 좋지 않겠나" 하는 말을 들었다.

하지만 그런 재일조선인 사회에서도 일본인 아버지와 조선인 어머니 사이에서 태어나 아버지의 일본 이름을 이어받은 아이에게 '조선인 성을 붙여야 한다'고는 결코 말하지 않을 것이다. 중요한 것은 어머니의 민족성이 아니라 아버지의 민족성이기 때문이다. 내가 일부러 아버지 쪽 조선 성을 붙이지 않고 어머니 쪽 일본 성을 고집한 것도 단순히 호적상의 이름이어서만이 아니라 이런 남성우선적인 '민족'의 사고방식에 대한 저항이 있었기 때문이다.

사람들의 의식 면에서만이 아니라 제도 면에서도 불편이 있었다. 내가 십대 때 만든 여권에는 로마자 표기가 'EIAI(에이아이)'로 되어 있었다. 그런데 이것을 'Yeong-Ae(영애)'로 변경하는 일은 용이하지 않았다. 주민표의 경우도 마찬가지였다. 그 때문에 나는 한국에 유학할 때도 공식문서에는 모두 여권상의 '에이아이'로 기재되었고 실생활에서만 '영애'를 사용했다. 여권의 로마자 표기를 'Yeong-Ae(영애)'로 변경할 수 있었던 것은 객원 연구원으로서 미국 대학에 체재하던 1998년의 일이었다.[8]

---

8) 2000년부터 다시 일본에서 생활하면서 '야마시타 영애'라는 이름을 '정식으로' 사용했는데, 여기에 생각지도 못한 일이 일어났다. 일본에서는 십중팔구 '야마시타 요시에'로 잘못 쓰곤 했다. 처음으로 등록한 주민표부터 틀리게 기재되었다. 그 후 은행, 세무서 같은 곳에서도 '요시에'라고 틀리게 불리곤 했다.

3. 한국 유학과 위안부 문제

1) 이화여자대학교 여성학과

내가 유학한 1988년 9월은 6·29민주화선언[9]의 다음 해이자 마침 서울 올림픽 개최로 한국 전체가 축제 분위기에 휩싸여 있던 때였다. 나는 한국 정부의 장학생으로 이화여자대학교에서 유학했다. 지도교수는 『여성 해방의 이론과 실천』(창작과 비평사, 1979)의 편자로 일본에서 한 번 만날 기회가 있었던 사회학과의 이효재(李効再)[10] 선생에게 부탁드렸다. 당시 여성학과에는 아직 박사과정이 없어서 다음 해 3월 다시 여성학과 석사 과정에 입학했다.

여성학과는 기대한 대로 활기로 가득 차 있어서 굉장히 즐거웠다. 일본 에는 여성학과가 개설된 대학이 없었는데, 한국에서도 여성학과가 있는 곳은 이화여대뿐이었기 때문에 여성 문제에 관심을 가진 여성들이 전국 에서 지원했다. 유학생을 위한 간단한 시험을 치르고 입학한 나와 달리, 그들은 수십 배에 달하는 경쟁률을 뚫고 들어온 사람들이었다. 어느 수업

---

9) 1987년 6월 군부정권에 반대하고 민주화를 요구하는 국민의 시위가 날로 격심해지 자, 드디어 6월 29일 당시 민정당 대표이자 대통령 후보였던 노태우가 국민들의 민 주화 요구와 대통령 직접선거제를 받아들여 발표한 특별선언이다. 이것이 군부정권 을 종식시키는 전환점이 되었다.

10) 이효재는 이화여자대학교를 졸업한 후, 미국으로 유학 가서 앨라배마 대학을 거쳐 컬럼비아 대학에서 사회학 박사학위를 취득했다. 1952년부터 모교의 사회학부에 서 교편을 잡고 수많은 연구자, 여성운동가를 키워냈다. 스스로도 민주화운동·여 성운동의 선두에 나섰다. 현재는 고향인 경상남도 진해에서 아버지가 1945년에 설 립한 경신사회복지재단의 사회복지연구소 소장으로 활동하고 있다.

이건 대단히 활발한 토론이 벌어졌고 내용도 흥미로운 것뿐이었다. '유학할 수 있게 되어 정말 잘됐다' 싶은 생각이었다.

나는 유학하기 전에 위안부 문제에 관심이 있는 스즈키 유코(鈴木裕子, 여성사 연구자) 선생의 권유를 받고 다테야마(館山)의 '가니타 마을'에 살고 있던 일본인 전 위안부 시로타 스즈코(城田すず子) 씨[11]를 몇 번 방문한 적이 있었다. 또 신문의 인물소개란을 통해 한국의 이화여대에 이 문제를 조사하던 윤정옥(尹貞玉) 선생이라는 사람이 있다는 사실을 알게 되었다.

여성학과에 입학하여 학과 친구들과 친하게 되었을 무렵 위안부 문제에 관해 친구들에게 의견을 물은 적이 있었다. 그러나 "왜 옛날 일을 이제 와서 문제 삼으려 하는 거야?" 하는 반응밖에 얻을 수 없었다. '현재의 문제가 산적해 있는데 옛날 일을 다시 문제 삼을 여력이 없다'는 이유에서였다. 사실 모두들 엄청나게 바빴다. 1980년대 말부터 1990년대라는 시기는 이제 막 설립된 한국여성단체연합(1987년 2월)이나 한국여성노동자회(같은 해 3월) 등을 중심으로 「가족법」이나 「남녀고용평등법」 개정운동에 힘을 모으고 있던 때였다. 또 여성학과 졸업생과 교원들이 중심이 되어 성폭력 문제에 대처하기 위한 상담소 설립을 구상하기 시작했던 것도 그즈음이었다. 나도 눈앞에서 전개되는 여러 가지 문제나 활동에 관심을 갖다 보니 위안부 문제에 대해서는 한동안 잊고 지냈다.

---

11) 시로타 스즈코는 부모에 의해 예기치옥으로 팔린 뒤 창기생활을 하다가 타이완, 사이판, 트라크 섬 등에서 위안부가 되었다. 『마리아의 찬가(マリアの讚歌)』(かにた出版, 1985)에는 그 체험이 기록되어 있다.

2) 윤정옥 선생과의 만남

윤정옥 선생[12]을 처음 만나게 된 것은 유학을 시작하고 1년이 지난 뒤인 1989년 10월 말이었다. 그날은 이효재 선생의 한국여성사 수업이 있었다. 이 선생님이 수업을 하던 중에, "오늘은 한국가정법률상담소에서 가족법개정운동 집회가 있어서 국회의사당까지 시위행진을 하므로 관심이 있는 학생은 함께 갑시다"라고 권유하셨다. 나를 포함하여 몇 명의 학생이 함께 가기로 했다.

수업이 끝난 뒤 선생님이 학교 후문 앞에 있는 가게에서 누군가를 만나기로 하셨다고 해서 모두 그곳으로 갔다. 그 가게는 근처에 있는 여자중학교 학생들이 출입하는 음식점이었는데, 상 위에는 젓가락과 휴지가 어지럽게 널려 있었다. 그곳에서 이효재 선생과 만나기로 했던 분이 윤정옥 선생이었다. 이날의 만남은 어떤 이유에서인지 강렬한 인상으로 남았다. 대학교수 가운데는 권위의식을 가지고 거들먹거리는 사람도 많은데 우선 이런 서민적인 가게에서 만나 점심을 먹는다는 사실이 놀라웠다. 가게 바로 주변에는 고급 레스토랑이 즐비해 있었고, 보통의 교수들이라면 그런 곳을 이용했을 것이다. 그런 의미에서도 이 두 교수에게서 허식이라고는 전혀 느낄 수 없었다. 그때 나는 "위안부 문제에 관심이 있다"고 살짝 말했을 뿐이었는데, 윤 선생은 버스를 기다리는 사이에 기회를 놓치지 않고 작은 수첩과 펜을 꺼내더니 내 연락처를 물었다. 대수롭지 않은 행동이었지만 예사롭지 않게 느껴졌다.

---

12) 윤정옥은 당시 이화여자대학교의 영문과 교수였다. 윤 선생의 활동에 관해서는 윤정옥 지음, 스즈키 유코 편 · 해설, 『평화를 요구하며(平和を要求して)』(白澤社, 2003)에 상세하게 나와 있다.

그날의 집회는 정말 기백이 넘쳤다. "올해 안에 가족법이 개정되지 않으면 전 세계에 이 문제를 호소할 작정이다"라며 여성단체 대표가 연단에서 기세 좋게 연설했다. 이 집회에는 이태영(李兌榮, 1914~1999),[13] 이우정(李愚貞, 1923~2002), 박영숙(朴英淑, 1932~) 등 여성계의 거물들도 참석하여 대성황을 이루었다. 집회 후 국회의사당까지 커다란 플래카드와 풍선을 들고 시위행진을 했다. 그리고 그해 연말에 대폭 수정된 가족법 개정안이 통과되었다.[14]

윤 선생과는 그 후 대학에서 가끔 만나 위안부 문제에 관한 갖가지 이야기를 나누었다. 선생은 이 문제에 관심을 갖게 된 경위부터, 어떤 식으로 이 문제를 조사하고 해결할 것인지에 대해서도 이야기해주셨다. 선생님의 이야기를 들으면서 나는 이것이야말로 한일 현대사에서 중요한 여성 문제(gender issue)이며, 결코 무시하고 넘어가서는 안 되는 과제라고 생각하게 되었다. 선생님은 다음 해인 1990년 1월에 그때까지의 조사 내용을 ≪한겨레신문≫에 발표했다.[15] 이 기사는 한국 사회에서 공식적으로

13) 이태영은 한국 최초의 여성 법조인이다. 이화여자전문학교 출신이다. 해방 후 남녀공학이 된 국립 서울대학교 법학부에 여성으로서는 처음으로 입학하여 1962년 사법시험에 합격했다. 한국정신대법률상담소를 설립하고, 가족법개정운동의 선두에 섰다. 상세한 내용은 야마시타 영애, 「한국에서의 여성법조양성교육의 역사와 현상(韓國における女性法曹養成教育の歷史と現狀)」, ≪청구학술논집(青丘学術論集)≫ 25호(2005), 203~206쪽 참조.

14) 한국 민법은 호주제도를 중심으로 한 남존여비적인 내용을 포함하고 있었다. 이에 대해 여성들은 1950년대 초인 제정 당시부터 반대운동을 벌여왔다. 1980년대 후반에는 민주화운동의 진전과 더불어 여성운동도 활발해졌고 1989년에는 가족법개정운동이 정점에 달했다. 그때의 집회 직후에 가족법 개정안이 국회를 통과했다. 호주제도는 남았지만, 실질적으로 대폭의 진전이 있었다.

15) 이화여대 윤정옥 교수의 "정신대 원혼 서린 발자취"는 1990년 1월 4 · 12 · 19 · 24

는 처음으로 '피해를 당한 여성의 시선'에서 위안부 문제를 다룬 것이었다. '과거 문제니까'라며 별 관심을 보이지 않았던 여성학과 친구들의 반응도 조금씩 변해갔다. 그해 3월에는 일찍부터 조선의 여성사나 위안부 문제에 관심을 가지고 있었던 스즈키 유코가 한국을 방문하여 윤정옥과 만났다.

3) 1990년 5월의 여성계 성명

1990년 5월, 여성계가 일제히 위안부 문제에 관한 성명[16]을 발표했는데, 이것이 이후 본격적인 운동의 서막이 되었다. 어떤 경위로 이런 성명이 나오게 되었는지를 간단하게 기술해둔다.

일, 총 네 번에 걸쳐 연재되었다.

16) 「노태우 대통령의 방일 및 조선인 여자정신대 문제에 대한 여성계의 입장」. 그 내용은 다음과 같다.

一. 일본의 군사, 경제, 문화적인 침략의도와 현 정권의 무원칙적, 혹은 비자주적인 대일외교정책에 반대한다.

一. 일본과의 대등한 외교관계를 수립하기 위해서는 전쟁에 대한 일본 정부의 사죄와 징용, 원폭피해자에 대한 보상문제, 재일동포의 법적지위 문제 해결이 전제되지 않으면 안 된다.

一. 정신대 문제에 대한 일본 정부의 진상규명과 사죄, 더 나아가 보상을 요구한다. 이것과는 입장을 달리 하지만, 한국부인회에서도 17일에 천황의 공식 사죄와 정신대 문제의 사죄를 요구하는 성명을 발표했다. 기자회견 종료 후, 각 여성단체 대표자와 대학원생들이 모두 모여 앞으로 취할 대처방안에 대해 논의했다. 거기에서는 정신대 문제를 여론화하기 위해 한층 노력할 것, 연구와 운동 양 차원에서 일본의 여성들과 연대하는 일의 필요성 등이 이야기되었다. 성명서에 게재되었던 요구항목 끝에는 "일본의 양심적 세력은 일본이 저지른 범죄행위의 해결을 위해 선두에 서도록 노력하라"라고 되어 있다.

한국 대학의 신학기는 3월부터 시작한다. 1990년 봄 학기는 나에게 3학기째였다. 이수한 대학원 수업 중 '결혼과 가족'이라는 과목이 있었는데, 담당교수는 당시 성심여자대학(현재 가톨릭대학교)에서 출강하러 오시던 이영자(李令子, 1949~) 선생이었다. 대학을 졸업한 1970년대 초부터 10년 동안 프랑스에서 생활하며 불문학, 사회학, 정치사회학을 공부한 분이었다. 오랫동안 프랑스에 체재하면서 겪은 개인적인 경험이 담겨 있던 선생님의 강의는 언제나 신선했고, 한국 사회에 대한 분석도 예리했다. 또 활력이 넘치는 선생님의 입담은 대학원생들을 매료시켰다. 그래서 우리는 선생님과 꼭 뒤풀이모임을 하고 싶어 했다.

5월 초순, 대학 근처에 있는 식당의 방 한 칸에 선생님과 10여 명의 대학원생이 모였다. 중반에 이르면서 모임의 분위기가 한껏 들뜨게 되었을 무렵, 이영자 선생이 "이번에 노태우 대통령이 방일하여 강제연행 문제를 의제의 하나로 거론한다고 하는데, 여성의 강제연행이라 할 수 있는 '정신대' 문제에 관해서도 교섭의제의 하나로 삼아야 하지 않겠는가"라는 이야기를 꺼냈다. 그곳에 있던 학생들은 모두 맞장구를 치며 그때까지 '정신대' 문제를 무시해온 정부의 태도에 분개했다. 그리고 이것을 실현하기 위해서 어떻게 하면 좋을지 이야기를 나누었다. 그 결과 주요 여성단체를 동원하여 여성계의 성명을 내면 좋겠다고 중지가 모아져, 그 자리에서 곧바로 각자 어떤 역할을 맡을지 결정하고 실행에 옮겼다.

이렇게 해서 우리는 다음 날부터 여성단체와 교섭하거나 여성학과 내에서 회의를 열며 왜 지금 이 문제를 제기할 필요가 있는지, 어떻게 제기해야 하는지 등을 둘러싸고 의논에 의논을 거듭했다. 그리고 대통령 방일 직전인 5월 18일에 한국교회여성연합회, 한국여성단체연합, 서울지역 여자대학생 대표자협의회가 합동으로 정신대(위안부) 문제에 관한 성명서를 발표하게 되었다.

이 일이 계기가 되어 여성학과 내에서 '정신대' 문제에 관심을 가지고 있던 몇 명의 대학원생이 윤 선생과 모여 연구모임을 하게 되었다. 그리고 여름방학 중인 7월 10일에 정신대연구반(훗날의 한국정신대연구소)이라는 명칭의 작은 연구회를 만들었다. 우리는 정기적으로 윤 선생의 연구실에 모여 위안부 문제에 관한 자료나 정보를 수집하고, 관련 자료를 읽어가며 공부했다. 강제연행된 조선인 명부가 일본에서부터 전달되자 여성인 것으로 보이는 이름을 찾아 거기에 나와 있는 주소에 의존하여 지방으로 조사하러 가기도 했다.

또 7월 하순에 일본으로 돌아가자마자 마침 도쿄 세이료 회관(星陵會館)에서 열렸던 '국가라는 이름의 폭력: 종군위안부'[성(性)을 말하는 모임 주최, 7월 28일에 초대되어 한국의 5월 운동에 관해 이야기할 기회가 주어졌다. 그때까지만 해도 커다란 운동이 아니었지만 여성들을 중심으로 일본에서도 조금씩 위안부 문제에 대한 관심이 높아지기 시작했다.[17] 이러한 일들이 이루어지면서 점차 내가 한국과 일본의 운동을 연결하는 파이프 역할을 하게 된 것이다.

---

17) 《아시아와 여성(アジアと女性)》(14호, 1983년 8월) '특집·침략과 성'에서는 기지매춘이나 아시아 여성들의 일본 '수입' 문제와 더불어 위안부 문제도 다뤘다. 山口明子, 「朝鮮人慰安婦のこと ― 數も名も知れぬままに」; 五島昌子, 「從軍慰安婦と賣春観光」. 그리고 1988년 4월 제주도에서 한국교회여성연합회가 주최한 '국제 세미나: 여성과 관광문화'에서는 윤정옥 선생 등이 정신대 답사보고를 발표했다. 이 세미나에는 일본의 그리스도교 여성운동가들[다카하시 기쿠에(高橋喜久江), 스기모리 요코(杉森耀子), 카터 아이코(カ―タ―愛子)]과 재일한국인 여성들도 참가하여 정신대 문제에 대한 문제의식을 공유했다. 또한 재일조선인 2세 작가인 박수남(朴壽南)은 조선에서 징발된 조선인 군속, 군부와 더불어 조선인 위안부를 포함한 기록영화 〈아리랑의 노래(アリランのうた)〉를 1989년부터 제작하기 시작했다.

일본 국회에서 1990년 6월 모토오카 쇼지(本岡昭次) 참의원 의원이 정부에 위안부 문제에 관하여 질문했는데[18] 그에 대해 정부 측이 "그것은 민간업자가 한 일"이라 답변한 사실이 한국에 전해졌다.[19]

그러자 곧바로 5월에 성명을 냈던 여성단체의 뜻 있는 사람들이 모여 이 문제를 토의했다. 그리고 일본 정부와 한국 정부에 공개서한을 보내기로 결정한 후 윤 선생과 내가 한국어와 일본어로 초안을 작성하여 회의에서 검토했다. 공개서한을 한일 정부에 전달한 뒤, 이 운동을 조직적으로 진행해나가기 위해 '한국정신대문제대책협의회(정대협)'를 결성하고 본격적인 활동을 개시했다.

내가 정신대연구반 회원으로서, 또 '정대협' 회원으로서 스스로 이 운동에 가담하게 되었음은 말할 나위도 없다. 위안부 문제는 한일 문제나 식민지시대 여성의 인권 문제라는 요소를 내포하기 때문에 나의 연구를 위해서도 대단히 유의미하고 알맞은 활동의 장으로 생각되었다. 이 활동에는 일본어가 가능한 인재가 필요했으므로, 나는 '정대협'의 일본 창구 역할을 담당하여 일본 NGO와의 연대활동에 관여했다.

나는 이 활동을 통해 한국 사회에 스며들어 갔고, 내 자신을 '정대협'과 강력하게 연관시켰다. 그리고 유학 전까지 나에게 덮어씌워져 있던 내셔널 아이덴티티의 고뇌로부터 완전히 해방되었다고 느꼈다. 그러나 생각지도 못한 곳에서 고뇌는 다시 솟아올랐다. 이에 대해서는 제3장 이후에 다시 기술하겠지만, 한마디로 말해서 위안부 문제에 대한 '정대협' 회원들의 인식이 나의 인식과 어딘지 다르다는 사실을 깨닫게 되었기 때문이었

---

18) 그 전에 다케무라 야스코(竹村泰子) 의원의 질문이 있었다.

19) 제주도에서 열린 국제 세미나에서 윤정옥과 처음으로 만난 뒤 계속 교류하고 있던 다카하시 기쿠에가 국회의사록을 윤정옥에게 보냈다.

다. 마음 한구석에 그런 생각을 느끼면서도 나는 '정대협' 활동에 몰두했다.

　이런 일과는 별개로 위안부 문제의 제기는 예상했던 것 이상으로 커다란 반향을 불러일으켜, 한일 문제에서 더 나아가 커다란 국제 문제로 발전되어갔다.

4. 정신대 문제의 부상이 드러낸 것

1) 암흑 속에 묻혀 있던 '정신대' 문제

　한국에서는 일반적으로 '정신대'라는 어휘를 일제시대에 강제연행되어 일본군 위안부가 된 여성이라는 의미로 사용한다. 실제로는 군수공장 등에서 노동한 근로정신대원도 존재한다. 이런 혼란은 해방 후 위안부나 근로정신대에 대해 역사적인 해명이 이루어지지 못한 데서 연유했다고 말할 수 있다. 또 유교의 영향도 강하여 여성의 정조를 중시하는 사회적 풍조로 인해 '정신대'라는 용어가 공교롭게도 일본군 위안부를 지칭하게 된 것이 아닌가 생각한다. 사실 근로정신대로 연행되었지만 위안부가 되어야 했던 예도 있으니, 식민지시대 여성 수난의 대명사라고도 말할 수 있을 것이다.

　정신대 문제가 근년에 이르기까지 드러나지 못한 이유는 가해자 측인 일본이 패전 후 관계서류를 폐기하는 등 증거인멸을 도모하고 전후책임 문제를 모호하게 처리해온 데서 기인한다. 또 피해자 측인 한국에서도 정신대로 끌려간 일이 알려지면 여성 자신이 사회로부터 멸시받고 가문의 불명예가 된다고 하여 입을 닫고 있던 사정이 개입되어 있다.

　황군위안부가 된 조선인 여성들 대부분은 패전 후 일본군에 의해 전쟁

터에 방치되었다. 그들 가운데는 고향으로 돌아가고 싶어도 위안부였다는 심적인 부담감 때문에 귀향을 포기한 사람이 많았다. 또 귀국선을 탔는데도 상륙을 눈앞에 두고 바다로 몸을 던진 사람도 있었다고 한다. 운 좋게 고향으로 돌아가도 다른 전쟁 피해자들처럼 피해자로서 당당히 이름을 밝히고 보상을 요구하는 일 등은 생각할 수 없었다. 그 정도로 당시 여성들이 놓여 있던 입장은 냉엄했다.

해방 후 이름과 신분관계를 밝힐 수 없었다는 의미에서는 근로정신대로 연행된 여성들도 마찬가지였다. '정신대'라고 하면 누구든 소위 위안부를 연상했기 때문이다.

1992년 1월 미야자와 기이치(宮澤喜一) 수상이 방한하기 직전, 국민학교 생도가 근로정신대로 동원된 사실을 밝혀주는 당시의 학적부가 공개되었는데 대부분의 언론에서 이것을 위안부와 관계 있는 것처럼 잘못 보도했다(≪동아일보≫, 1992년 1월 1일자 등).

이 당시 보도를 통해 근로정신대로 끌려간 일이 딸(30세)에게 알려진 한 어머니는 자신이 위안부였다고 생각하는 딸에게 그렇지 않았다고 설명하면서 '안심'시켜야 했다고 한다. 이 일을 보도한 기사 중에서는 "12살이라는 어린 나이에 근로정신대로 연행되어 8개월 동안 죽을 정도로 일하지 않으면 안 되었던 슬픈 역사와 가족이나 주위로부터 위안부라는 '오해'를 받아야 했던 일을 48년 동안이나 누구에게도 말하지 못하고 살아온 이중의 질곡이 어머니의 가슴에 '한'이 되어버렸다"(≪한겨레신문≫, 1992년 1월 16일자)라고 소개한 글도 있었다.

위안부나 근로정신대로 끌려간 많은 조선 여성들은 해방 후에도 '정조를 더럽힌' 정신대라는 사회의 편견으로 인해 고통을 당해야 했다. 또 그런 관념을 스스로 내면화시켜온 것도 사실이었다(위안부와 정신대의 혼동에 대해서는 보론 참조).

2) 정신대 문제의 부상

입에 올리기조차 꺼려해왔던 정신대 문제를 한국의 여성들이 본격적으로 거론하기 시작한 것은 노태우 대통령의 방일을 계기로 일본의 전후 책임 문제가 부상한 1990년 5월의 일이다. 여성학을 전공하며 한국 사회의 성억압 문제를 배운 여대생들이 정신대 문제를 성폭력의 측면에서 바라보고 '여성들 자신이 목소리를 내지 않으면 안 된다'고 사회에 호소하기 시작했다. 그리고 몇몇 여성단체가 일본 정부에 대해 정신대 문제의 진상 규명과 사죄를 요구하는 성명을 발표했다.

이런 운동이 일어나게 된 배경으로는 1987년 민주화항쟁을 전후로 활발해진 여성운동, 1986년에 일어난 성고문사건의 폭로, 그리고 1970년대에 시작된 여성학의 발전 등을 들 수 있을 것이다. 그리고 그 근저에는 성문제를 주체적으로 다루려는 여성들의 움직임이 자리잡고 있었다. 또 이전부터 위안부의 족적을 더듬어 청취기록작업을 해온 이화여자대학교 윤정옥 교수의 '취재기'가 바로 몇 달 전에 ≪한겨레신문≫에 연재된 일도 불길을 일으키는 촉매 역할을 했다고 생각한다.

1990년 10월에는 '종군위안부는 민간업자가 데려간 일'이라고 한 일본 정부에 대해 여성단체의 연대서명이 달린 공개서한을 보내어 다음과 같은 사항 등을 요구했다.

1. 조선인 여성을 종군위안부로 강제연행한 사실을 인정할 것
2. 공식적으로 사죄할 것
3. 만행 전부를 분명히 밝힐 것
4. 위령비를 세울 것
5. 생존자와 유족에게 보상할 것

6. 역사교육 속에 이 사실을 계속해서 말할 것

또 한국 정부에도 공개서한을 보내어 이하의 사항 등을 요구했다.

1. 일본 정부의 사죄를 받아낼 것
2. 진상규명에 나설 것
3. 위령비를 세울 것
4. 일본 정부로부터 보상을 받아낼 것
5. 지금까지와 같은 불평등하거나 굴욕적인 외교를 자주평등외교로 전환할 것
6. 정신대 문제를 우리나라 역사에 명기할 것

11월에는 공개서한에 서명한 여성단체가 모여, 앞에서 기술한 대로 '한국정신대문제대책협의회(이하 정대협)'를 결성했다. '정대협'은 한국 정부에 위의 사항을 계속해서 요구하는 한편, 청취조사나 강연회, 위령비 건립을 위한 서명운동, 정신대신고전화 개설 등 정신대 문제의 공론화를 중심으로 한 활동을 펼쳐나갔다.

이 과정에서 정신대라는 용어를 둘러싸고 활발한 논의가 오고 갔다. 우리가 이 문제에 맞붙어 씨름하기 시작했을 때는 위안부만을 염두에 두고 있었는데, 점차 정신대 가운데는 위안부만이 아니라 근로정신대였던 사람도 있다는 사실을 알게 되었다. 거기서 '정대협' 활동의 초점을 어떻게 할 것인가, 정신대라는 용어를 사용해야 하는가 아니면 수정해야 하는가가 문제시되었다. 당시 '정대협'에서는 큰 틀에서 보면 역사적 사실로서 위안부도 근로정신대도 존재하고, 지금까지 어느 쪽이든 정신대라는 이름으로 암흑 속에 묻혀왔다는 측면에서 양쪽 모두 시야에 넣고 대처해야

한다는 의견이 강했지만, 실제로 근로정신대 문제에 대한 대처는 거의 없었다(보론 참조).

1991년 5월 일본 정부에 보낸 두 번째 공개서한에서는 "수많은 소녀들을 여자정신대로 '내지'의 군수공장 등으로 강제연행했던 것, 종군위안부로 전지에 억지로 보낸 것은 어느 것이든 인권유린이다"라고 주장했다.

이런 대처에 의해 정신대 문제는 서서히 한국 사회에 알려지게 되었고, 영화나 TV 드라마 등 대중매체에도 가끔 등장하기 시작했다. 1992년 1월에는 '정대협' 공동대표인 윤정옥이 정신대 문제를 여론화한 공적을 높이 평가받아 동아일보사가 주최한 '동아일보대상'을 수상했다.

이렇게 정신대 문제가 부상함에 따라 그때까지 국내에서는 존재가 확인되지 않았던 전 위안부나 전 근로정신대원들이 용기를 내어 이름과 신원을 밝히기 시작했다. 그 가운데 전 위안부 여성 세 명이 1991년 12월 6일 다른 군인·군속과 함께 일본 정부에 대해 보상을 요구하는 소송을 도쿄지방재판소에 제기한 것은 획기적인 사건이었다.

3) '사죄'에 대한 한국의 여론

전쟁 중 일본군이 조선인 여성을 강제로 끌고 가서 병사의 성욕 처리 도구로 만든 것은 구 일본군 관계자나 전 위안부들의 증언, 위안소의 규정이나 군의관의 의견집 등을 보아도 분명한 사실이다. 그럼에도 일본 정부는 이런 엄연한 사실을 무시했다. 그러나 1992년 1월 일본군이 위안소에 관여했음을 보여주는 자료가 방위연구도서관에서 발견됨으로써 일본 정부는 어쩔 수 없이 이 일에 국가가 관여했다는 것을 인정했다. 하지만 때가 너무 늦었다는 비난은 면하기 어렵다.

그런데 일본 정부는 사실을 인정하지만 피해자나 유족에 대한 보상은

1965년 한일협정으로 이미 해결되었다는 입장을 굽히지 않았다. 보상 등의 구체적인 행동이 동반되지 않은 미야자와 수상의 '사죄'는 한국인에게 형식적인 사과로밖에 비춰지지 않았다.

과거 일본 정부의 기본적인 자세는 정신대 문제만이 아니라 식민지 지배에 의해 저질러진 피해 전체에 대해서도 늘 입에 발린 정도의 사죄와 정치적 대처로 일관된 것이었다고 말할 수 있다. 특히 비인도적인 위안부 문제에 대해서조차 1965년의 한일협정을 근거로 하여 겉치레에 불과한 '사죄'로 끝내려는 일본 정부의 태도에 대해 한국의 여론은 언제나 비판적이었다.

주요 일간지에 드러난 독자의 목소리에도 "일본은 정신대·무역불균형 등을 해결해야만 진정한 동반자"(≪한국일보≫, 1992년 1월 17일자), "일본 수상, 정신대대책·배상을"(≪한겨레신문≫, 1992년 1월 7일자), "정신대의 사죄만이 아니라 천황은 만행의 보상을 적극적으로 행하라"(≪동아일보≫, 1992년 1월 10일자)라는 의견이 눈에 띄었다.

한편 한국 정부의 철저하지 못한 '일제 잔재 청산'과 일본 정부에 대한 미온적인 태도에도 비판이 가해졌다. ≪한겨레신문≫은 "굴욕외교의 표본에 불과한 1965년의 한일기본조약을 개정해야 한다"고까지 주장했다 (1992년 1월 18일자 사설). 보상·배상 문제에 관해서는 그 법적 해석이 논자에 따라 다르기도 했지만, 정신대 문제에 대한 법적인 처리는 개인적으로가 아니라 국가적·민족적인 차원에서 행해져야 한다는 논조가 강했다 ("정신대 국가 차원의 배상 당연", ≪동아일보≫, 1992년 1월 16일자).

'정대협'에서도 1992년 1월 22일 '또다시 일본 정부에 요구한다'라는 성명을 발표하고, 일본 정부의 태도를 다음과 같이 규탄했다.

"우리는 정신대 문제의 진상 규명과 보상 등 6개 항의 요구를 받아들이지 않는 미야자와 수상의 방한에 반대해왔다. 그러나 미야자와 수상은 방한하여 실질적인 보상 문제를 회피한 채 입에 발린 기만적인 '사죄'만을 반복하고 돌아갔다. 이전과 아무것도 달라지지 않은 일본 정부의 이런 태도는 희생자에 대한 모독이며 시대착오라는 것을 엄중히 경고한다."

그리고 "만행의 규명과 실질적인 보상이 동반되지 않은 어떠한 사죄도 받아들일 수 없다"며 다음의 네 가지 사항을 요구했다.

1. 근로정신대를 포함하여 전쟁 중의 인력 동원과 수탈의 진상을 분명히 밝히고, 그 노동에 대한 정당한 대가를 지불할 것
2. 1965년의 한일청구권협정을 개정 혹은 보완하여 정신대 문제에 대한 국가배상을 행할 것
3. 피해자와 유족들에 대해서도 보상할 것
4. 올바른 역사교육을 실시할 것

일본 정부가 과거 식민지 통치를 '합법'이라 주장하고 1965년의 청구권협정으로 '해결이 끝났다'며 위안부나 근로정신대에 대한 보상을 행하지 않는다면 미야자와가 진정한 '사죄'를 했다고는 말할 수 없을 것이다.

4) 이름과 신원을 밝힌 정신대 피해자들

미야자와 수상의 방한을 전후로 정신대 문제는 한국 여론에서 일찍이 그런 유례가 없을 정도로 오르내리게 되었다. 그러는 사이에 국민학교 학생을 근로정신대로 동원한 사실이 기록된 학적부가 발견되었다는 뉴스가 위안부와 관련되어 보도된 일은 좋게든 나쁘게든 정신대 문제를 언론에 부상시켰다. 이것은 국민의 반일감정을 불러일으키는 하나의 요인이 되어 지방의 한 식당에서는 일본인 손님을 거부하기까지 했다.

정부는 이런 반일감정을 가라앉히기 위해 공영방송국인 KBS를 통해 '정신대 문제는 감정으로 해결될 수 있는 일이 아니다. 그 실상을 분명히 밝혀 사죄와 배상이 이루어지지 않으면 안 된다. 당연히 정부가 나서겠지만 국민의 성찰도 필요하다. 정신대사건을 민족정기를 되찾는 계기로 삼자'는 내용의 캠페인을 내보냈을 정도였다.

그러나 학적부 '오보'는 식민지 통치 시기 여성들의 수난 실태에 대한 국민의 인식이 얼마나 결여되어 있었는지를 보여주었다고 말할 수 있다. 또 언론이 정신대 문제의 본질이나 진상을 확인하려 하기보다 폭로적이고 흥미 본위적으로 보도한 것이 많았다는 사실도 보여준다. 한편, KBS의 캠페인으로 상징되듯이 정신대 문제가 민족의식을 강조하는 형태로 취급되었다. 신문지상에서도 민족적 자존심이 걸린 문제로 다루는 논조가 많았다.

물론 한국인이 정신대 문제를 피지배민족으로서의 관점에서 대처하게 되는 것은 당연한 일이다. 하지만 동시에 성의 유린이라는 측면에서도 다뤄지지 않으면 안 된다. 게다가 이 경우의 민족은 종래의 성차별적인 남성중심적 혈통주의를 기저에 둔 것이 아니라 여성의 시점에서 접근하여 바로잡을 필요가 있다. 그런 의미에서 이즈음 정신대 문제에 관한 한국 정부의 대응이나 언론의 대처방식은 애당초 여성들에 의한 문제 제기를 올바로 받아들인 것이었다고 할 수 없다.

그러나 정신대 문제가 어떤 시각에서 접근되었든 간에 일련의 대중매체 보도에 의해 단번에 공론화된 것은 커다란 의미를 지닌다. 민족적 분개가 거세져난 가운데 피해자들이 잇따라 이름과 신원을 밝히기 시작했기 때문이다.

교회여성연합회와 '정대협'에는 국민학교 학생의 학적부가 공개된 1992년 1월 1일경부터 전 위안부나 근로정신대였던 사람들의 신고전화가 걸려오기 시작했다. 1월 28일까지 위의 두 곳에 접수된 신고는 직접 방문을 포함하여 약 180건이 되었다. 유족회 등 다른 곳으로 들어온 신고를 합하면 훨씬 많았다. 정부도 1월 21일 국무총리실 행정조사실장을 중심으로 '정신대 문제 실무대책반'을 조직하여 각 시, 도에 피해자신고센터를 설치했다.

이때 '정대협'과 교회여성연합회에 들어온 180건의 신고 내역은 근로정신대 관련 82건, 위안부 관련 52건, 기타는 미확인이나 행방불명자 관련 신고였다. 신고자는 본인·육친·친족·이웃 사람 등이었는데, 신고자의 약 반수가 본인이었다. 신고 동기는 전 근로정신대의 경우 지불되지 않은 급료의 지급가능성을 확인하기 위해서가 많았다.

또 '정대협' 사무소를 방문해온 18명의 전 위안부 여성은 TV를 통해 일본 수상의 방한과 정신대 문제가 화제가 된 일을 알고 나서 항의시위에 참가하여 수상에게 지금까지의 한을 직접 호소하고 싶다며 먼 길도 마다않고 상경했다고 한다.

충청남도 출신의 70세 여성은 1939년 17세 때 마을에서 정신대징집을 피해 도망가던 도중 10여 명의 헌병들에게 붙잡혔다. 기차와 트럭에 태워져 연행된 장소는 중국의 톈진(天津)에서 몇 시간이나 더 들어간 곳에 있던 일본군 주둔지였다고 한다. 그때 자신 외에도 조선인 여성이 37명, 일본인 여성이 2명 있었는데, 나중에 도움을 받아 도망치기 전까지 3년간 위안부생활을 강요받았다. 그 사이 돈이나 군표를 받은 일은 없었고 식사는 군인들이 반합에 지급해주었다. 일주일에 한 번씩 군의관에게 성병 검사를 받았는데, 병에 걸렸다고 판정받으면 방문에 빨간 표식이 걸렸다고 한다.

이 시기에 신고해준 전 위안부들의 고백에 따르면 연행된 지역은 톈진 외에도 만주, 베이징, 상하이, 라바울(Rabaul), 사이판, 태평양제도(남양군도), 규슈(九州) 등으로 퍼져 있었다. 더욱이 위안부가 된 경위는 사람사냥(人狩)과 같은 강제연행 이외에 병원이나 식당, 군수공장, 방적공장 등에서 일할 수 있다는 말에 속아서 가게 된 경우도 많았다.

해방 후 고국으로 돌아간 뒤 피해자들은 '양심의 가책 때문에' 결혼을 피하고 독신으로 살아왔거나 이혼하기도 했고, 자녀를 낳지 않고 남편에게 첩을 들이는 등 평탄한 생활을 하지 못했다. 그리고 그들 대부분은 지금 혼자서 병든 몸으로 생활보호를 받으며 살고 있었다. 한편 전 근로정신대 신고자는 거의 1944년부터 1945년에 걸쳐 국민학교나 중등학교 재학 중에 징용된 사람으로, 정신대로 가게 된 곳은 부산이나 대구, '내지'로는 토야마(富山), 누마즈(沼津), 나고야(名古屋) 등의 군수공장이나 방적공장 등이었다. 해방 후 귀국한 그들은 대부분 결혼하여 평범한 생활을 했지만 근로정신대 경험은 가족들에게 비밀로 해온 사람이 많았다.

5) 식민지시대의 여성 수탈

근로정신대로서 노동을 착취하고 위안부로서 성을 착취한 두 가지 정책은 말할 것도 없이 일본의 식민지 수탈의 일환으로 행해졌다.

여성노동력 동원계획은 1937년 일본의 중국대륙 침략이 본격화된 후 부족해진 노동력을 보충하기 위해 조선인 남성을 일본으로 강제연행하는 작업과 동시에 착수되었다. 예컨대 1940년 3월 조선 전체를 범위로 이루어진 노무자원조사를 통해 여자 12~19세, 남자 20~45세까지를 대상으로 한 「노동출가 및 노동전업 가능자 조사(勞動出稼及勞動專業可能者の調査)」가 작성되었고, 여자 33만 8,006명, 남자 140만 1,126명이 노동이 가능한 인구라고 산출되었다[조선총독부, 「노무조사에 관한 건(勞務資源調査ニ關スル件)」].

그 가운데 어느 정도의 사람들이 언제, 어떤 형태로 동원되었는지에 대한 전체상은 여전히 명확하지 않지만 1944~1945년경 후지야마 현 내의 각 군수공장에 배속되어 있던 조선인 여자 정신대원만도 2,800명을 넘었다고 한다(樋口, 1990). 한편 위안부는 수치상으로 군대 위안부가 압도적으로 많았으리라 생각되는데, 탄광이나 비행장 건설지 등에서 노동자를 상대로 한 경우도 있는 등 이 문제의 본질은 뿌리가 깊을 뿐 아니라 그 내용도 다양하다.

　그러나 군대에서든 탄광에서든 위안부를 '배당'한 궁극적인 목적은 군인이나 노동자들을 지배하고 관리하기 위해서였다고 말할 수 있다. 여성의 성은 도구로 사용되었다. 그 실태는 다름 아닌 인권유린이다. 그리고 피지배민족의 여성이라는 약한 입장에 놓여 있던 조선인 여성이 가장 혹사당하고 희생된 것이다.

　또 위안부정책이 일본 공창제도의 연장선상에 있었다는 사실을 스즈키 유코가 지적하고 있듯이(鈴木, 1991) 공창제도는 풍기 단속과 성병 예방이라는 이름하에 일부 여성에 대한 성적착취를 공인하는 제도이다. 거기에는 성의 이중규범과 여성멸시사상이 가로놓여 있다.

　다음 장에서 기술하겠지만, 일본은 이러한 공창제도를 조선에도 이식시켜 식민지 지배에 도움이 되게 했다. 조선에서의 본격적인 공창화정책은 러일전쟁 후 통감부의 설치와 더불어 착수되었다. 일본인 거류민이나 군인들의 조선 유입이 급격하게 이루어지자 성병 예방 측면에서 중시되기도 했지만, 다른 면에서는 관기(궁정이 고용하고 있던 기생)운영을 통감부의 허가제로 하여 조선의 권력구조에 개입하기 위한 목적 등 조선 지배와 밀접하게 연관되어 있었다. 또 종래 본남편[本夫]이나 가부(仮夫)가 있었던 매춘부들을 그들로부터 분리시키고 성을 완전히 놀이도구화, 상품화하는 등 여성의 예속 상태를 한층 더 제도화한 것이다.

6) 좋은 이웃 관계의 구축을 위하여

오랜 세월 암흑 속에 묻혀 있던 정신대 문제는 1990년대에 들어와 가까스로 해결의 발걸음을 내디뎠다. 무엇보다도 피해자들이 이름과 신원을 드러냄으로써 보상 문제가 구체화되고, 정신대 문제의 실태 해명에도 박차를 가하게 되었다. 그때까지 대단히 소극적인 태도를 취해왔던 한국 정부도 조사에 착수하고 남북 교섭, 일조국교정상화 교섭을 포함하여 국내, 국제적으로 중요한 과제가 되었다.

일본 정부는 정신대 문제를 시작으로 하여 군인·군속·징용자·재한 피폭자(在韓被爆者) 등 미해결 문제에 대해 진지한 태도로 귀 기울이고, 당연히 가해자로서 책임을 져야 한다. 또 위안부 문제는 지금의 '매춘관광'(일본인 남성만이 아니라 한국인 남성이 동남아시아에서 행하는 매춘도 포함된다)이나 일상적인 성폭력 문제와 동일한 본질을 가지고 있다. 따라서 일상생활 현장에서의 견실한 문제 제기가 필요할 것이다.

그런 의미에서 정신대는 성·민족·국가 간의 좋은 이웃 관계를 구축하는 데 걸려 있는 대단히 긴밀한 문제이다.

제1장 일본군 위안소제도의 배경: 조선의 공창제도

이 장에서는 일본이 조선을 식민지화하는 과정에서 조선에 도입한 공창제도에 대해 살펴보려 한다. 그 이유는 두 가지이다. 하나는 성병 예방이나 강간 예방, 또 비인간적인 전쟁이나 노동 등에 따른 불만의 배출구로서 여성을 이용한 위안소제도가 공창제도를 토대로 발안된 것이라고 말할 수 있기 때문이다. 그리고 또 다른 하나는 조선인 위안부가 받을 수밖에 없었던 이중의 억압, 즉 피지배민족으로서의 억압과 여성으로서의 억압이 어떻게 구조화되었는지를 알 수 있는 한 방법이라 생각하기 때문이다.

일반적으로 정의하면 공창제도는 공권력이 성매매를 통제하며 기본적으로 성매매를 적법행위로 간주하는 것이다. 그 형태는 지역이나 시대에 따라 다소 차이가 있지만, 성적대상으로 구매되거나 단속 대상이 되는 것은 언제나 여성이었다.

근대 일본의 공창제도를 보면 풍기 단속과 성병 예방이라는 명목하에 유곽을 설치하고 영업허가를 가진 여성에게 매춘과 장소를 제공하는 대좌부업자(貸座敷業者)의 영업을 인정하는 형태로 존재했다. 그 실태는 창기가 대좌부업자에게 금전적으로 착취되고 노예처럼 매춘을 강제당하는 것이었다. 그 배후에는 남성의 매춘을 당연한 것으로 보고 여성을 성적대상물로 간주하는 남성중심적 성관념이 자리잡고 있었다.

일본의 근대화정책에서 한편으로 여성의 이상형이라 추구되던 정숙한 양처현모를 외치고 다른 한편으로 성을 파는 창기를 인정한 것은 가부장적 지배체제에서 여성을 복종시키려는 구도였다. 이 이분화된 여성의 상황은 일본이 제국주의적 성격을 강화하여 해외 침략의 길을 걸어나가는 사이에 그 본질을 한층 드러낸 형태로 여성들에게 부여되었다. '군국의 어머니(軍國の母)', '군국의 처(軍國の妻)'와 위안부도 그 하나이다.

이것들은 모두 여성의 성이 지배체제의 도구였다는 사실을 말해준다. 그 가운데 성을 가장 짓밟힌 것이 위안부였다. 일본은 이 위안부 역할의 상당 부분을 식민지 조선을 비롯한 피지배민족 여성에게 강요했다. 이것은 성지배가 민족지배와 더불어 중층화하고 있었다는 사실을 나타낸다. 식민지 통치하의 조선 여성들은 피지배민족이기 때문에 한층 더 노골적인 성적수탈에 시달렸다. 조선 여성의 이런 상황은 어느 날 갑자기 만들어진 것이 아니라 근대 일본이 침략의 칼날을 아시아로 뻗치고 조선의 식민지화를 진행시키는 사이에 서서히 형성된 것이었다. 일본에 의한 공창제도의 도입은 그 시작이었다고 말할 수 있다.

일본이 조선에 공창제도를 도입하고 확립하는 과정은 네 단계로 나눌 수 있다. 첫째는 개항으로 형성된 일본인 거류지 내에서 성매매를 단속하기 위해 공창제도를 적용하는 단계이다. 그다음은 러일전쟁 후 일본이 조선 침략을 강화해나가는 가운데 거류지 내에서의 공창제도를 철저하게 구축하는 한편 조선인 매춘부의 공창화에 착수하는 단계이다. 셋째는 1910년에 조선을 '병합'한 후 총독부 권력을 기반으로 곳곳에 공창제도를 실시하는 단계이다. 그리고 마지막은 서로 달랐던 규칙을 통일시켜 전국적으로 실시하는 단계이다.

　본문에서는 그 경위를 더듬어 제도의 내용과 특징 등을 검토하고, 위안부정책으로 이어지는 식민지 통치하 성지배의 한 단면을 밝혀보려 한다.

1. 공창제도 실시의 배경

　조선 사회에도 옛날부터 다양한 형태의 성매매가 존재했다. 상류 계급에는 고려시대 때부터 시작되었던 성매매로서 중국으로부터 전해졌다는 기녀제도가 있었는데, 일본에 의해 공창제도가 도입될 때까지 지속되었다.
　기녀제도는 원래 궁중에서 의료나 재봉, 가무 등의 기예를 담당하는 여성 노비로 기생(관기)을 고용하는 제도였는데, 시대가 지나면서 관리나 군인들의 성적봉사를 겸하게 되었다고 전해진다(이화여자대학교 한국여성사편찬위원회, 1978: 519). 1410년에는 존폐론이 불거졌는데, 논쟁 가운데 기녀제도를 없애면 관리가 일반 가정의 여성을 범하여 우수한 인재가 벌을 받게 된다며 폐지에 반대하는 의견이 있었던 것에서(이화여자대학교 한국여성사편찬위원회, 1978: 519~520) 그 성적역할을 엿볼 수 있다. 다만 당시의 기녀는 일본 공창제도의 창기와 다르게 일정한 교양을 갖추고 있었으며 상대를 고를 자유도 어느 정도는 인정되었다.
　근대 조선에는 이들 기생을 포함하여 일패(一牌), 이패(二牌), 삼패(三牌)라 불리는 매춘부가 존재했다. 일패는 관청에 속한 기생, 이패는 기생 출신으로 첩이 된 후 밀매음을 하는 은근자[殷勤者, 혹은 은군자(隱君者)], 삼패는 창녀를 일컫는 탑앙모리(塔仰謀利)를 말한다. 이 외에도 화랑유녀(花郎遊女), 여사당패(女祠堂牌), 색주가(色酒家) 등 소위 갈보(蝎甫)라고 불렸던 매춘부들이 있었다(이능화, 1927: 140~144).

봉건적 지배질서의 붕괴와 개항 후의 사회경제적 변화는 매춘부나 성매매를 증가시켰다. 특히 강화도조약 체결(1876년) 후 일본인 거류지를 통해 상륙한 일본의 매춘업, 즉 공창제의 관례에 기초한 유곽이 형성된 것은 조선 사회 성매매의 형태나 수적인 증가에 커다란 영향을 미쳤다.

1) 일본인 거류지에서의 유곽의 형성

거류지의 매춘업은 일본이 조선에서 세력을 확대하고 거류민이나 군인이 증가하면서 번성하게 되었다. 매춘업자는 일찍부터 거류지에 모습을 드러냈는데, 청일전쟁 무렵까지는 부산이나 원산의 거류지가 그 중심이었다. 이즈음에는 조선 지배를 둘러싼 열강과의 세력 다툼 때문에 일본인의 거류가 안정되지 않았고, 풍기문란이 국익에 반한다는 이유로 매춘부나 매춘업자가 조선에서 퇴거당하기도 했다(高尾, 1922: 46). 그러나 두 거류지에서는 개항 후 얼마 지나지 않아 일본 국내의 공창제도에 준하는 단속규칙이 정해졌고, 처음부터 공창제도에 기초한 단속방식이 도입되었다.

최초의 개항장이었던 부산에서는 일본인 거류민이 약 2,000명 정도가된 개항 4년째인 1881년 10월에 「대좌부 및 예창기 영업규칙」이 정해졌다. 규칙의 내용은 알려지지 않았는데(釜山府, 1984: 177~178), 1882년에 부산 영사가 발표한 「대좌부 및 예창기에 관한 포달」에 의하면 대좌부업자와 예창기는 영사관에 매달 세금을 납부했고, 예창기는 경찰서를 통해 총영사관의 '영업감찰'을 받고 있었다. 또 매독 검사도 실시되어 1887년경까지는 매독병원에서 관비로 치료를 받았으며, 그 후에는 매독병원을 폐지하고 공립병원에 매독검사소를 설치하여 창기가 치료비를 부담하도록 했다(「매독병원의 폐지」, 釜山府, 1984: 358~359). 1880년에 개항한 원산의 거류지도 다음 해 거류민이 300명 미만이었는데 「창기 유사영업 단속」이 시행되고 「대좌부 영업규칙」, 「예창기 단속규칙」, 「매독병원 및 매독 검사규칙」이 정해졌다(高尾, 1916: 35).

청일전쟁으로 일본인 거류민이나 군인의 상륙과 주둔이 대폭 증가하자 매춘업은 더욱 활발해졌다. 서울(경성)을 비롯하여 부산, 원산, 인천, 진남포 등 군인의 상륙 요지가 된 지역에서는 정식으로 예기를 둔 요리점이 출현했고, 유곽이 형성되어갔다.

1885년경부터 일본인이 경영하는 요리점이 나타나기 시작한 서울에서는 청일전쟁 이후 예기의 고용을 공인받은 요리점이 성황을 이루었다. 1904년에는 서울의 일본인 거류민회가 민회의 재정원을 확보한다는 목적을 겸하여 신마치(新町) 유곽을 설치했다. 부산과 인천에서는 1902년, 원산에서는 1903년, 진남포에서는 1905년에 각각 유곽이 형성되었다. 각 영사관은 유곽 설치 전후로 「예기 단속규칙」이나 「요리점 및 음식점 영업 단속규칙」 등을 발포하고 단속을 시행했다.[1]

1906년 2월 통감부가 설치되자 다른 거류지에도 차례차례 유곽이 설치되었고 매춘업이 확대되어갔다. 이 시기는 「거류민단법」의 시행(1906년 7월)으로 각지의 거류민단이 솔선하여 유곽 설치에 나선 것이 특징이다.[2] 그 이유는 풍기 단속 외에도 서울의 경우와 마찬가지로 민단 재정원의 확

---

1) 각 영사관에서 발포한 단속규칙은 다음과 같다. 「예기 및 작부 단속규칙」(진남포, 1899년), 「요리점 및 음식점 영업 단속규칙」(부산, 1900년), 「요리점 및 음식점 단속 규칙」(인천, 1901년), 「요리점·음식점 단속규칙」(원산, 1903년), 「예기 단속규칙」·「제2종 요리점 예기 건강진단 시행규칙」(서울, 1904년).

2) 당시 일본인 거류민은 8만 명을 돌파했고 1,000명 이상의 일본인이 거주하는 지역에 종래의 일본인회 대신 거류민단이 설치되었다. 1906년부터 1910년까지 12개의 민단이 설치되었다.

보가 가장 큰 목적이었다. 이는 다음 글에서도 엿볼 수 있다. "조선에서도 민단법이 시행되어 지방자치제가 인가되자 경성은 솔선하여 민단의 재정원 함양을 목적으로 신마치 유곽을 개설했는데, 이것이 의외로 성공하자 각지의 민단들도 앞을 다투어 유곽 설치에 착수했다"(保高, 1925: 13).

군산에서는 민단의 재원을 확보하기 위해 생선시장의 공설, 묘지 · 화장장의 변경, 공립병원의 설립 등과 더불어 유곽의 신설을 계획했다. 특히 유곽 문제는 "군산 거류민단의 제 사업 가운데 가장 인기"(保高, 1925: 123)였다. 1908년에 유곽을 설치한 평양에서도 유곽지는 그 후 매년 2,000여 엔의 지대를 납부했기 때문에 민단의 유력한 재원이 되었다(平壤民団役所 編纂, 1914: 54). 또 1906년경 유곽을 설치한 목포에서도 나중에 유곽을 이전했을 때의 땅을 팔아 번 연부금에서 십 년간 총 3만 엔 정도를 소학교의 교육비로 기부했다고 한다(木浦府, 1930: 988~989).

통감부 설치 후 영사관의 업무를 인계받은 이사청(理事廳)도 민단의 유곽 설치는 "지장이 되지 않는다"는 태도로 묵인했다(保高, 1925: 141). 또 이사청은 영사관 시대의 단속규칙을 폐지하고 새롭게 이사청령으로 단속규칙을 발포하여 제도의 정비에 나섰다. 1910년 '병합'이 이루어질 때까지 〈표 1〉처럼 모든 이사청이 유곽에 관련된 단속규칙을 발포했다.

단속규칙은 요리점 영업에 관한 것과 예기, 작부의 영업에 관한 것으로 구성되었다. 요리점 영업에 관한 규칙의 특징을 보면, 첫째로 유곽지역에서 영업하는 업소와 그 이외 지역에서 영업하는 업소를 구분했으며, 그 구분은 보통과 특수, 갑종과 을종, 일종과 이종 등으로 하고 유곽지역 외에서 영업하는 요리점에는 손님의 숙박을 허가하지 않았다. 또 요리점과 음식점을 구별하여 음식점에서의 예기 영업을 금지하는 곳도 있었다. 둘째로는 경우에 따라 요리점의 고용인인 예기, 작부의 건강진단서를 제출하게 할 수 있다는 규정을 두었다. 셋째로 동업조합을 조직하게 했다.

<표 1> 매춘업 단속 관련 이사청령 일람

성진	1906년 6월 4일	「제5호 요리점 및 음식점 영업 단속규칙」 「제6호 예기 영업 단속규칙」
군산	1907년 8월	「제6호 요리점 및 음식점 영업 단속규칙」 「제7호 예기 영업 단속규칙」
원산	1908년 5월 2일/5월 30일	「제4호 예기 작부의 함흥위 술군대(戌軍隊) 숙영구역 내 출입금지」 「제5호 요리점 단속규칙 개정」 「제6호 예기 단속규칙 개정」
청진	1908년 5월 2일 1909년 4월 17일/6월 5일	「제7호 요리옥 예기 작부 영업지역 제한」 「제6호 나남의 특별요리점 영업구역 지정」 「제2호 요리점 단속규칙」 「제3호 음식점 단속규칙」 「제4호 예기 및 작부 단속규칙」
경성	1908년 4월 28일 1909년 5월 1일/5월 29일	「제2호 음식점 단속규칙」 「제4호 요리점 음식점 단속규칙」 「제1호 예기 단속규칙 중 개정」 「제2호 대합(待合) 영업 단속규칙」 「제3호 화류병 예방규칙」
평양	1908년 11월 7일	「제4호 평양 을종 요리옥 영업지역 지정」
대구	1908년 11월 14일	「제9호 요리옥 단속규칙」 「제10호 음식점 단속규칙」 「제12호 예기 단속규칙」
진남포	1908년 12월 1909년 1월 19일	「제3호 요리점 음식점 단속규칙」 「제3호 요리점 음식점 영업 단속규칙」 「제4호 예기 및 작부 영업 단속규칙」
인천	1909년 1월 30일	「제2호 요리점 음식점 단속규칙」 「제3호 예기 단속규칙」
부산	1909년 8월 7일	「제6호 예기 영업 및 단속규칙 추가」
신의주	1910년 1월 29일	「제3호 요리점 및 음식점 영업 단속규칙」 「제4호 예기 및 작부 단속규칙」
목포	1910년 4월 23일	「제1호 요리점 단속규칙」 「제2호 예기 및 작부 단속규칙」

자료: 손병기 편, 『통감부 법령 자료집』 상·중·하(대한민국 국회도서관, 1973)으로부터 작성.

한편 예기, 작부에 관한 규칙의 특징은 첫째, 요리점의 경우와 마찬가지로 예기와 작부를 유곽지역에서 영업하는 사람과 그 외에서 영업하는 사람으로 구별했다. 둘째로 예기, 작부의 영업허가를 민단이나 경찰서를 통해 이사청이 결정하도록 했다. 셋째는 유곽 내에서 영업하는 예기, 작부는 지정된 지역(유곽) 내에 거주하게 하고 그 지역 밖으로 나갈 때에는 경찰서의 승인을 받도록 했다. 넷째는 창기업을 겸하고 있는 예기, 작부의 연령을 제한했다.3) 다섯째로는 건강진단을 의무화했다. 여섯째는 허가증 휴대를 의무화했다. 일본 국내처럼 '대좌부'나 '창기'라는 명칭은 사용되지 않았지만 사실상 유곽 내의 예기, 작부는 창기와 같았다고 할 수 있다.

그런데 단속규칙에서도 볼 수 있듯이 예기, 작부에 대한 건강진단이나 성병 검사는 거류지의 매춘 단속 가운데서도 중요한 과제였다. 부산이나 원산 등 초기 거류지를 시작으로 그 후에 설치된 거류지의 유곽에도 건강 진단소는 반드시 설치되었고, 예기와 작부의 성병 검사가 의무화되었다. 1909년 5월에는 경성 이사청령으로 「화류병 예방규칙」도 발포된다. 이는 예기, 창기의 성병 검사를 엄격하게 하고 그것을 단속하는 경찰의 권한을 강화하기 위한 규칙이었다. 메이지 시기 이후 일본이 성병 예방이라는 논리를 공창제도의 정당화 이유 중 하나로 삼은 것과 더불어, 해외 침략을 추진해나가는 가운데 강병책의 관점에서 병사의 성병대책에 당국의 관심이 기울어진 것도 재한일본인 매춘의 성병 검사방침에 영향을 미쳤으리라 생각된다. 이처럼 거류지의 매춘업은 처음부터 공창제도에 따른 단속방침을 기반으로 증가했다. 1908년 말 내부위생국의 조사에 따르면 재

---

3) 인천, 목포, 성진, 청진, 신의주는 18세 미만, 대구는 16세 미만이었다.

한 일본인 매춘부 수는 2,839명이었는데, 그 가운데 정기건강진단을 받은 공창은 1,529명, 사창은 1,301명이었다(統監府內部衛生屬, 1909).

2) 조선인 매춘업의 증가

일본인 매춘업의 출현과 그 증가는 조선 사회의 매춘 형태에도 영향을 미치지 않을 수 없었다. 거류지가 완전히 차단되어 있지 않았기 때문에 조선인이 일본인 매춘부를 사는 일도, 일본인이 조선인 매춘부를 사는 일도 있었다. 그것은 다음과 같은 기록에서 찾아볼 수 있다.

"진해 땅에 가장 먼저 발을 들여놓은 게 누구인가 하면 다름 아닌 노동자들이었지만 그와 거의 동시에 들어간 것이 매춘부였다. …… 그중 많은 사람들이 공사도 시작하기 전부터 이주해와서 선인(鮮人) 부락에 거처를 잡고 살았다. 그리고 노동자나 선인을 상대로 돈벌이를 시작하여 상당히 번창하고 있었다"(杉山, 1912: 110).

청일전쟁 후에는 일본인 거류지의 성매매가 번성하게 된 것과 더불어 조선 사회의 성매매도 눈에 띄게 늘어났다. 서울에서도 이즈음부터 매춘부가 급속하게 증가하기 시작했다(이능화, 1927: 140). 당시 신문에도 이런 상황을 반영하는 듯 인신매매나 성매매에 관한 기사가 등장했다. 한 예로, "음녀들이 곳곳에 많아 빈부를 막론하고 어리석은 남자들을 유인하여 돈을 빼앗고 …… 무뢰한 무리들이 남의 계집아이들을 사다가 오입을 가르친다니 이런 일은 경무청에서 엄금해야 마땅한 일"(≪독립신문≫, 1896년 7월 11일자)이라는 기사도 있었다.

이런 가운데 1899년 여름, 경무청은 서울 오서(五署) 내 매춘부들의 영업을 금지하는 단속을 했다(≪시사총보≫, 1899년 8월 1일자; 한국여성연구소 편, 1981 수록). 그러나 성매매는 전혀 사그라들 기미를 보이지 않았으며,

당시 관립 의학교 교장이었던 지석영(池錫永)이 매춘부 증가에 따른 매독의 만연을 우려하여 매춘부의 검매(檢梅)를 주장할 정도였다("양매창론(楊梅瘡論)", ≪황성신문≫, 1902년 11월 17일자].

1904년 4월, 서울에는 풍기단속을 이유로 조선인 매춘부들의 거주지역을 남부 시동(詩洞)으로 한정하고 그 외 지역에서의 매춘을 금지하는 훈령이 경시청으로부터 내려졌다(≪대한일보≫, 1904년 6월 12일자; 한국여성연구소 편, 1981 수록). 이때 경무청에서 파악한 매춘부는 280명이며, 시동의 창가를 상화실(賞花室)이라 불렀다(이능화, 1927: 141). 이 시기는 러일전쟁에 돌입한 일본이 조선에 대병력을 침투시켜 '한일의정서'의 조인(1904년 2월)을 강요하는 등 실질적으로 조선을 식민지로 전환시키고 있었던 때이니만큼 매춘 단속방침에도 일본 권력의 의향이 반영되어 있었을 것이다. 그것은 통감부 설치와 동시에 시동의 조선인 매춘부에 대한 성병 검사가 실시된 사실에서도 엿볼 수 있다.

2. 조선인 매매춘에 대한 공창화정책

1) 성병 검사의 실시

통감부 설치 후 일본은 거류지의 공창제를 정비하는 한편, 조선 사회의 성매매를 공창제도를 기반으로 조직하는 작업에 본격적으로 착수했다. 최초로 시행된 것이 조선인 매춘부에 대한 성병 검사였다. 당국은 통감부 설치 직후인 2월 6일, 서울의 조선인 매춘부 108명을 경찰서에 모이게 하여 세 명의 일본인 의사로부터 성병 검사를 받게 했다. 3일 뒤인 2월 9일에는 「건강진단 시행수속」을 정했다(統監府警務第二課, 1908, 「연혁」).

이날 이루어진 성병 검사 광경을 ≪대한매일신보≫(1906년 2월 16일자)
는 다음과 같이 전한다.

오서 내의 가인 명기를 모이게 하여 일본인 의사가 기계를 사용하여 병
균을 검사했다는데, 외국에서는 검사실을 정비하고 은밀하게 조사하지
만 여기서는 문을 열어놓고 사람들이 지켜보는 가운데 칸막이 하나만
가린 채 배를 드러내고 성기를 보이게 해서는 간병기로 시험법을 집행
했다고 하니, 이것은 금수로 취급하여 학대하는 것이지 사람으로 대우
한 것이라 보기 어렵다.

이러한 성병 검사의 실시에 대해 매춘부들도 강한 반발을 보였다. 매춘
부들 가운데는 문을 닫고 일시적으로 영업을 중지하는 사람이나 검사 대
상에 오르지 않았던 기생으로 전업하는 사람도 있었고, 지방으로 내려가
는 사람, 심지어 아편을 먹고 자살을 기도하는 사람까지 있었다(동 「연혁」,
4~5쪽). 당국은 이런 저항에 맞닥뜨려 포주에 대한 "엄중한 단속"을 강화
하고 건강증을 몰수하거나 도망간 매춘부를 "강제적인 방법으로 소환"하
여 성병 검사를 강행했다(동 「연혁」, 3쪽).
　검사는 월 1회 실시되었는데, 1907년 8월까지는 각 상화실에 경비를 부
담시켜 사설 검매원을 설치하고 경찰 당국의 감독 아래 검사가 이루어졌
다. 그러나 사설 검매원에 의한 검사는 단순히 병의 유무를 판정하고 유
병자에 대한 치료를 진행하는 정도여서 검사 효과가 별로 없었다. 그러자
당국은 환자의 치료를 진행하기 위해 1908년 6월 서울에 경성유녀조합을
조직시켜 조합비로 치료소를 설치, 운영하도록 했다.
　「경성유녀조합규약서」(統監府警務第二課, 1908)에 의하면 조합 설립의
목적은 "경성에 있는 유녀의 풍기를 교정하고 건강진단을 격려하여 공중

의 위생을 보호한다"(제2조)고 되어 있으며, 조합원은 유녀의 가부나 주포주(酒舖主)들로 구성되었다. 또 밀매춘 등의 행위가 생겼을 경우 조합원은 사무소에 신고하고 관할 경찰관서의 임검(臨檢)을 청구할 것(제5조), 임원 선거의 결과는 경찰관서에 신고할 것(제10조), 매월의 수지결산을 관할 경찰관서에 보고할 것(제11조)을 의무조항으로 설정하는 등, 밀매춘과 성병 검사 위반자에 대한 상호 감시를 강화하는 동시에 경찰권력의 개입을 한층 강화했다. 또 가부나 주포주 등 매매춘 포주들을 조직화하여 경찰권력 아래에 있는 조직으로 만든 것은 매춘부들에 대한 포주의 힘을 강화하는 조처였다고 할 수 있다.

2) 기생단속령 · 창기단속령

당국은 매춘부에 대한 성병 검사의 실시와 조합 설치에 이어, 1908년 9월 경시청령으로 기생단속령과 창기단속령을 발포하고 조선인 매춘부의 공창화를 더욱 진전시켜나갔다. 단속령은 기생과 창기의 영업을 당국의 허가제로 하고 각각의 영업조합을 설치하기 위한 목적으로 발포되었는데, 공창제 실시를 위한 최초의 법적 조치라고 말할 수 있다. 또 궁중으로부터 봉급을 받고 있던 기생을 단속 대상에 포함시킨 것은, 말하자면 형해화(形骸化)하고 있던 조선 왕실에 대한 내정간섭을 의미했다.

단속령 발포 직후인 10월 1일, 당국은 기생 88명과 기부(妓夫) 59명, 창기 255명과 창기의 기부 65명을 관인구락부에 모이게 하여 단속령에 대한 설명회를 열었다. 그날의 보고서에 따르면 영업허가제를 실시하는 이유에 대해 "매매인의 사술(邪術)로 인해 자의가 아닌 상태에서 추업에 종사하게 된 사람이 있어서"라고 기술되어 있다(「통감, 부통감에게 한 보고」). 그러나 일본의 공창제도 아래에서 창기의 '자유의사'는 여성 인권이 인정되지 않았던 당시의 상황으로 볼 때 형식에 지나지 않았으며, 허가제가 목적이었다고 해도 여성의 의사를 존중하기 위해서라기보다 공창제에 의한 성매매 관리체계를 만들어내는 것이 목적이었다고 할 수 있다.

조합의 설치는 당국이 새롭게 작성한 「기생조합규약표준」(統監府警務第二課, 1908)에 따라, 또 창기조합에 관해서는 다음 해 4월 역시 당국이 작성한 「한성창기조합규약」(같은 자료)에 따라 조직화 작업이 이루어졌다. 이 조합은 포주가 아니라 기생이나 창기들을 조합원으로 하고, 매춘부들을 직접 당국의 관리 아래 두려는 것과 포주와 매춘부의 관계 등 종래 조선에 있던 성매매 형태를 일본식으로 바꾸려는 의도가 담겨 있었다.

「기생조합규약표준」의 주요 내용은 ① 건강진단(성병 검사) 실시 ② 화대의 인하 ③ 본 남편이나 가부가 있는 사람에 대한 가업(稼業: 일정한 일로 돈을 번다는 의미 — 옮긴이 주) 허가의 거부 등이었다. ①은 매월 1회 경시청이 지정한 의사로부터 성병 검사를 받고 전염병에 걸린 사람은 치료소에 수용하는 것으로 했다. 또 ②의 화대에 대해서는 종래와 마찬가지로 시간에 관계없이 5원을 받는 것은 너무 비싸서 고객이 불편하다(같은 자료, 「기생에 대한 논고(論告)조항」)는 이유로 한 시간 정액제로 하여 종래 영업 형태의 변경을 시도했다. ③에 대해서도 본 남편이나 가부를 기생으로부터 분리시켜 종래의 형태를 바꾸려 했다. 그 이유는 "본 가업은 부녀의 절조(節操)를 지키기 어렵기에 본부 또는 가부가 있는 부녀에게 절조를 버리게 하는 것은 인도상 용납하기 어려우므로 인가하지 않는다"(같은 자료, 「기생에 대한 논고조항」)는 것이었다. 즉, 일본 공창제도 아래의 창기는 완전한 성적상품이며 정조가 요구되는 일반 여성과 다른 존재라는 사고방식을 고정시킨 것이다. 한편 「한성창기조합규약」은 기생조합규약보다 훨씬 더 세세하게 정해졌다. 규약에 따르면 서울 안에 있는 창기는 반드시 본 조합에 가입하도록 하고, 조합원은 가업에 관한 관서의 명령과 본규약, 조합 총회의 의결을 준수해야 한다고 정했다. 또한 조합 가입금을 납입하고 조합에 필요한 경비는 조합원이 부담하도록 했다. 남편이 있는 사람의 영업은 기생의 경우와 마찬가지로 금지되었다.

단속령 발포 후 창기는 영업허가를 얻기 위해 건강진단서를 필수적으로 첨부해야 했는데(같은 자료, 「창기에 대한 논고조항」) 조합 설치의 중요한 목적도 창기의 성병 검사를 철저하게 하는 것이었다. 규약은 치료소의 설치, 성병이나 전염병의 우려가 있는 사람에 대한 검사와 치료, 치료비의 부담, 치료소 수용자의 행동 제한에 이르기까지 세세하게 정해져 있었다. 이에 더하여 조합 운영비 가운데 5%는 성병 검사 비용이었다(같은 자료, 「한성창기조합 매월경비견적서」).

그런데 당국 측의 조합 설치 강요에 대해 창기들은 성병 검사를 강행했을 때와 마찬가지로 반발했다. 「한성창기조합 조직 상황」에 따르면 당국이 조합을 설치하기 위해 서울 안에 있는 매춘부를 모이게 하여 개최한 총회에서 조합의 설치 취지를 들은 사람 가운데는 '극력 반대'한 사람들이 있었다. 그 이유는 만약 조합을 조직하면 보증금과 조합 비용, 기타 조합원으로서의 모든 의무를 부담해야 하는데 현재와 같이 영업이 부진한 시기에는 아무 이익도 남지 않는다는 것이었다. 그리고 그들은 오히려 폐업을 주장했으나 당국 측은 창기와 포주에게 "조합 설치의 필요와 폐업의 불이익한 이유를 상세하게 논하고 또 엄중하게 설득했다"(「한성창기조합 조직 상황」)고 한다. 이것을 보더라도 당국의 매춘과 관련한 단속 기본 방침이 성매매 그 자체의 소멸이 아니라 공창제도로서의 개편이었음을 알 수 있다.

이 밖에도 기생과 창기의 연령 하한은 조선의 결혼연령을 근거하여 만 15세로 정했다. 당시 일본 국내 공창의 연령 하한은 18세로, 일본인 거류지에서도 대구의 16세를 제외하고는 모두 18세였다.

당국은 단속령 발포에 이어 10월 6일 「기생 및 창기 단속령 시행 주의 사항」(경시청 훈령 제4호)을 발포했다. 또 기생과 창기의 '가업계(稼業屆)', '폐업계', 포주나 가부의 집으로 주소를 이전할 때의 '주체계(住替屆)', 포주나 가부 변경 시의 '개기주계(改妓主屆)' 등 서류를 상세하게 정했다.

이런 일련의 정책에 의해 1909년 8월 말 당시 서울의 창기 조합원 수는 365명에 이르렀다. 또 1908년 말 내부위생국의 통계에 따르면 전국의 조선인 매춘부는 2,486명, 그 가운데 '정기건강진단을 받은 사람'은 419명, 사창은 2,067명이었고, 서울 이외의 9개 도에서도 소수지만 조선인 매춘부에 대한 성병 검사가 실시되었다.[4]

3. 공창제도의 확립

1) 각 도에서의 공창제도 실시

통감부 권력에 기반을 두고 본격적으로 시행되기 시작했던 조선인 매춘부에 대한 공창화정책은 1910년 8월 '병합' 후 각 도의 경무부로 인계되어 추진되었다. 무단통치정책에 따라 경무총감에는 조선 주둔 헌병사령관, 각 도 경무부장에는 일본군 헌병대장이 취임했고, 전국에 헌병파출소가 설치되었다. 경찰권력을 조선 구석구석까지 침투시킨 당국은 '일반의 풍기 긴숙(緊肅)'[5]이라는 미명 아래 매춘부 단속을 전국적으로 실시했다.

---

4) 경기도 74명, 충청북도 12명, 전라북도 3명, 경상북도 6명, 경상남도 48명, 함경북도 15명, 함경남도 4명, 평안북도 5명, 평안남도 29명이다(統監府內部衛生層, 1909).
5) 「사창단속에 관하여」, ≪조선휘보(朝鮮彙報)≫, 1917년 1월, 103쪽.

이사청 관할이었던 일본인 거주지역의 매춘 단속도 '병합' 직전부터 경찰당국이 담당하여 일본인과 조선인의 단속은 경무총감부와 각 도 경무부가 함께 취급하게 되었다.

단속은 기본적으로 통감부 시대의 공창화정책을 한층 강화하는 방침으로 행해졌고, 매춘부에 대한 성병 검사의 실시와 사창 단속이 근간이 되었다. 또 매춘 영업지역에 관해서는 다음과 같은 방침이 있었다. 주요 시가지에는 일정한 지역(유곽)을 정하고 그곳으로 이전하여 영업하도록 한다. 유곽을 설치하기 곤란한 작은 시가지에는 나중에 유곽을 설치할 때까지 다른 상가와 잡거 상태로 두고 넓은 지역을 한정하여 허가한다. 산간의 숙역(宿驛) 혹은 벽촌 등의 적막한 지방에서는 지역을 아예 지정하지 않고 영업시킨다.[6] 말하자면 지역마다 달라 적극적인 집창화는 이루어지지 않았다고 할 수 있다.

이런 방침 아래 경무총감부와 일부 도 경무부는 각 도별로 새로운 단속규칙을 정하고 통감부하에서 일본인 거류지를 대상으로 발포한 규칙을 폐지했다. 각 도가 정한 매춘단속규칙은 이사청령과 마찬가지로 주로 예기, 작부 단속규칙과 요리점, 음식점 단속규칙에 기초하여 작성되었다(〈표 2〉).

그 내용은 전체적으로 이사청령보다 상세해졌고 규칙의 적용 대상도 일본인과 조선인을 포함한 것, 일본인만을 대상으로 한 것, 일본인과 조선인 사이에 규칙상의 차이를 둔 것 등, 도에 따라 약간의 차이가 있었다.

함경북도에서는 예기와 작부를 갑종과 을종으로 나누고 연령 하한을 종래의 18세에서 15세로 낮추었다. 영업허가를 얻으려면 포주가 있는 사

---

6) 「사창단속에 관하여」, 103쪽.

〈표 2〉 각 도의 공창제도 관련 법규 일람

함경북도	1911년 4월 23일	경무부령 「제6호 요리점 음식점 단속규칙」 「제7호 예기 작부 단속규칙」
전라남도	1911년 12월 12일	「제4호 을종 요리점 영업지역 변경」
평안남도	1911년 2월 5일	「제3호 특수 요리점 단속규칙」 「제4호 예기 단속규칙」 「제5호 특종 요리점 영업지역 지정」
	1913년 8월 18일	「제7호 진남포 창가업지역」
평안북도	1912년 6월 2일 1912년 6월 27일	「제9호 예기 및 작부 단속규칙」 「제11호 요리옥 음식점 영업 단속규칙」
강원도	1912년 8월 22일 1912년 8월 26일	「제4호 요리점 및 음식점 영업 단속규칙」 「제5호 예기 및 작부 단속규칙」
황해도	1912년 8월 21일	「제1호 예기 및 작부 단속규칙」 「제2호 요리점 음식점 영업 단속규칙」
경상남도	1912년 8월 16일	「제1호 요리점 및 음식점 영업 단속규칙」
충청북도	1912년 9월 18일	「제2호 요리점 음식점 영업 단속규칙」
경상북도	1913년 1월 8일	「제2호 요리점 음식점 단속규칙」

자료: 『조선총독부관보』를 토대로 작성.

람의 경우 포주의 연대서명과 포주와의 계약서 사본을 제출하게 했다. 또 예기와 작부는 거주지 외에서의 숙박은 물론 거주지로부터 1리 밖으로 나가는 것조차도 금지하여 신체적 구속을 강화했다. 성병 검사에 관한 규정도 상세하게 정해, 창기를 겸하는 갑종 예기·작부뿐 아니라 을종 예기·작부에 대해서도 경찰서장 또는 경찰서 사무를 취급하는 헌병관서장이 필요하다고 인정될 때는 성병 검사를 시행할 수 있게 했다. 평안남도에서는 일본인 예기의 폐업 자유를 명기했으나 조선인에게는 규칙 자체가 적용되지 않았고, 평안북도와 황해도는 연령 하한을 일본인 18세, 조선인 16세로 정하여 일본인과 조선인 사이에 차이를 두었다. 또 평안북도, 강원도, 황해도는 예기와 작부에게 남편이 있는 경우 남편의 승낙서를 첨부하도록 의무화했다.

한편 밀매춘(사창)은 처벌 대상으로 엄격하게 단속했다. 당국은 1912년 3월 식민지 지배체제를 강압적으로 확립시키려는 의도를 가지고 사람들의 일상생활에 관련된 87항목을 처벌 대상으로 한 「경찰범처벌규칙」(총독부령)을 발포했다. 그 가운데 '밀매음을 하거나 남녀가 관계를 갖도록 다리를 놓아주거나[媒合] 그런 행동을 한[容止] 자'라는 항목을 포함하여 위반자에게 구류 혹은 벌금을 부과했다.

성병 검사의 실시도 더욱 강화되었다. 경무총감부는 「제2종 요리점포 예기 건강진단 시행규칙 개정」(1911년 6월 28일 총감부령)을 발포하여 서울의 신마치·나카노신마치·모모야마 유곽의 매춘부에 대한 정기건강진단을 주 2회로 늘리고, 건강진단소에 경찰관을 파견하여 감시하는 것 등을 정했다. 1913년 11월 15일에는 총독부령으로 「공의규칙」을 발포하여 전국 각지 총 186개소에 공의를 배치하고 전염병 예방, 종두(種痘) 등과 더불어 매춘부에 대한 성병 검사를 겸하게 함으로써 철저한 검사가 이루어지게 했다. 또 1915년 7월에는 밀매음자와 밀매음을 상습적으로 하는 자에 대한 성병 검사와 치료 절차를 정하여 그해 연말까지 일본인 15명, 조선인 76명에 대한 진단을 실시했다.[7]

그 결과 건강진단을 받은 매춘부는 매년 증가했고(山下, 1992: 152), 특히 조선인 매춘부의 검사가 대폭 강화되었다. 성병 검사는 유곽 등 집창지역의 경우 유곽 내에 업자들이 설치한 진단소에서 행해졌고, 그 이외의 지역에서는 공의나 업자의 집에서 이루어졌다.[8] 또 매춘업자의 수도 점차

---

7) 「매소부(賣笑婦) 건강진단 상황」, ≪조선휘보≫, 1916년 6월, 157쪽.
8) 「매소부 건강진단 상황」, 156쪽. 1915년 말 현재, 당 업자에 의한 특설진단소는 전국적으로 65개소가 설치되어 있었다.

증가했다(鈴木 · 山下 · 外村 編, 2006(상권): 779~786 참조).

2) 공창제도의 전국적 실시

1916년 3월 31일 당국은 경무총감부령 제4호로「대좌부 창기 단속규칙」을 발포(같은 해 5월 1일 시행)하여 각 도마다 달랐던 단속규칙을 통일했다. 이와 함께「숙박 영업 단속규칙」(제1호),「요리점 음식점 영업 단속규칙」(제2호),「예기 작부 예기치옥 영업 단속규칙」(제3호)도 발포하여 매매춘에 관련된 숙박소, 요리점, 음식점, 대좌부의 구별과 예기, 작부, 창기의 구별을 명확히 하여 전국에 공창제도를 법적으로 확립했다. 또 그 직후「창기 건강진단 시행수속」(경무총감부훈령 갑 제4호 4월 20일)도 발포하여 경찰서나 헌병대장, 헌병분견소에서 창기의 성병 검사를 시행할 때의 방법, 업무 내용, 보고 양식 등을 상세하게 결정했다.

당국이 이런 일련의 규칙 발포에 의해 "검매의 기초를 확립하고", "조선의 검매사무에 신기원을 도모하게" 되었다고 말한 것처럼[9] 규칙 발포의 중요한 목적은 성병 검사의 철저한 시행이었다. 예기 · 작부 · 창기의 영업 내용이나 영업 장소를 한정하고 기숙 또는 거주 장소를 제한하는 것은 성병 관리를 수월하게 하기 위한 하나의 방법이었다. 예기 · 작부 · 창기에 대한 성병 검사를 의무화하는 한편, 예기를 둔 곳이나 대좌부 등의 영업주에 대해서도 고용자의 성병 검사를 의무화하여 벌칙을 부과했다. 물론 성병 관리는 매춘부들의 건강을 위해서일 뿐 아니라 그들을 사는 손님[遊客]에게 병이 옮지 않도록 하기 위함이었다. 말하자면 향락 도구로서

---

9)「매소부 건강진단 상황」, 157쪽.

매춘부들의 신체는 잘 관리되어야 했던 것이다.

「대좌부 창기 단속규칙」의 내용은 기본적으로 일본의 「대좌부 인수 다옥 창기 단속규칙(貸座敷引手茶屋娼妓取締規則)」(경시청령 제40호, 1896년 7월)과 비슷한데, 그것을 더욱 세세하게 만들었다. 대좌부 영업에 관해서는 지정한 지역에서 영업할 것, 건물 구조, 대좌부 영업자의 준수사항, 경찰서에 신고해야 하는 내용, 영업조합, 유객 명부와 창기의 대차장부 작성 등을 정했다. 또 창기 영업에 관해서는 영업신청에 필요한 사항, 창기의 기숙, 건강진단, 준수사항 등을 정했다. 이에 따르면 창기 영업은 대좌부 안으로 한정되었고, 창기가 대좌부 밖에 기숙하거나 숙박하는 것이 금지되었으며 유곽 밖으로의 외출도 불가능했다. 더욱이 허가증과 성병 검사증의 휴대 의무를 비롯하여 경찰서 감독하의 정기·임시 성병 검사, 전염성 질환에 걸렸을 경우의 치료나 임신·출산 시의 규정 등도 정해졌다.

조선인과 일본인 그리고 각 도마다 달랐던 창기의 연령 하한이 17세로 통일되고, 남편이 있는 자의 창기 가업은 금지되었다. 창기의 폐업에 관해서는 대좌부업자의 준수사항 속에 "창기의 계약, 폐업, 통신, 면접을 방해하거나 또는 사람을 시켜서 방해하지 말 것"(제7조 17항), "창기가 폐업할 때는 즉시 허가증을 첨부하여 경찰서장에게 신고할 것"(제29조)이라는 규정을 정했다. 그러나 이것은 일본의 「창기 단속규칙」(내무성령, 1900년 10월)에 구체적으로 명기된 창기 명부 삭제 관련 규정과 거리가 멀고 「대좌부 인수 다옥 창기 단속규칙」의 수준이어서 폐업의 자유는 규칙상 거의 없었다고 할 수 있다. 일본 국내에서 실시되던 규칙(내무성령, 「창기 단속규칙」)과의 차이라면, ① 연령 하한이 일본에 비해 한 살 낮다는 점, ② 남편이 있는 자의 창기 가업을 금지한 점 등을 들 수 있다. 자유폐업규정이 없는 점이나 연령 하한이 한 살 낮다는 점 등은 조선의 공창제도하에 있는 창기가 일본 국내의 창기보다 규칙상 열악한 입장에 놓여 있었다는 사실을 드러낸다. 그런데 「대좌부 창기 단속규칙」의 부칙에서 "조선인 창기의 가업을 목적으로 하는 대좌부 영업자에 한해서 당분간 제3조의 규정을 적용하지 않아도 된다"(제42조)라고 함으로써 지정 지역 외에서의 영업을 허락했다. 또 '지정된 지역' 밖으로 창기가 외출하는 것을 금지한 제20조 규정도 조선인 창기에게는 적용하지 않는(제43조) 등 일본인과 조선인의 단속방침에도 차이를 두었다.

이미 살펴보았듯이 당시의 유곽은 거의 일본인들에 의해 설치되었으며 조선인 창기를 두는 대좌부업은 그 영향을 받아 생기거나 종래의 형태를 바꾼 것들이었다. 집창화된 서울의 상화실 등 일부를 제외하면 조선인 매춘업자는 시내에 산재해 있었다. 그런 실태에도 맞게 붙여진 이 부칙은 그 의도가 어떠했든 조선 사회에 매매춘을 만연시키는 장치가 되었다고 말할 수 있다. 유곽에서의 성매매가 일상생활로부터의 일탈 또는 격리라는 의미를 지닌다고 한다면(小林, 1938: 161), 조선인에게 적용된 공창제도는 일상생활 속으로의 혼재를 의미했다. 그것은 의도적이지 않았다 하더라도 사람들의 타락을 재촉하며 여성의 성을 쾌락의 도구로 비하하는 성차별적인 관념을 한층 더 뿌리 깊게 만드는 역할을 하지 않았을까.

한편 「예기 작부 예기치옥 영업 단속규칙」에 의해 기생은 예기에 포함되었다. 예기는 예기치옥이나 예기권번(藝妓券番: 기생이 기적을 두었던 조합 ― 옮긴이 주)에 기숙하며, 요리점에서 부르면 나가서 영업을 하지만 손님을 예기치옥이나 자택으로 불러들이는 것은 금지되었다. 또 작부는 요리점에서 기숙해도 되지만 여관이나 음식점에서는 기숙하면 안 되고, 객석에서 춤을 추거나 음악을 연주하는 것도 금지하여 예기와 작부의 구별을 명확히 했다. 그러나 예기나 작부의 매춘을 금지하는 규정은 있을 리 없었는데, 그 증거로 건강진단(성병 검사) 규정이 있어 영업신청을 할 때는 건강진단서를 첨부하지 않으면 안 되었다. 또 일박 이상의 여행을 할 때나 10일 이상 휴업할 때는 경찰서에 신고해야 했고, 예기와 작부의 거주지도 경찰부장이 정할 수 있도록 하여 이러한 점들은 창기와 별로 다르지 않았다고 말할 수 있다.

그 후 각 도 경무부는 경무총감부령에 기초하여 대좌부의 영업지역을 지정하거나 취급규칙을 정하여 공창제도를 정착시켜갔다. 영업지역의 지정은 경무총감부령의 부칙에 따라 일본인 창기를 고용하는 업소에만 적용하고, 조선인 창기를 고용하는 업소에는 이 규칙을 적용하지 않았다. 따라서 조선인 창기를 둔 업소는 시내에 산재한 채 영업이 이루어졌고, 계속 늘어났다. 이런 정책을 기반으로 규칙 발포 후에도 매춘 관련 영업자 수는 계속 증가했다. 자세히 보면 대좌부업자 등 영업주의 증가는 크게 두드러지지 않지만 특히 조선인 예기, 작부, 창기의 수가 5년 사이에 배 이상의 증가율을 보였다.

이렇게 통감부 설치 후 본격적으로 착수된 조선인 매춘부의 공창화정책과 총독부하에서의 공창제도 실시는 재조일본인과 조선인의 매춘업을 대폭으로 증가시켰다. 통계에 나타나지 않는 사창까지 합치면 상당히 많은 수에 이를 것이다.

4. 공창제도의 전개

1) 통일규칙 발포 후의 단속

규칙 발포 후 각 도 경무부는 3조에 따라 대좌부 영업지역을 지정했다. 앞에서 언급한 대로, 도에 따라서는 조선인 창기의 가업을 목적으로 한 대좌부업자에 대해서는 당분간 대좌부 영업지역에 관계없이 영업을 허가한다는 취지의 훈령을 고시하기도 했다(경상남도 경무부 고시 제9호, 전라북도 경무부 고시 제6호). 또 지역 지정에 이어 단속규칙의 취급절차를 정한 도도 있었다(함경남도 훈령 제14호, 평안남도 훈령 제44호, 경기도 훈령 제19호, 전라북도 훈령 제15호 등). 1934년 12월에는 「대좌부 창기 단속규칙」을 개정하고(조선총독부령 제104호) 그 가운데 창기가 지정된 지역 밖으로 외출하는 것을 금지한 제20조와 부칙 제413조를 삭제했는데, 그 외에 커다란 변경을 하지 않은 채 해방 후 폐지령이 발포(1947년 11월, 시행은 다음 해 2월)될 때까지 효력이 유지되었다.

1920년대 후반이 되자 일본인이 경영하는 대좌부업이 감소하고 그 대신 카페나 바가 유행하기 시작했다. 그 배경은 유흥 서비스를 손쉽게 즐기려는 성풍속의 변화와 당시 불황의 영향을 받고 있던 대좌부업이나 요리점이 카페로 전업한 것 등이다. '카페나 바가 통계(조선총독부통계연보)에 등장한 1933년에는 420곳(일본인 경영 353곳, 조선인 경영 65곳, 외국인 경영 2곳)이었는데, 그것이 해마다 증가하여 1942년에는 802곳(일본인 경영 304곳, 조선인 경영 460곳, 외국인 경영 38곳)으로 약 두 배 늘어났다. 일본에서는 1929년 아이치(愛知) 현을 시작으로 같은 해 9월에 도쿄, 10월에는 오사카부(大阪府)가 단속을 시작했다.

조선에서도 1931년 9월 경찰명령을 내려 단속에 착수했다. 조선총독부 「도경찰부장회의 자문사항 답신서」(1935년)에는 1930년대 전반의 성매매 단속 상황이 기술되어 있다. 여기에는 각 도별로 풍속영업의 단속 상황이 보고되어 있는데, 각 지방의 특징이 드러나 있다. 공창체도의 존폐에 관한 경찰의 사고방식도 도별로 달랐는데 이것은 풍기대책에도 반영되어 있다. 예를 들어 경상남도나 전라남도는 공창제도를 국가 체면상 기피해야 할 제도로 보아 강력하게 폐지를 주장했지만 경기도, 충청남도, 경상북도는 사창에 비해 공창이 사회풍교상 미치는 영향이 적다고 보아 오히려 그 제도를 보호하고 개선할 것을 주장했다. 황해도와 평안남도는 공창 폐지가 시간문제일 뿐이라 인식하고 그 후의 단속대책을 강구해야 한다는 의견을 내놓았다.

일본 국내에서는 1920년대에 공창제도의 제한이나 폐지에 관한 움직임이 한층 활발해졌는데, 총독부 관리들도 이 문제에 관심을 갖고 있었다. 니시카메 산규(西龜三圭)의 「공창제도 존폐론」(≪경무휘보(警務彙報)≫, 246 · 254호, 1926 · 1927년)도 그중 하나이다. 니시카메는 교토제국대학 의학과를 졸업하고 특허국과 내무국의 기사(技師)로 근무한 뒤 1924년에는 조선총독부 기사로 경무국 위생과에서 일했다. 나중에 위생과장이 되어 1924년 8월 조선의 한센병 환자요양소인 소록도갱생원의 원장까지 지낸 고급 관리이다. 그는 폐창론과 존창론을 비교, 검토하고 전자는 이상론, 후자는 실제론이라고 분석하여 인신매매를 금지하기 위한 방책을 강구하는 것이 좀 더 현실적이라고 주장했다.

공창제도를 근간으로 한 매춘단속정책은 사실상 성매매의 증가를 불러왔다. 원래 1916년에 발포된 「대좌부 창기 단속규칙」도 부칙을 필요로 했던 것에서 알 수 있듯이 이 규칙으로 조선 반도 전체를 획일적으로 단속하는 일은 애초부터 무리였다. 또 지방에서는 예기, 작부를 요리점에 기숙시켜 창기와 유사한 행위를 하는 것을 묵인하는 등(위 「답신서」) 규칙과 실제 상황 사이에 상당한 거리가 있었다.

조선의 접객업계는 1937년 중일전쟁의 영향으로 불경기였음에도 군수경기로 인해 비교적 호황을 누렸다. 그러나 전시체제가 본격화된 1940년대 초부터는 소비나 향락에 대한 당국의 압박이 한층 엄격해졌다(杉山 編, 1944).

2) 성병에 관하여

성병 방지는 당국의 매춘대책상 매우 중요한 과제였다. 「매소부 건강 진단 상황」(≪조선휘보≫, 1916년 6월)에 따르면 매춘부에 대한 성병 검사는 유곽 등 집창지역의 경우 조합이 설치한 특설진단소에서, 그 이외의 경우는 공의나 일반 개업의의 자택 등에서 행해졌다. 1915년 말의 공창은 일본인 3,793명, 조선인 1,271명인 데 비해 특설건강진단소는 65개소였고, 건강진단을 받은 연인원은 일본인 18만 833명, 조선인 5만 904명이었다. 검사횟수는 일본인이 5일에 한 번이고, 조선인은 7일, 10일, 15일에 한 번으로 나뉘어 있었다. 이와 관련하여 조선인의 검사횟수는 1911년 1개월 평균 2.5회에서 1920년에는 3.4회로 늘어나 일본인의 평균 검사수치인 4회에 가까워졌다.

1916년 4월 20일에는 공창제도와 관련된 일련의 규칙이 발포된 데 이어 「창기 건강진단 시행수속」이 결정되었다. 당국은 이런 규칙을 발포하여 "검매의 기초를 확립"하고 "조선의 검매 사무에 신기원을 도모하게 되었다"(「매소부 건강진단 상황」)라고 평가했다.

한편 당시 조선의 성병률을 조사한 자료로 「조선에서의 화류병의 통계적 관찰(朝鮮ニ於ケル花柳病ノ統計的觀察)」(1921)이 있다. 이것은 일본 육군 군의감 야마다 히로토모(山田弘倫)와 육군 삼등 군의정 헤이마 히다리다 치바나(平馬左橘)가 총독부 경무부 위생과, 내무성 보건위생조사회, 육군 통계연보 등에 나타난 통계를 이용하여 조선의 일반인이나 매춘부, 군인 등의 성병률을 비교, 분석한 자료이다. 이에 따르면 조선의 성병률은 일본이나 기타 외국의 도시에 비해 상당히 높았다. 매춘부의 유독률은 사창이 압도적으로 높고 다음이 창기, 작부, 예기의 순이었다. 조선인, 재조일본인, 일본인을 비교하면 조선인이 가장 높고 조선인 창기는 재조일본인

보다 배 이상 높은 비율이었다.

1923년 2월에는 조선총독부령 제61호로 예기·작부, 창기의 건강진단 비용을 부(府) 또는 면이 부담하도록 하는 법령을 발표했다. 각 도는 이 법령에 기초하여 도령(道令)으로 비용을 부담하는 면(面)을 지정했다.

그러나 그 후에도 성병은 접객업의 확대와 더불어 계속 증가한 것으로 보인다. 1930년대에 걸쳐 ≪경무휘보≫에 경성제국대학 의과대학 교수가 작성한 성병 관계 문서나 계몽용 〈화류병 영화〉 시나리오 등도 게재되었던 것으로 보아 성병에 대한 관심이 컸음을 알 수 있다[충청남도 경무부 도시오카 지이치(年岡治一), 「화류병 예방과 경찰단속에 관하여(花柳病の豫防と警察取締に就て)」, ≪경무휘보≫ 384호, 1938년].

일본에서는 1927년 4월 법률 제48호로 「화류병 예방법」이 공포되어 다음 해인 1928년 6월부터 그 일부가 시행되었다. 이 법은 매춘부만을 단속 대상으로 하고 있으며, 진단소의 설치에 관한 제2조 규정은 재정 형편으로 인해 1938년 4월까지 시행되지 못했다. 경기도나 전라북도 경찰당국은 이 「화류병 예방법」을 조선에도 시행할 필요가 있다는 의견을 개진했지만(위 「답신서」) 결국 시행되지 않았다.

「화류병 예방법」의 실제 효과를 비판적으로 검토한 것이 「화류병의 예방 박멸과 형벌법규(花柳病の豫防撲滅と刑罰法規)」(≪경무휘보≫ 264~266호, 1926·1927년)이다. 필자 미야모토 하지메(宮本元)는 1920년 4월에 경성지방법원 판사로 임명되어 조선에 건너왔으며 1925년에 고등법원 판사가 되었다. 그는 이 글에서 이런 법은 일본이나 조선에서 시행해도 효과가 없을 것이며, 오히려 중요한 것은 "남성의 절조관념과 여성의 인격존중에 대한 각성"이라고 주장했다. 그 외에도 「법률상으로 본 매음 ― 매음은 범죄성을 갖는가, 갖지 않는가(法律上より觀たる売淫 ― 賣淫は犯罪性を有するか将有せざるか)」(≪경무휘보≫ 1928년 10월·11월·12월호)라는 글도 작성되었는데,

거기서는 매춘이 "여성의 인격을 무시하고 자신의 음욕의 희생물로 삼으며, 그것을 남성의 특권으로 생각하여 전횡을 일삼기 위한 계기를 새로 만들어낸다"고 말하며 매춘을 공인하는 공창제도 역시 불합리한 제도라고 비판하고 있다.

3) 접객업부들의 양상

접객업부의 수는 공창제도하에서 점점 늘어났다. 창기는 1920년대에 3,000명을 넘어 1940년에는 3,934명으로 증가했다. 민족별로 보면 일본인은 1910년의 851명에서 1921년에 2,599명까지 증가했다가 그 후에 감소하여 1942년에는 1,774명이었다. 반면, 조선인의 경우는 1910년의 569명에서 계속 증가하여 1939년에는 일본인을 웃돌아 1942년에 2,076명이 되었다. 예기, 작부 등을 포함한 전체 추이에서도 이러한 특징이 드러나는데, 일본인은 1910년에 4,091명, 1942년에는 '여급'을 포함하여 5,455명이었지만('여급'을 제외하면 3,811명으로 감소), 조선인은 1910년의 1,193명에서 1942년 1만 169명으로 9배에 가까운 증가율(여급을 제외하면 약 7배)을 보였다. 하지만 사창의 수는 통계에 포함되지 않았기 때문에 매춘에 종사하는 여성의 실제 수는 훨씬 더 많았을 것이다. 예를 들어 당국의 통계에는 포함되지 않았지만 서울의 와룡동, 돈의동 일대에 색주가, 내외주점, 갈보집이라고 불리는 영업집이 밀집해 있었는데, 여기서 일하는 작부들은 "내용적으로는 공창과 같다"고 했다[인육의 시장, 공창굴(人肉の市, 公娼窟)」, ≪신가정(新家庭)≫, 1934년 7월].

매춘부들의 실태를 알아낼 수 있는 방법은 대단히 적어서 그 실상에 접근하는 것이 용이하지는 않다. 조선인 공창의 실태를 일부 엿볼 수 있는 것으로 「조선의 공창에 관하여(朝鮮の公娼に就いて)」(≪낭청(廊淸)≫ 16권 8

호, 1926년 8월)가 있다. 이 글은 고베 기독교청년회의 총주사인 오쿠무라 류조(奧村龍三)가 기독교청년회 세계대회에 참석하기 위해 조선을 다녀갔을 때 서울의 신마치 유곽과 인천 부도(敷島) 유곽을 견학하고 그 감상을 기록한 것이다. 오쿠무라는 조선인 매춘부들의 연령이 16세에서 18세 정도로 매우 어리고 일본인에 비해 가격이 쌌으며, 더욱이 매춘가의 가옥이나 설비가 '원시적'인 것 등에 놀라지 않을 수 없었다고 적고 있다.

한편 카페가 유행하면서 새롭게 탄생한 '여급'은 1933년의 2,849명(일본인 1,988명/조선인 501명)에서 최고 전성기였던 1940년에는 4,371명(일본인 2,226명/조선인 2,145명), 1942년에는 3,872명(일본인 1644명/조선인 2,227명/외국인 1명)으로 증가했다. 특히 조선인 여급의 증가가 눈에 띄었다. 통계상 조선인 접객부의 총수가 일본인의 수를 상회한 것은 1929년이다. 이것은 1920년대 후반에 조선인 접객부가 급증했기 때문인데, 이여성(李如星)은 「조선의 예기, 창기 및 작부의 수(朝鮮の芸妓, 娼妓及び酌婦數)」(≪신가정≫, 1934년 7월)에서 그 원인이 여성의 취업문제에 있다고 지적했다.

식민지 지배정책 아래에서 조선인 인구의 약 80%를 차지하던 농민은 경제적으로 혹심한 변화에 직면하게 되었다. 토지조사사업이나 산미증산계획 등 일련의 정책은 농민의 소작농화를 재촉하여 이농, 이민, 도시유입자를 발생시켰다. 수해나 가뭄 등의 거듭되는 재해도 농민의 생활을 한층 더 열악하게 만들었다. 이런 상황에서 농촌이나 도시에 사는 빈민층 여성들의 어깨에도 그때까지보다 훨씬 더 큰 경제적 부담이 얹히게 되었다윤명숙,『일본의 군대위안소제도와 조선인 군대위안부(日本の軍隊慰安所制度と朝鮮人軍隊慰安婦)』(明石書店, 2003)의 제2부 제4장에 이 점과 관련된 상세한 연구가 쓰여 있다.

여성들이 돈을 벌 수 있는 일은 '하녀'나 어린아이 돌보기 등의 가사도우미, '여공' 또는 음식점, 요리점, 대좌부 등에서 일하는 접객부가 고작이었다. 가사도우미나 '여공'의 임금은 매우 낮았지만 접객부가 되면 상당히 큰돈을 빌려 쓸 수 있었으므로 일시적으로 가계를 구할 수 있는 방편이 되었다. 1940년경 부산에 있던 700여 곳의 조선인 음식점에는 1,000명이 넘는 작부가 일하고 있었는데, 그들은 거의 100원에서 500원의 전차금(前借金)에 팔려온 농촌여성들이었다. 한 달에 6, 7원 정도인 월급에서 전차금을 갚고 나면 그달에 쓸 화장비, 의류비를 충당하기에도 모자라 빚은 늘어갈 수밖에 없었다고 한다(≪동아일보≫, 1940년 1월 31일자). 당시 신문에는 빈곤과 폭력을 참다못해 525원의 전차금을 받고 유곽에 몸을 던진 여성, 남편의 병 때문에 505원의 전차금에 작부가 되었는데 치료비 때문에 150원의 빚이 생기자 또다시 450원을 받고 함경도의 술집에 몸을 판 19세 서울 여성, 아편중독자인 아버지에 의해 300원에 색주가로 팔려간 16세 처녀 등 비참한 지경에 빠진 여성들의 이야기가 많이 실렸다(≪동아일보≫, 1935년 11월 4일자; 1937년 12월 5일자; 1937년 7월 5일자).

빈곤에다가 남존여비관습이 더해져 여성은 가족의 입을 덜기 위해 양녀로 팔려가기도 했다. 양부모는 양녀가 장성하면 접객업부로 팔아넘기기도 했다. 일본에서도 예기, 창기가 자유로이 폐업하는 것을 막기 위해 양녀계약을 맺는 일이 발생하여 1911년에 재판에 부쳐지기도 했다. 일본으로부터 이런 관습이 들어왔는지는 확인할 수 없지만, 조선에서도 법적으로 근거가 없는 양녀계약을 맺고 소녀에게 기생수업을 시켜 영업허가가 나는 연령이 되면 기생 영업을 시키는 경우가 있었다. 신문에 의하면 서울 종로에 7명에서 10명 정도의 양녀를 데리고 기생수업을 하는 곳이 여러 군데 있었는데 사설 기생양성소가 그것으로, 거기에는 100여 명의 양녀가 있었다고 한다. 또 음식점 경영자가 농가의 소녀를 양녀라는 명목으로 싼값에 사들여 강제노동을 시킨 다음 또 다른 곳에 팔아버리는 일도 있었다(≪동아일보≫, 1939년 8월 18일자; 8월 31일자; 11월 24일자 등).

이렇듯 여성의 지위도 낮고 인신매매를 당연하게 인정했던 접객업계가 존재하는 현실 속에서 빈곤은 여성을 접객업부로 몰아넣었다. 당시 신문에는 이런 비참한 이야기를 만들어낸 공창제도가 노예제도와 다르지 않다는 점을 지적하고, 그 제도의 폐지를 강력하게 호소하는 내용도 있었다("인신매매제도를 폐지하자", ≪조선일보≫, 1939년 10월 7일자). 또 일본의 중국 침략이 본격화되면서 중국에서 접객업이 호황을 누리고 있다는 소식이 전해지자 조선의 영세한 접객업자들 가운데 활로를 찾기 위해 중국으로 이주하는 사람들이 점차 늘어났다. 먼 곳으로 가야 전차금이 높았기 때문에 국내뿐 아니라 일본이나 중국 등 국외로 팔려나가는 여성도 있었다("취업난의 조선여성: 60명이 팔려 전지 북지나로", ≪동아일보≫, 1937년 10월 1일자). 그 배경에는 청일・러일전쟁을 거쳐 일본이 아시아 침략을 진행해나가는 가운데 일본의 공창제를 확대해갔다는 사실이 자리잡고 있었다.

4) 인신매매

여성들이 접객업부가 되는 경로에는 주선업자나 소개업자로 불리는 중매인이 개입하는 경우가 많았다. 공창제도가 발포되고 접객업부가 증가함에 따라 이런 소개업자의 수도 늘었으므로 당국은 1922년 1월 전라남도를 시작으로 각 도별로 규칙을 발포하고 단속에 착수했다.

하지만 단속규칙이 있어도 업자 가운데는 "의뢰인의 의사와 무관하게 주선하거나 심지어는 부녀를 유괴하여" 접객업자에게 팔아넘기는 자도 있었다(위 「답신서」 중, 강원도 「주선업자의 단속」). 공창제도가 존재하기에 부모와 본인의 '승낙'을 받아 사실상의 인신매매가 행해진 것인데, 제도가 더욱 '위법적인' 인신매매를 성행하게 만든 경로가 된 것이다. 법적 용어로 말하면 '영리유괴(營利誘拐)'에 해당하는데, 부모나 본인을 속여서 몸을 팔게 하고 이익을 거두는 사기이다. 1938년 5월의 ≪여성(女性)≫지에 실린 「유괴되어 끌려간 부인과 법률의 구제」에 따르면, "영리유괴는 예를 들어 어느 여성을 유괴하여 카페의 여급이나 술집의 작부로 일하게 하고 그 여성의 전차금을 갈취하는 행위, 그 외에 여성을 곡마단에 팔거나 기생으로 파는 등의 행위도 영리유괴의 한 예이다"라고 설명한다.

통계상 주선업자가 늘어난 1930년대 후반에는 '인사소개소(人事紹介所)'라는 간판을 내건 무허가 불법 소개소도 우후죽순처럼 생겼고, 그들이 관여한 '불법'적인 인신매매가 성행했다. 1935년 6월부터 1940년 6월까지 ≪동아일보≫ 등의 신문에 게재된 인신매매사건만도 100건이 넘는다. 보도 건수로 보면 특히 1938년과 1939년에 많았는데, 무려 50여 건에 이르렀다. 신문에 보도된 사건을 통해 다음과 같은 특징을 엿볼 수 있다(山下, 1997: 173~179).

먼저 피해여성들의 연령은 4세에서 30세이며, 그중 15세에서 20세까지가 전체의 70%를 차지하고 미성년자가 80%이다. 유괴된 지역은 경상도나 전라도 등 농촌지역이 많으며, 특히 대규모 인신매매단에 의한 조직적인 유괴의 경우는 피폐한 농촌이나 천재지변이 있었던 지역이 많았다.

여성이 팔려간 곳은 대부분이 접객업소이며 유곽, 음식점, 요리점, 예기권번, 술집, 카페, 인사소개소, 개인업자, 위안소 등이다(인사소개소의 경우는 여기서 다시 접객업자에게 판다). 팔린 지역은 서울을 비롯하여 지방 각 도시, 중국 동북지방, 상하이, 일본, 태평양제도 등 다양하며, 100건 중 20건이 국외로 팔려간 경우이다. 또한 매매 시의 금액은 최저 20원부터 최고 1,300원이며 다시 전매(轉賣)된 경우는 2,000원이나 되었다. 유곽 또는 해외로 팔리면 더 비쌌다.

범행은 개인적으로 행해진 경우와 공범과 함께 조직적으로 행해진 경우가 반반이었다. 개인 범행으로는 남편이 처를 본인의 승낙 없이 팔거나 결혼하자고 꾀어 몇 주에서 몇 개월 동거한 뒤 팔아버리는 경우, 납치·강간 후에 팔아넘기는 경우가 있다. 공모 범행으로는 주로 취직 등을 약속하며 감언이설로 꾀는 경우가 많았다. 특히 해외로 팔아넘기는 사건이 공범자 수가 많고 피해자 수도 많았다.

그들이 사용한 수법 한 가지를 보면 다음과 같다. 서울의 인사소개소와 대서(代書)업자들이 공모하여 지방의 농촌에 브로커를 보내고 '서울에 가면 흰쌀밥을 배불리 먹을 수 있고 비단옷을 입을 수 있다, 어려운 일을 하지 않더라도 월급을 30원 이상 받을 수 있다'는 말로 속여 시골 여성을 데려온다. 인사소개업자는 이 여성들이 글을 모른다는 점을 이용하여 200원부터 300원의 차용증서를 작성하고 호적등본 등을 위조하여 음식점 등에 팔아넘기는 것이다.

호적위조 수법은 더 복잡하다. 경성부청에 가서 데려온 여성의 이름을 사망자 호적에 있는 여성의 '사생아'로 등록한다. 다른 한편으로는 공모자 중 한 사람의 호적을 이용해서 그의 첩과의 사이에서 태어난 가공의 '서자'를 등록한다. 그 서자를 분가시킨 뒤 '사생아'로 등록된 여성과 그 서자의 혼인서류를 제출한다. 그다음 공모자의 한 사람인 의사가 그 서자의 사망진단서를 작성하여 서자를 사망한 사람으로 만들고 여성이 단독 호적을 갖게 한다. 그러고는 그 여성이 독자적인 의지에 의해 고용녀로서 전차금을 받고 팔린 것처럼 계약서를 작성한다.

1939년 3월에는 특히 대규모 인신매매사건이 연속해서 적발되었다. 예를 들면, 하윤명(河允明)사건(「색마, 유괴마, 하윤명의 죄상」, ≪조광(朝光)≫, 1939년 5월호)의 하윤명은 7년간 150명 이상을 유괴하여 접객업부로 팔아넘겼다고 한다.

5) 주변 지역의 매춘과 단속

식민지 기간에 조선인 여성들도 접객업부로서 외국으로 건너갔으니 도항한 곳의 접객업계에 관해서도 개관해보자. 1895년에 일본이 식민지 지배를 시작한 타이완의 초기 군정 때는 일본 여성의 도항이 금지되었지만, 1896년 3월에 민정이 시작되자 4월부터 타이완으로 자유도항이 가능해졌다. 예기와 창기도 많이 건너가 같은 해 6월에 바로 타이베이 현에서 「대좌부 및 창기 단속규칙」이 나왔고, 1906년에 타이완 전체에 통일된 규칙이 제정되었다.

조선인이 언제부터 타이완에서 접객업을 시작했는지는 확실히 알 수 없지만 1931년의 '접객업자 수'에 따르면 조선인 요리옥과 대좌부는 41곳, 예·창기, 작부는 252명에 이른다(鈴木·山下·外村 編, 2006(상권): 858)는 통계를 통해서 전체 접객업계의 규모가 당시 조선의 절반 정도였음을 알 수 있다. 타이완에서는 일본 국내와 마찬가지로 1927년에 「화류병 예방법」이 시행되었고, 1940년에는 동일한 시행규칙이 발포되었다.

러일전쟁 결과 1905년에 일본의 조차지(租借地)가 된 관둥저우(關東州)에서도 일찍부터 접객업이 성황을 이뤘다. 1906년부터 1935년까지의 접객업 통계에 따르면(關東局, 1937) 대좌부업은 1920년대 후반에, 창기는 1920년대 후반부터 1930년대 초에 걸쳐 늘어났다. 톈진에도 의화단(義和團)사건 이후 일본인이 건너갔으며, 러일전쟁 후 서가(曙街) 유곽이 설치되었다. 1912년부터 조선인 예기를 둔 가게도 열렸으며, 1937년에는 예기의 수가 1,010명에 이르렀다고 한다(「천진접객업자의 상황」, 천진거류민단, 『천진거류민단 30주년 기념회지』, 1941년).

중국 동북지방, 소위 '만주'지방에서는 러일전쟁에 돌입한 1937년의 창기 등록자가 18만 2,497명을 넘어섰다(만주제국민생부, 「창기등록자 수 및 성병 상황」, 『민생연감』, 1938년). 민족별로는 분명하지 않지만 전체 성병률이 약 22%로 높은 편이었다. 같은 해 11월에는 만주제국 치안부령으로 「예기 작부 단속규칙」, 「예기치옥 단속규칙」, 「대좌부 및 예기 단속규칙」과 훈령 「대좌부 및 예기 단속규칙 시행수속」이 발포되었다. 또 「대좌부 영업지역」(이상 화태청 편, 『화태청법규집람』, 1928년)도 정해졌다.

1914년에 일본이 점령한 태평양제도에서는 남양청이 설치된 2년 후인 1924년 5월에 예기, 작부에 관한 단속규칙이 제정되었다. 1932년 4월 당시, 예기와 작부는 340명이었다. 전체적으로 일본인은 2만 5,766명, 조선인과 타이완인은 200명 정도였다. 그 가운데 조선인 여성은 70명이었는데, 직업별로 분류하면 농업 12명, 공업 1명, 무직 51명이었다(南洋廳 編, 1932).

다음 장 2절에서 기술하듯이, 이런 공창제도의 확대가 일본군의 위안소제도가 실시되는 데 토대를 만들었다고 말할 수 있을 것이다.

마무리

조선의 공창제 도입 경위와 제도의 내용에 대해 개관한 내용을 간단하게 요약하면 다음과 같다.

먼저 경위를 살펴보면, 개항 후 형성되었던 일본인 거류지에 일찍부터 매춘업이 나타나 일본 국내의 관례인 공창제도에 기초하여 단속이 시행되었다. 조선에서 일본의 세력이 전차 확대되면서 기류지의 매춘업은 성황을 이루었고, 유곽이 형성되었다. 통감부 설치 후에는 거류지뿐 아니라 조선인 성매매에 대한 본격적인 개입이 시작되었다. 성병 검사나 기생·창기 단속령을 통해 조선인 매춘부를 공창화하는 정책이었다. 그것은 종

래에 조선에서 행해졌던 성매매의 형태를 일본식으로 바꾸어놓으려는
의도로 실시되었다. '병합' 후에는 무단통치정책을 기반으로 공창화정책
이 한층 더 진전되어 각 도에 공창제를 기초로 한 단속이 시행되었다. 그
방침은 집창화보다 성병대책에 중점을 두었고, 사창 단속이나 매매춘을
하는 자의 성병 검사를 강화하는 것이었다. 그리고 1916년에는 더욱 철저
하게 시행하기 위해 「대좌부 창기 단속규칙」을 비롯한 일련의 관련 법규
를 발포하고, 전국적으로 공창제도를 확립시켰다.

　조선의 공창제도는 다음와 같은 특징이 있다. 첫째로, 거류지에서의 공
창제도 도입 과정과 달리 조선의 경우는 종래의 형태를 일본식으로 바꾸
기 위해 처음부터 강압적으로 시행되었다는 점이다. 그것은 성병 검사의
실시나 조합 설립 경위 등에서 현저하게 드러난다. 둘째는 공창제도의 단
속법규가 서서히 세분화되어 나갔다는 점이다. 셋째로는 조선인 사회에
서 공창제도를 통해 단속한 목적은 식민지 지배의 일환으로 성도 관리하
겠다는 것이었다. 이 때문에 성매매의 만연에 따른 풍기문란을 방지하기
보다 성병대책 쪽에 더 큰 관심을 두었다. 조선인 창기를 둔 대좌부업의
영업지역을 정하지 않고 시내에 산재시킨 채 단속을 실시한 것이 그러한
점을 잘 드러낸다.

　그런데 이런 성격을 바탕으로 공창화정책에서 처음부터 중시한 것이
매춘부의 성병 검사였지만, 실제로는 별로 효과가 없었다. 앞에서 기술한
일본 육군 군의의 조사에서도 나타나듯이 제1차 세계대전, 시베리아 출
병 등 계속된 일본의 해외침략 과정에서 성병대책은 강병책의 관점에서
한층 더 주의 깊게 다루어졌다. 당시 성병이 만연했던 원인으로 여겨지던
매춘부에 관심을 두면서(실제로는 성을 사는 측의 방치가 문제였음에도) 그들
에 대한 성병 관리의 강화를 기도한 것이었다. 훗날 군대 위안부정책의
발상은 사실 이 연장선상에 있다고 말할 수 있을 것이다. 조선인 매춘부

의 공창화정책이 권력을 배경으로 '금수로서 학대'하는 형태로 이루어졌음이 드러났듯이, 조선 여성은 식민지화 초기부터 훨씬 비인간적인 성적 수탈의 대상이었던 것이다.

제2장 일본군에 의한 성폭력의 진상과 그 특징

이렇게 성립된 조선의 공창제도는 일본군의 성적폭력과 어떻게 관련되어 있었던 것일까. 이 장에서는 아시아·태평양전쟁 중에 일본군이 저지른 여성이나 소녀에 대한 성적폭력에 초점을 맞추어[1] 그 실태·배경·의미 등을 고찰하고, 일본군이 행한 성폭력의 전체상을 밝혀보고자 한다.

옛날이나 지금이나 통상 강간은 피해자의 신고를 전제로 하는 친고죄여서 신고하는 일로 피해자가 편견이나 불이익을 받기 쉽기 때문에 성폭력 사실이 표면화되기 어렵다. 특히 전시의 성폭력에 관해서는 '전쟁에 강간은 으레 동반되는 일'이라는 인식 때문에 한층 문제화되기 어려웠다.

---

1) 여기서 말하는 성적폭력은 강간은 물론 점령지나 전지에 설치된 위안소제도(성노예제)하에서 행해진 성폭력을 포함하는 표현이다. 기본적으로는 성폭력과 동의어이다. 또 성폭력의 정의에 대해서는 국제연합인권위원회 차별방지·소수자보호 소위원회의 전시·성노예제 특별보고자 게이 J. 맥두걸이 「무력분쟁 상황에서의 조직적 강간, 성노예제와 노예제 유사 관행에 관한 최종보고서」(1997년)에 기술한 "성적인 수단을 사용한, 또는 성을 표적으로 한 신체적·심리적인 모든 형태의 폭력"이라는 의미를 채용했다.

난징(南京)대학살이 일어났을 때 일본군이 현지 여성에게 가한 처참한 성폭력에 대해서도 일본 정부는 장기간에 걸쳐 그 사실을 부인해왔다.[2] 위안소제도에 대해서도 일본군의 관여를 나타내는 문서가 연구자에 의해 공표되기 전까지 '그것은 민간업자가 벌인 일'이라는 무책임한 태도를 견지해왔다.[3]

그런 의미에서 이 문제는 단지 과거의 문제가 아니라 현재의 문제이다. 강간이라는 말이 가해자의 시점에 의한 표현인 것처럼(角田, 2001), 또 위안부나 위안소라는 말이 이곳에서 일하도록 강요당한 여성들의 실감을 전혀 반영하고 있지 않은 것처럼 남성중심적인 사회 속에서 여성들이 받을 수밖에 없는 성적폭력은 눈에 띄기 어렵게 되어 있다. 증거나 방증을 통해 어떻게 성폭력 사실을 인정시킬 것인가라는 문제 이상으로 피해를 당한 측의 시점에서 성폭력을 다시 문제 삼는 작업이 필요하며, 인식 방법 역시 재고되어야 한다고 말할 수 있다. 일본군의 성적폭력에 대해서 살펴볼 때, 피해 증언이 있고 다양한 증거가 발견되었으며 전 병사에 의한 가해 증언까지 있는데도 이 문제의 해결이 어려운 이유 중 하나가 여기에 있다.

장기간에 걸쳐 그리고 광범위하게 일본이 행한 성폭력의 전모를 분명히 밝히는 일은 정말 지난한 작업이다. 가해 주체였던 구 일본군·정부가 지금도 여전히 무책임한 태도를 굽히지 않기 때문에 더더욱 지지부진한 상황이다. 그러나 1991년 피해자들이 자신의 이름과 신원을 드러내기

---

2) 난징에서 강간이 행해졌다는 사실을 일본의 국가기관이 인정한 것은 사건이 일어난 지 50년 이상이나 지난 후인 1993년 이에나가(家永) 재판의 제3차 소송 항소심판결에서였다.

3) 1990년 6월 국회 정부 답변.

시작한 이후 각종 청취조사, 문서자료의 발굴에 기초하여 일본군의 성적 폭력에 관한 조사·연구가 견실하게 진전되었으며, 상당한 성과를 거두 었다. 특히 2000년 도쿄에서 열린 일본군 성노예제를 심판하는 '여성국제 전범법정'에서 젠더 정의라는 관점에 입각하여 나온 판결문(VAWW-NET Japan 編, 2000~2002, 第6卷)은 일본군의 성적폭력의 본질을 적확하게 표현 했다.

이 장에서는 이런 다양한 연구와 앞에서 언급한 '법정' 이후의 성과에 기초하면서 일본군에 의한 성적폭력의 특징이나 성격을 다시 논의해보 고자 한다. 여기서는 특히 일본군 위안소제도와 조직적 강간을 자행한 일 본 사회와 일본군의 성질과 특징에 초점을 맞춘다. 2절에서는 일본이 아 시아 침략의 길을 밟아나가는 가운데 근대 공창제도가 어떻게 주변 지역 으로 확대되었으며, 어떤 과정을 거쳐 위안소제도의 밑바탕이 되었는지 를 고찰한다. 또 3절에서는 일본군과 병사로 초점을 옮겨 위안소를 설치 한 일본군의 특질과 성적폭력에 가담했던 병사들의 섹슈얼리티에 대해 논의해보겠다. 군대에 의한 성폭력이 타국 군에 의해서도 세계 곳곳에서 반복되어온 역사를 생각하면 군대·전쟁과 성폭력이라는 보편적 측면에 서의 접근도 빠뜨려서는 안 될 것이다. 여기서는 다나카 도시유키(田中利 幸) 등에 의한 문제 제기를 출발점으로 삼아(田中, 1993; 彦坂, 1991; 津田, 2002) 타국 군의 사례와 비교하면서 일본군의 성폭력의 특색에 대해서 논 하려 한다.

1. 성적폭력의 유형과 특징

일본군에 의한 성적폭력은 ① 난징대강간사건에서 잘 드러나듯이 공략

(攻略)을 동반하며 일으킨 강간, 윤간, 강간 후 살해 등의 조직적 강간, ②
병사에 대한 '위안' 제공과 성병감염의 예방책으로서 설치된 위안소, ③
산시성(山西省) 조사에서 분명해진 것처럼 강간과 위안소의 중간 형태라
고 말할 수 있는 강간소로 대별된다.

  조직적 강간 일본 병사에 의한 강간사건은 아시아 · 태평양전쟁기의 초
기 단계부터 빈발했다.[4] 1937년의 난징 침공 과정과 점령 후까지 '난징대
강간'이라 불리는 처참한 강간사건이 발생한 것은 주지하는 대로이다(笠
原, 1999; Chang, 1997).
  강간은 병사가 단독으로 범행한 것부터 여러 명이 저지른 것, 작전 중
에 약탈, 학살, 방화 등의 범죄행위와 더불어 행해진 것도 있었다. 그 가
운데는 총살한 뒤 유방을 잘라 가져가는 등의 엽기적인 행위도 발견되었
다(笠原, 1999; 松岡, 2000).
  강간은 군기상 금지된 행위였지만[5] 실제로 강간이나 윤간이 발각되어

---

4) 당시 상하이 파견군 참모부장이었던 오카무라 야스지(岡村寧次)는 회상록에 "쇼와
  7년의 상하이사변 때 두세 건의 강간죄가 발생하여, …… 동 지역 해군을 모방하여
  나가사키 현 지사에게 요청하여 위안부단을 불렀는데 그런 뒤 강간죄가 완전히 사
  라져 기뻐했다"고 기술하고 있다(稻葉 編, 1970: 302). 또 오카베 나오사부로(岡部直
  三郎) 상하이 파견군 고급 참모의 일기에도 다음과 같은 기술이 있다. "이즈음 병사
  가 여자를 찾아 곳곳을 헤매고 다닌다는 수상쩍은 소리를 듣는 일이 많다. 이는 군
  이 평시 상태가 되어야만 피할 수 있는 것이므로, 오히려 적극적으로 시설을 만드는
  일을 인정하고 병사의 성문제 해결책에 관해 갖가지로 배려하여 그 실현에 착수한
  다. 나가미 순토쿠(永見俊德) 중좌가 이를 맡아 인수하게 한다"(吉見 編, 1992: 26).
5) 일본군 육군형법(메이지 41년 시행)은 '제9장 약탈죄'의 제86조에 "전지 또는 제국군
  의 점령지에서 주민의 재물을 약탈한 자는 1년 이상의 유기징역에 처하고, 앞항의
  죄를 범하면서 부녀자를 강간했을 때는 무기 또는 7년 이상의 징역", 더 나아가 제88

도 엄격한 처벌은 거의 이루어지지 않았다.[6] 군 상층부는 오히려 강간을 병사들에게 쌓여 있던 불만이나 스트레스를 완화시키는 수단으로 이용했다(笠原, 2002).

위안소 이러한 강간의 발생은 위안소 설치의 이유가 되었다. 현지 주민에 대한 강간이 '황군의 위엄'을 손상시키고 주민의 반발을 초래한다는 생각에서였다.[7] 또 병사가 현지의 기원(妓院), 매춘시설에 다녀 성병에 감염되는 것을 방지하려는 이유도 크게 작용했다. 어떻든 병사의 성욕을 처리하는 것이 최대 목적이었다.

위안소는 민간경영이든 군의 직영이든 이용하려면 요금을 내야 했다.[8] 이 점이 '강간소'와 달랐다. 위안소의 원형은 공창제도하의 대좌부이고, 창기에 대한 착취구조도 그대로 원용되었다. 게다가 위안소의 형태나 관리방법은 전쟁 기간이나 포괄되는 지역의 범위에 따라 일정하다고 말하기 힘들 만큼 다양했다. 위안소는 일본군이 발을 내디딘 거의 모든 지역

───────

조에는 "앞 2조의 죄를 범한 자가 사람에게 상처를 입혔을 때는 무기 또는 7년 이상의 징역에 처하고, 죽음에 이르게 했을 때는 사형 또는 무기징역에 처한다"고 정해, 강간하고 살해한 경우는 무기 또는 사형의 중형이 부과되도록 하고 있었다.

6) 오카무라 야스지는 제11군 사령관이던 1938년 8월에 강간범을 엄중하게 처분할 것을 명령했지만 효과가 없었기 때문에 내지 귀환 후(1940년 3월) 아나미(阿南) 육군차관에게 전지 강간죄를 설치할 것을 진언하여 강간죄가 단독으로 성립하게 되었다고 한다(稻葉, 1970: 282~283; 300~302).

7) 早尾虎雄,「戰場に於ける特殊現象と其對策」(1937. 6)(吉見 編, 1992에 수록됨).

8) 요금은 위안소 경영자에게 지불하는 것이므로 위안부의 손에 들어갈 리가 없었다. 일본이나 조선에서 주선인 등에게 속아 끌려온 여성들의 경우는 도항하는 데 든 비용부터 의식주 비용까지 전부 들어간 돈의 몇 배가 차금으로 붙여져 그것을 변제해야 한다는 명목으로 혹사당했다.

에 설치되어 있었다. 그 장소가 병참지대인지 통과지점인지 전선과 아주 가까운 지역인지에 따라 위안소의 형태가 달랐는데, 특징적인 것은 일본 군의 계급제가 그대로 위안소 이용에도 적용되었다는 점이다. 대체로 장교용 시설에는 일본인이, 하사관이나 일반 병사용 시설에는 조선인, 타이완인, 중국인, 동남아시아·태평양 지역의 여성이 배치되었고, 위안부에게도 등급이 매겨졌다.

강간소 이 형태는 중국 산시성에 있던 일본군 성폭력 피해자에 대한 청취조사를 통해 보다 명확해졌다(石田·內田 編, 2004). 이시다 고메코(石田米子) 등에 따르면 강간소는 우한작전(武漢作戰, 1937년) 이후 장기 지구전을 벌이며 소병력의 분견대를 각지에 배치한 '고도분산배치' 전법 아래에서 설치되었다. 산시성 멍샨(孟峴)에서는 분견대가 포대를 구축하여 마을을 지배하에 두고 중국인들로 이루어진 경비대를 주둔시켜 일본군의 시각에서 볼 때 '치안'을 확보한 지역에 나타났다. 그리고 주변의 마을에 분담하여 여성을 제공하게 하거나 병사들 스스로 납치하여 끌고 온 여성을 경비대 주둔지대 내의 숙사에 머물게 하고 반복해서 강간하거나, 대장 전용의 위안소로서 포위해두거나 했다. 또 주민을 쫓아낸 민가에 주변 지역에서 모아온 여성을 감금시키고 강간소로 만들기도 했다. 동굴 등에 여성을 납치, 감금하여 강간하고 몸값과 교환한 후 해방시킨 사례도 있었다고 한다.

이들 지역 주변에는 분견대가 소속되어 있던 대대의 본부나 독립혼성여단 사령부, 군 사령부 등이 주둔하는 마을이나 도시가 있었고, 각각의 부대 규모에 어울리는 위안소가 있었다. 한편 '공략'이나 '토벌' 등의 작전 시에는 어떤 규모의 군단에서든 강간·윤간이 발생했다. 분견대가 주둔한 지역의 강간소는 위안소가 없는 전선의 병사나 위안소가 있는 지역에 있지만 돈이 없어 이용이 불가능했던 병사들을 위한 '위안' 시설로 존재했다. 이시다 등의 연구자들은 위안소와 강간에 대해 단순히 병사의 성욕 처리를 위한 상호 보완 시설이 아니라 "군기로도 억제할 수 없는 강간이 발생한다는 이유로 위안소를 만들었지만 위안소가 생김으로써 다양한 강간이 만연하게 되는 관계"에 있었다고 지적했다(石田·內田 編, 2004: 263).

2. 위안소제도의 토양

1) 공창제도의 연장

앞에서 기술한 것처럼 일본군의 성적폭력은 왜 발생한 것일까? 이 절에서는 먼저 위안소제도의 토양이 된 공창제도에 초점을 맞춘다. 위안소는 공창제도의 성매매 관행이 밑받침되어 만들어진 제도이다.[9] 여기서는 양자의 공통점과 그 의미가 무엇인지 기술하면서 위안소제도와 공창제도가 성노예제인 연유를 검증해보겠다.

매춘 시스템 위안소와 공창제도의 공통점 가운데 하나는 소위 대금을 지불함으로써 '성적서비스'를 얻는다는 형태에 있다. 이 점이 창기나 위안부의 노예적 성격을 발견하기 어렵게 만드는 부분이며, 여성을 사는 측인 남성에게 자신의 성폭력행위에 면죄부를 부여하고[10] 창기나 위안부

---

9) 이에 관해서는 스즈키 유코, 송연옥, 후지메 유키(藤目ゆき) 등이 많은 지적을 했다.
10) 강간은 육군형법에 의해 금지되어 있으므로 나쁘다고 생각하지만, 위안부는 시설을 갖추어 배당되었고 돈을 지불했으니 죄라고 인식하기는 어렵다(川田, 1999).

가 처한 구조적인 폭력을 드러내지 않게 한다.[11]

1872년 일본 정부는 외국의 압력에 의해 창기해방령을 발포하고, 에도 시대의 유녀제(遊女制)를 지탱하고 있던 부녀자의 인신매매계약과 노예적 구속을 금지했다. 그러나 정부는 유녀제 그 자체를 없애려는 의지가 없었으므로 유곽지역을 보존한 채 각 지방청이 대좌부, 창기규칙을 발포했다. 이에 따라 여성들은 '자유의지'를 갖고 영업하는 '창기'로서 대좌부 업자(포주)와 창기 가업 '계약'을 맺는 형식을 밟게 되었다. 하지만 가부장제 사회 아래에서 무권리 상태에 놓여 있던 여성은 권력을 가진 주위 사람들에 의해 손쉽게 좌우되었다는 의미에서 여성 본인의 '자유의사'란 허울 좋은 포장에 불과했다. '자유의사'가 겉치레가 된 한편, 여성의 노예화는 보다 교묘하게 진행되었다.

창기의 공급원은 수많은 빈곤한 농촌지역이었는데, 여성은 가정의 경제적 빈곤을 구원해야 할 희생물이 되었다. 스스로 부모에게 효도해야 한다는 관념으로 정당화했다 해도 선택의 여지는 없었다. 주선인을 통해 대좌부업자에게 팔려간 여성들은 엄청난 전차금에 묶여 그것을 변제하는 형태로 성노동에 구속되었다. 노동으로 번 돈은 창기의 손에 들어가지 않고 창기를 데리고 있던 업자에게 들어갔다. 게다가 창기는 갖가지 금전적 착취구조 아래에 놓여 거기에서 탈출한다는 것은 불가능에 가까웠다. 위안부로 징집된 일본인 여성 대부분은 창기 출신이었다는데, 전장으로 가면 빌린 돈을 갚을 수 있다는 희망을 갖고 업자에게 끌려간 사례가 많았

또 전 병사들은 강간경험에 대해서는 입을 다물었지만 위안소에 다녔던 것에 대해서는 공언하는 경우가 많았다.

11) 소위 '자유주의사관(自由主義史觀)'과 여성차별주의자들은 창기나 위안부가 마치 자유의사로 돈벌이를 한 것처럼 주장한다.

다. 이 여성들이 스스로의 의사로 전장에 가기를 결정했다 하더라도 그들이 '자유결정권'을 임의적으로 행사했다고 말할 수 있을지는 의문이다. 그들의 '자유의사'는 대단히 제약되어 있었다고 할 수 있다.

한편 조선에서 징집된 조선인 여성들의 거의 대부분은 농촌의 빈곤층 출신자였다. 그들은 좋은 일자리가 있다는 말에 속아서 끌려온 경우가 많았다. 위안소에서 일한다는 것을 알게 된 뒤 '이야기가 다르다'고 저항을 해보았자 지리적으로 이미 너무 멀리 떨어져 나왔고 이동하는 데 필요했던 교통운임이나 그 사이에 쓴 의식주 비용의 몇 배가 빌린 돈으로 매겨져 있었기 때문에 도망가려야 갈 수도 없었다.[12] 위안부들은 터무니없는 차금(借金)에 묶여 있던 채무노예였다.

공창제도 아래에서 창기를 모집하는 데 암약한 뚜쟁이[女衒]나 주선업자들이 위안부 징집에 활용되었다는 것도 공통적인 요소였다. 위안부가 된 여성 중에는 식민지 조선 출신자가 많았는데, 공창제도 아래에서 암약하던 중개인이 있었기 때문에 멀리 떨어져 있던 위안소에 조선인 여성을 많이 징집하는 일 역시 가능했던 것이다. 일본 본토만큼 법치주의가 철저하지 않았던 식민지의 특징이 작용했는지도 모른다(戶塚, 2004).[13]

---

12) 현재의 인신매매에도 마찬가지 구조가 통용되고 있다.

13) 도쓰카는 "조선에서는 군의 범죄를 실효성 있게 단속할 수 있는 법치주의가 실현되어 있지 않았기 때문에 나가사키 지방법원의 판결에서 적용된 형법 226조가 사실상 적용되지 않았고, 비교적 자유롭게 여성을 납치하는 일이 가능했던 것이 아니겠느냐"고 지적한다(戶塚, 2004). 또 후지나가는 조선인 창기의 불법 구속이나 인신매매에 관해서 "당국의 처분은 전반적으로 볼 때 빈약하다는 인상"이 있고, "그 원인이 되었다고 할 수 있는 유괴 등에까지 조사가 미친 사례는 눈에 띄지 않는다"고 지적한다(藤永, 2000: 222).

'가라유키상(からゆきさん)' 위안소제도는 앞에서 기술한 대로 공창제도라는 틀의 연장선상에 있었다. 그 '전용(轉用)'을 가능하게 한 조건은 일본이 근대국가 건설로의 발걸음을 내딛는 가운데 착착 준비되었다. 그 하나가 '가라유키상'으로 상징되는 일본인 재외 창부의 존재이다.

'가라유키상'은 메이지 시대 초기부터 쇼와 초기에 걸쳐 시베리아, 중국, 동남아시아, 북미 서해안, 아프리카 동해안, 오스트레일리아 등 여러 지역으로 돈을 벌기 위해 나갔던 창부들을 일컫는 말이다.[14] '가라유키상'이 등장한 배경에는 서구 선진 자본주의 제국의 공업발전과 식민지 확대에 동반된 일반 노동시장과 성매매시장의 국제화가 자리잡고 있었다(藤目, 1997). 그 와중에 이루어진 아시아계 노동자의 북미로의 대량 이민이나 아시아 식민지 수탈을 위한 북미 열강의 거점 도시 형성이 창부의 수요를 낳았다. 그리고 유럽의 백인 창부가 아시아로 향하는 한편, 아시아 여러 민족의 여성들도 창부로서 해외 각지로 보내졌다.

일본은 산업혁명을 거쳐 자본주의체제를 확립한 구미 열강의 압력에 의해 문호를 개방한 뒤 천황제를 중심으로 한 근대국가를 형성시키고 부국강병정책을 강행하며 아시아에서 탈피하여 유럽 제국으로 진입하는[脫亞入歐] 길을 걸어나갔다. '가라유키상'을 보내게 된 배경에는 일본의 근대화 과정에서 상품경제의 침투에 의해 경제적 기반을 잃게 된 빈곤한 농어촌 사람들이나 일확천금을 노리고 해외로 그 활로를 구하고자 나선 사람들[一旗組]의 존재가 있었다.

일본이 아시아의 여러 나라에 불평등조약의 체결을 강요하며 식민지

---

14) '가라유키상'의 공급원이 된 아마쿠사(天草)에 대해 고찰한 연구로는 모리구리 시게카즈(森栗茂一), 「매매춘 노동자의 발생: 아마쿠사인의 고향으로부터(賣買春勞働者の 一 天草者の故郷から)」가 있다.

획득에 기를 쓰는 가운데, 해외의 개항장이나 일본인 거류지에 일찍부터 상륙했던 사람들 중 성매매로 돈을 벌려고 했던 업자들이 있었다. 그들은 뚜쟁이를 통해, 혹은 사기나 유괴와 다름없는 수단으로 빈곤이라는 짐을 안고 있는 여성들을 모집하여 성을 팔게 했다. 또 일본의 군비 확장과 심화되는 전쟁에 따라 일본군이 출정하는 곳에는 예외 없이 이런 업자가 여성들을 데리고 군인을 상대로 영업했다.

그러나 앞에서 기술한 대로 이런 창부의 존재는 군대 측에서 보면 성병 감염원이자 군인들의 풍기를 문란하게 하는 원흉으로 간주되어 엄중한 단속 대상이 되었다. 그에 대한 대책의 일환으로서 일본의 공창제도에 준하는 단속규칙이 도입되었고, 철저하게 적용되도록 했다. 일본 공창제도의 도입은, 전차금을 지며 성병 검사를 받고 채무와 성노예로서 업자에게 착취된다는 것을 창기들이 '자유의사'로 '계약'하는 탈법적 노예제도가 확대되는 것이기도 했다. 이는 업자가 당당하게 창기를 착취하고 정부나 지방청, 거류민회 등은 업자로부터 막대한 세수를 얻는 성적·경제적 착취의 순환이 확보된다는 사실을 의미했다.

성병 검사 또 하나의 중요한 공통점은 창기·위안부에 대한 성병 검사가 의무로 지워져 있다는 점이다.

19세기 초반 서구에서 시작된 근대 공창제도는 국민국가 건설 과정에서 진행되는 군대의 강화를 위해 성병감염을 예방한다는 관점으로 만들어졌다(藤目, 1997). 일본에서는 개국과 거의 동시에 창부에 대한 성병 검사(매독 검사)가 시작되었다. 나가사키, 요코하마, 고베에서 러시아 해군이나 영국 해군의 요청을 받아들여 외국인 의사가 검사를 실시했다(酒井, 1982). 이후 일본에서도 창부에 대한 성병 검사 유무가 공창시인론(公娼是認論)의 주요한 기둥이 되었다. 성병을 예방하기 위해서는 성병 검사가

의무화된 공창이 있는 편이 사창보다 낫다는 사고방식이었다(伊藤, 1931: 339~347).

러일전쟁 때 시베리아 출병 시 군인의 성병감염이 문제가 된 것은 주지하는 대로이다. 러일전쟁 당시 병사의 성병감염율이 상승하여, 전후에는 성병과 트라콤(chlamydia trachomatis, 병원균에 의한 성병 ― 옮긴이 주) 검진이 군입대 할 나이에 이른 남성에게 의무화되었다(軍用 編, 2002: 「解說」). 또 시베리아 출정 때는 만주 북부 치치하르(齊齊哈爾)의 일본군 영사관이 "그곳에서 매매춘을 폐업시키도록 지도해오고 있었는데, 그때 온 일본군이 이들 업자가 없어지면 병사가 사창을 상대로 하여 성병에 감염될 위험이 있으므로 군의관이 창부를 검진하고 계속 영업할 수 있도록 영사관에 희망하여" 일본군이 주둔하고 있던 기간에는 매매춘 단속을 군대에 맡겼다고 한다(林, 1999).

이런 경험이 아시아·태평양전쟁기의 위안소 설치에 밑바탕이 되었다. 1932년 상하이사변 때 위안소 설치를 지시했던 오카무라 야스지는 시베리아에 출병한 경험도 있었다(吉見, 1995: 18). 하야가와 기요(早川紀代)는 러일전쟁 전부터 이미 위안소와 비슷한 시스템의 도입이 고안되었는데 그 원형이 1910년대에 시작되었다고 지적한다(軍用 編, 2002: 「解說」). 위안부나 위안소가 군인의 성욕 처리를 위한 '위생적인 공중변소'[15]라고 생각하는 발상은 그 반세기 전부터 있었다고 말해도 좋을 것이다.

하지만 이런 시스템 아래에서 창기나 위안부의 건강이 보장될 리 없었다. 성병에 걸렸다고 판단되어 영업할 수 없게 되면 많은 액수의 차금에 매여 있는 상태에서 휴업 때문에 생긴 벌금으로 차금이 한층 더 증가하므

---

15) 麻生撤男, 「花柳病ノ積極的豫防法」(1939. 6. 26)(高崎 編, 1990에 수록됨).

로 검사를 피해야 필요가 있었다. 업자 역시 돈벌이가 줄어들게 되니 창기가 검사에서 불합격하여 휴업하게 되는 것은 바람직하지 않은 일이었다. 그 때문에 어떻게 해서든 검사를 통과할 수 있도록 갖가지 방법을 취했다. 당시로서는 만성 임질 등에 대한 확실한 치료법이 없었으므로 증상이 가벼워지면 입원했던 위안부들을 퇴원시켰다고 한다. 그렇게 하지 않고서는 병실이 아무리 많다 해도 부족했고, 위안부도 모자라 위안소가 기능할 수 없었기 때문이었다(長澤, 1938: 76). "검사를 통과한 위안부가 완전하게 성병이 없다고 할 수도 없고, 또 검사할 때는 병에 걸리지 않았어도 다음 검사까지의 일주일 사이에 감염될 가능성도 있었다"고 나가자와는 기술한다(長澤, 1938: 165). 그러는 사이 위안부들 가운데는 성병이 만성화되거나 임신중절을 한 여성도 있었다.

이상의 공통점은 물론 위안소제도 전체에 딱 들어맞는 것은 아니다. 말할 것도 없이 위안소의 형태는 설치시기나 설치장소, 전황 등에 따라 커다란 차이가 있었기 때문이다. 앞 절에서 살펴본 것처럼 현지 여성도 위안부를 하도록 강요되었는데, 그런 경우 군대가 직접 여성을 모으거나 마을의 유력자에게 요구했다. '강간소'에서는 성병 검사나 대금 지불도 없었고, 한층 더 폭력적인 형태가 드러났다.

2) 근대 일본과 성

아시아 침략과 공창제도 일본은 청일 · 러일전쟁을 거치며 침략을 구체화해갔는데, 공창제도의 도입도 이와 궤를 같이했다.[16] 타이완에서는 민

------

16) 식민지에 이식한 공창제도에 관해서는 후지나가(藤永, 2000), 하야가와 기요, 송연옥의 논문이 있다. 아래에서는 후지나가의 논문을 참조했다.

정으로 이행한 뒤(1896년 4월 1일) 서둘러 성매매영업을 단속하고, 주요 도시에 차례로 대좌부와 창기에 대한 단속규칙을 제정했다(藤永, 2000: 203). 앞 장에서 기술한 대로 조선에서도 1906년 통감부 설치 직후부터 조선인 성매매자와 업자의 통제에 착수하고 단속규칙을 발포하는 동시에 성병 검사를 강행했다.

더 나아가 러일전쟁 후에는 일본이 세력을 확대한 각지에 공창제도가 이식되었다. 관둥저우(「예기 작부 및 고녀 단속규칙(藝妓酌婦及雇女取締規則)」, 「대좌부 단속규칙」, 「창기 단속규칙」, 1905년)나 남사할린(화태청 제16호, 「대좌부 창기 단속규칙」, 1907년), 상하이(1905년), 한커우(漢口, 1904년), 지난(濟南, 1915년), 주장(九江, 1916년) 등에서 일본인 예기, 작부 등을 대상으로 한 단속규칙이 영사관령으로 제정되었다(藤永, 2000: 206).

조선에서 전국적으로 통일된 단속규칙(「대좌부 단속규칙」, 「창기 단속규칙」)이 나온 것은 1916년이었지만, 이즈음에는 이미 많은 조선인 성매매 관련 업자가 관둥저우와 만철연선(滿鐵沿線) 각지로 퍼져나가 있었다(藤永, 2000: 209). 봉천(奉天, 현재의 선양 ─ 옮긴이 주)이나 창춘(長春), 안둥(安東, 현재의 단둥 ─ 옮긴이 주), 하얼빈, 치치하르, 그리고 1920년대에 이르러서는 우한, 진저우(錦州), 톄링(鐵嶺) 등에 사실상의 조선인 성매매업자가 나타나 일본인 창부를 압도하기에 이르렀다(藤永, 2000: 213). 당시 신문은 1928년 일본군의 산둥 출병 시 일본인 창부가 부족하자 요리점 조합이 조선인과 중국인 창부를 고용하여 매주 성병 검사를 시행하기로 결정했다고 전한다(≪만주일보(滿洲日報)≫, 1928년 6월 1일자; 藤永, 2000: 207).

1930년 선후 북반사방에서 일본인 창부는 일본인을 상대했고, 외국인(러시아인이나 중국인) 상대는 일본인 대신 조선인 창부가 다수를 차지했다고 한다[「매소부 실정취조의 건(賣笑婦ノ實情取調ノ件)」(藤永, 2000: 214)]. 또 조선인 창부는 1920년대 초반부터 타이완에 출현했다. 이렇게 된 데는 타이

완의 낮은 연령 하한이 작용했을 가능성이 있다고 후지나가는 지적한다 (藤永, 2000).[17] 이후 아시아·태평양전쟁기에 일본군이 위안소 설치에 민간업자를 이용할 수 있었던 것은 메이지 초기부터 있었던 '가라유키상'으로 상징되는 성매매업의 해외 송출을 토대로 했기 때문이다. 또 식민지 지배로 인해 도입된 공창제도 아래에서 일본식 성매매업이 조선사회에 침투하는 한편, 경제적 수탈로 발생한 조선의 빈민층 여성들이 성매매업으로 흡수되어갔다. 그러는 가운데 중국이나 시베리아, 동남아시아로 보내진 조선의 '가라유키상'도 많이 생겨났다. 이러한 조선이나 중국 여성들은 일본 공창제도의 최하층에 편입되어 아시아·태평양전쟁기 위안소의 최대 공급원이 되었다.

천황제 국가에서 여성의 역할 공창제도 아래에서 빈곤층 여성들은 창기나 '가라유키상'으로서 성착취의 저변에 공급되는 한편, '내지' 여성들은 천황을 중심으로 한 가부장적 가족주의 아래에서 '가문'을 이을 남자 아이를 낳고 남편에게 순종하는 존재로 위치 지워졌다.[18] 대일본제국 헌법을 보면 주권자는 천황이고 '일본 신민'은 국민일 뿐 아니라 천황의 '신민(臣民)'이라는 지위를 부여받았다. 하지만 여성은 남성과 달리 정치활동이 금지되고 참정권도 없었다. 1925년 「보통선거법」에도 내지에 사는 조선인 남성에게는 선거권·피선거권이 인정되었으나 여성참정권은 전후까지도 인정되지 않았다.[19] 또 1927년에 징병령을 전문 개정하여 제정된

---

17) 창기의 연령 하한은 일본 내지의 경우 18세였으며, 조선은 17세, 타이완은 16세였다.

18) 여성의 법적 지위에 관해서는 쓰지무라 미요코(辻村みよ子), 『여성과 인권(女性と人權)』(日本評論社, 1997) 참조.

19) 加納美紀代, 「お國のために死ぬことと産むことと」(井桁 編, 2000에 수록됨).

「병역법」은 '제국 신민인 남성'을 대상으로 했으며, 식민지 남성에 대한 징병이 시행되었을 때에도 여성에 대한 징병은 최후까지 보류되었다.

전시 여성의 역할로 '전선 후방 지키기(銃後の守り)'가 강조되었던 것은 주지하는 대로이다.[20] 여성은 병사가 될 아이를 낳아 기르고, 남편이나 아버지 같은 남성들이 부재중인 집을 지키며, 그들에 대한 정조의무를 져야 했다. 가부장제하의 부인에게는 정조의무, 모성에 대한 압박이 가해지는 한편, 공창제도하의 창기에게는 쾌락 대상으로서의 역할이 부여되어 여성 섹슈얼리티의 이분화가 현저하게 드러났다. 남편이나 남성들은 징병검사 후나 출정 전에 유곽으로 가서 "한 사람 몫(一人前)의 남성"이 되었고(吉田, 2002), 병사는 전장이나 점령지에서 현지 여성을 강간하고 위안소에서 성욕을 발산했다. 하지만 출정한 병사들은 후방을 지키는 자기 아내나 딸들이 간통을 했거나 강간 피해를 당하면 엄청나게 분노했다.[21] 이런 일은 천황제 국가의 최소 단위인 가족의 위기를 초래한다는 관점에서 국가적으로 방지해야 하는 과제가 되었다(津田, 2002: 156). 따라서 위안부로 창부 이외의 일본인 여성을 징집하는 것은 논외였으며, 그 대부분을 식민지 여성이나 점령지 여성에서 구하게 되었다고 말할 수 있다.

---

20) 전시체제하의 여성정책에 관해서는 스즈키 유코, 가노 미키요(加納美紀代), 와카쿠와 미도리(若桑みどり), 『전쟁이 만드는 여성상(戰爭がつくる女性像)』(筑摩書房, 1995) 외 다수의 연구가 있다.

21) 이것은 일본만의 현상이 아니다. 예컨대 1970, 1980년대의 한국에서 국가적 사업으로 사우디아라비아에 많은 남성노동자가 돈벌이를 위해 떠났을 때 집에 남아 있는 아내를 감시하는 일은 중요한 문제였다(崔星愛, 2005).

3. 성적폭력의 구조

지금까지 일본군에 의한 성적폭력의 개요와 위안소제도의 토대인 공창제도와 사회적 배경을 살펴보았다. 이제부터는 강간이나 위안소에서 폭력적 성행위의 주체였던 일본군과 그 병사들에게로 눈을 돌려, 어떻게 그들이 성적폭력의 수행자가 되었는지 알아보겠다.

1) 일본군의 특질

황군의 특성 1873년에 프랑스의 제도를 참고하여 징병제를 시행하면서 발족한 일본 군대는 프랑스혁명을 경험하며 자발성과 애국심을 배양한 병사로 구성된 국민의 군대와 달리 천황이 친히 통솔하는 '신민'으로 이루어진 군대였다.[22] 그 때문에 일본의 경우는 근대적인 합리주의와는 거리가 먼 정신주의가 횡행하여 천황을 정점으로 한 지휘체계에 대해 절대복종을 강제했다. 세계 각국의 군대와 비교해도 일본군의 규율과 교육은 상당히 엄격했는데, 상관의 폭력에 의해 절대복종이 습성이 될 정도로 훈련하여 철저히 자아를 버리게 만들었다(藤原, 2000: 22). 이런 성격은 러일전쟁 후 더욱 강해지면서 천황의 군대=황군이라는 자기인식을 확립시켜나갔다(吉田, 2002: 182).

하지만 '탈아입구'라는 말로 대표되듯이 일본은 메이지유신 이후 국가 발전의 모범을 서구에 두고 청일·러일전쟁에서의 승리를 통해 아시아에

---

22) 일본군의 특징에 관해서는 후지와라 아키라(藤原彰), 요시다 유타카(吉田裕), 후지이 타다토시(藤井忠俊), 가사하라 토쿠시(笠原十九司), 코케쓰 아쓰시(纐纈厚)의 연구를 참조.

대한 우월감과 멸시감을 한층 강화했다. 병사로 소집된 남성들은 어릴 때부터 학교 교육을 통해 '천황을 신으로 받들고 있는 대화민족(大和民族)'은 우수하지만 이웃한 중국, 조선 등 아시아의 모든 나라는 열등하다고 배우면서 아시아 민족에 대한 멸시감을 내면화해왔다(內海·石田·加藤 編, 2005). 그것이 중국에 대한 침략을 시작으로 아시아·태평양전쟁에서 수많은 잔학행위를 떠받치는 정신적 토대의 한 축이 되었다.

또 일본의 다른 조직과 마찬가지로 군대에도 가족주의가 도입되었다. 『군대내무서(軍隊內務書)』 개정 작업의 실질적인 책임자였던 다나카 기이치(田中義一)는 "엄격하고 절대적인 군기와 징벌만으로 군대 내에서의 지배 - 복종관계를 유지하기는 불가능하다고 생각하고, 상관에 대한 병사의 충성심을 안정적으로 획득해나가기 위해서 가족관계에서의 지배 - 복종관계를 군대 내에 도입하여 군대 내 병사의 불만이나 반발을 흡수하려고 시도했다"(纐纈, 1995). 그러나 그것은 오히려 상관의 존재를 절대화시켜 군대 내에서 '사랑의 신발'이라는 이름으로 사적 제재(=폭력)가 횡행했고, 이런 군대 내 폭력이 군대 질서를 지탱하기 위한 수단으로 정착되었다(纐纈, 1995).

군대 내의 위계질서와 그것을 지탱하는 수단으로서의 폭력은 더 나아가 '억압위양(抑壓委讓)의 원리'에 따라 전쟁포로나 약자에 대한 폭력을 한층 극심하게 만드는 것으로 연결되었다(藤原, 1996). 더군다나 중일전쟁의 전면적인 개시에 따른 대규모 병력 동원은 군대 질서와 군기의 유지를 곤란하게 만들어 병사의 불만을 쏟아내는 돌출구로서 수많은 강간을 포함한 잔학행위를 발생시켰다는 것에 대해서는 이미 기술한 대로이다.

병사위안시설 일본군은 구미의 군대와 같이 병사에게 휴가를 주는 일이 거의 없었다.[23) 그들에게 주어진 위안시설은 위안소가 유일했다. 중국에서 병사에 의한 강간이나 기타 범죄행위가 많이 발생하는 것을 비판하며 위안소의 폐지와 그 외 오락시설의 필요성을 주장하는 군의관도 있었지만[24] 군의 상층부는 이에 귀 기울이지 않았다.[25] 군 중앙은 "성적위안소로부터 받는 병사의 정신적 영향이 솔직히 심각"하다고 보고, 그것을 잘 지도·감독하는 일이 "사기의 진작, 군기의 유지, 범죄나 성병예방"에 중요하다고 지시했다.[26] 주민이 거의 없고 강간사건이나 성병감염도 있을 수 없는 전선 가까이에서도 군위안소가 필요했다는 것은 위안소가 '위안' 그 자체 때문에 필요했다는 사실을 나타낸다고 요시미 요시아키(吉見義明)는 지적한다(吉見, 1995: 53).

그런 의미에서 위안소는 일본군 조직의 근간이 된 '성적위안시설'이며, 비합리적이고 폭력적인 군 내부의 위계질서 아래에서 생겨난 병사들의 긴장이나 불만, 그리고 전장에서 생사의 기로에 놓인 극도의 긴장을 폭력

---

23) 그러나 유럽과 미군 병사들에게 휴가가 주어졌다고 해서 강간이나 성매매가 없었다고는 할 수 없다.

24) 하야오 토라오(早尾虎雄)는 「전장신경증과 범죄에 관하여(戰場神經症並ニ犯罪ニ就テ)」(1938년 4월)에서 "상하이, 난징 등에 술집, 위안소를 많이 개설하여 술과 여자만으로 장병을 위로하는 방법을 취하는 것 이외에 정신을 건전하게 전환하기 위한 시설을 설치하지 못한 것"이 범죄 빈발의 원인 가운데 하나라고 지적하고, 범죄예방책의 하나로 위안소의 폐쇄를 제안했다(高崎 編, 1990: 43~44).

25) 북중국 방면군 참모였던 오카베 나오사부로(岡部直三郞)의 「군인군대의 대주민 행위에 관한 주의사항 통첩(軍人軍隊の對住民行爲に關する注意の件 通牒)」(1938년 6월 27일)에는 "될 수 있는 한 신속하게 성적위안시설을 갖추어, 설비가 없기 때문에 본의 아니게 금지된 행동을 하는 사람이 없도록" 해야 한다고 나와 있다(吉見 編, 1992: 201).

26) 1940년 9월 19일에 작성된 육군성 부관 가와하라 나오이치(川原直一)의 「지나사변 경험으로부터 본 군기진작대책(支那事變の經驗より觀たる軍紀振作對策)」(陸密 第1955号)(纐纈 編·解說, 1992에 수록됨).

적으로 해소하는 장소였다. 병사들의 긴장이나 불만, 전장에서 극에 다다른 공격성이 상관에게 향하지 못하도록 '어루만지고' 또다시 내일의 전투에 공격적으로 나서도록 병사를 재생산하기 위한 시설이었다.

병사의 증언 등에 따르면, 초년병이 위안소에 다닐 경우 건방지다는 말을 듣기도 했다고 한다(內海·石田·加藤 編, 2005). 또 고참병들은 부하, 특히 젊고 성 체험이 없는 남성들을 전쟁터에서 죽기 전에 동정을 없애야 한다며 강제로 위안소로 끌고 가는 일도 있었다고 한다(안연선, 2003: 135).

전장에 나가기 직전의 병사들은 위안부에게 유난히 난폭하고 잔혹했다(안연선, 2003: 97). 한편 위안부들은 성행위를 강요당했을 뿐 아니라 날마다 맞는 것도 일이었다고 한다. 위안부들은 병사 재생이라는 '임무'를 가진 일본군 최말단 구성원으로서의 역할을 짊어지고 있었다고 말할 수 있다.

병사의 남성성 병사들 중에는 가난한 농촌 출신도 있었고, 고등교육을 받은 사람도 있었다. 다양한 사회계층을 출신배경으로 한 병사들에게는 군대생활의 의미나 느낌도 제각각이었을 것이다. 그런 병사를 '황군병사'로 전장에서 효과적으로 싸우게 하는 데 커다란 역할을 한 것이 병사로서의 남성성과 그것에 연결되어 있던 연대의식의 확인인데, 그것이 실제로 집단강간이나 위안소에서의 성행위로 이어졌다.

안연선은 당시 일본군 병사들 사이에 형성되어 있던 군사주의적 남성성이라는 특징이 "남성적인 공격성이나 파괴성의 성적구현뿐 아니라 여성적인 특성이라 여겨지는 순종과 희생 등을 동시에 갖추고 있었다"라고 지적한다(안연선, 2003: 166). 여기서 말하는 파괴성이란 병사 자신이 전쟁을 치르며 심신 모두에 상처를 입을 뿐 아니라 타자에 대해서도 파괴성을 지니게 된다는 의미이다. 그 예가 병사가 위안부에 대해 폭력적 성행위라는 파괴성을 발휘한 일이다. 또 남성성을 표출하는 의미에서의 성적행위가 폭력을 동반하는 경우가 많았다. 전장에서의 공격성이 위안소에서의 성행위로 표출된 것은 콘돔에 '돌격1번(突擊一番)'이라는 이름을 붙인 것으로도 상징된다. 여성들은 단지 성적대상물이었고, 병사들은 위안부와의 성관계를 통해 여성을 지배하며, 그런 행위를 통해 자신이 '진정한 사나이'임을 확인했다(Enloe, 1998).

군사주의적 남성성은 동시에 순종이나 희생, 복종과 같이 일반적으로 '여성의 특성'이라 간주되는 요소도 겸비하고 있었다. 죽음을 각오하고서라도 상관의 명령에 대한 절대복종이 요구되었던 일본군에 의사(擬似)가족관계가 전이되어 있었다는 사실은 이미 기술했다. 위안소는 이 의사가족관계가 유지되었던 장이기도 했다.

안연선(2003: 174)은 다음과 같이 지적한다.

> 위안부들이 당한 폭력과 억압은 가족주의 이데올로기를 통해 합리화된다. 위안부들을 폭행했던 일본군 병사들은 아내와 딸에게는 '예의범절을 가르치기' 위해 교육하는 엄한 아버지 역할을 하고, 아내와 딸이 그에 순종하지 않으면 '처벌'하는 가부장의 역할을 하기 때문이다. 한편 가족 내 여성이 지닌 또 다른 역할은 어머니로서 자식에게 애정을 쏟는 일이다. 군인들 역시 위안부로부터 모성의 편안함을 얻고자 했다.

일본의 신민을 만들기 위한 징병제와 군대라는 장치가 일본 남성들을 제국 일본을 짊어진 욕망의 주체로서 남성이라는 성정체성을 드러내는 장이었다고 한다면(井桁 編, 2000: 408), 아시아·태평양전쟁 중에 일본군이 각지에 설치한 위안소는 병사와 위안부 사이에 성행위를 매개로 한 관계성 속에서 군사주의적 남성성을 유지·재생산하는 장이었다고 말할 수 있을 것이다.

2) 전쟁과 성폭력

타국 군의 성폭력 일본군의 성폭력에 관해서 군대나 정부의 책임을 인정하려 하지 않는 논자들은 '전쟁에 강간은 으레 동반되는 일'이라며 일본군에 의한 강간이나 위안소제도도 전쟁 중에 보편적으로 발견되는 것이라고 주장한다. 혹은 '전쟁은 모두 나쁘다'며 성폭력 수행자인 병사 개개인의 문제를 완전히 배제한 채, 의도한 바는 아닐지언정 책임소재를 국가나 군대 측 혹은 전쟁 그 자체로 한정시켜버리는 논의도 있다. 이런 주장의 이면에는 종종 '남성의 성욕은 억제할 수 없다'며 '자연의 섭리'에 기초한 것으로 보려는 전제가 자리잡고 있다. 이런 전제는 실제로 남성이 성욕의 발산을 제멋대로 하도록 방치하는 사회의 존재를 말해주는 것에 지나지 않는다. 예컨대 인간이 식욕을 충족시키는 데에도 사회적 규칙이 있다. 극심한 공복 때문에 참을 수 없다고 해서 다른 사람에게 폭력적으로 음식을 요구하는 일은 일반적으로 받아들여지지 않는다. 성욕에 대해서도 마찬가지이다. 위안소를 설치하지 않으면 강간이 증가한다는 발상이 지배적이었던 당시 일본군에는 '병사들의 성욕은 억제될 수 없다'는 사고방식이 기본에 깔려 있었다. 그러나 위안소를 설치해도 강간이 없어지지 않았다는 것은 이미 살펴본 대로이다. "강간은 바로 옆에 신체를 제공하는 여성이나 매춘부가 있어도 그것과는 관계없이 일어나기"(ブラウンミラー, 2000: 95) 때문이다.

사실 인간의 역사 속 전쟁에서는 언제나 성폭력이 발생해왔다. 나치즘 아래에서 국방군 병사, 강제수용소의 수인, 외국인 강제노동자들을 위한 수많은 강제 매춘시설이 설치되었다는 것은 잘 알려져 있다.[27]

여성의 신체는 노동효율향상의 수단으로, 병사의 전의를 고양시키기 위해, 또 시스템에 대한 충성심을 맹세시키기 위해 이용되었다(パウル, 1996). 연합국의 군대가 군이 관리하는 매춘시설을 이용했다는 사실도 잘 알려져 있다. 베를린에서 소련군이 자행한 복수성 강간도 엄청난 것이었다. 바바라 코울은 1945년 4월부터 6월에 걸쳐 베를린에서 '적군(赤軍)'에게 강간당한 여성이 10만 명 이상에 이른다고 추정하고 노르웨이, 덴마크, 벨기에, 네덜란드, 프랑스에서 독일 병사에게 강간당하여 태어난 아이가 약 20만 명을 넘을 것이라고 지적한다(「大量強姦をめぐる數字」, ダンサー・ヨルー編, 1996: 82).

전후 일본에서도 진주군용으로 설치된 '국제친선협회 RAA[Recreation and Amusement Association: 제2차 세계대전 후 일본이 설치한 연합군(점령군) 병사를 대상으로 한 위안소를 말한다. 특수위안시설협회라고도 불린다 — 옮긴이 쥐'나 한국전쟁 때 한국군이 일본군 위안소를 본떠서 설치한 위안소, 그리고 내전이 일어난 각지에서 발생한 강간의 수는 열거할 수 없을 정도로 많다. 다나카는 미군이 전후 일본군의 위안부 문제를 '범죄'로 인식하지 않은 것은 미군 역시 이런 행위를 '군관리매춘'이라는 명목하에 당연한 것으로 시행했기 때문이라고 지적한다(田中, 2000: 92).

이렇게 많은 전쟁에서 강간이나 위안소가 '보편적'으로 발견된 것은 사실이다. 하지만 이것이 일본군의 성적폭력에 대해 일본에 국가로서의 책임을 묻지 말아야 하는 이유는 되지 않는다. 오히려 여성의 인권을 침해하고 남녀의 성적 자기결정권을 빼앗은 이러한 성적폭력이 세계 각지에

---

27) 타국 군의 성폭력에 관해서는 파울(パウル, 1996), 댄저 · 요르(ダンサー・ヨール, 1996), 쓰다 미치오(津田道夫), 다나카 도시유키(田中利幸), 하야시 히로후미(林博史) 참조.

서 빈번하게 일어난다는 사실을 한층 심각하게 인식하고 그 개혁의 길을 협력하며 밟아나가는 일이 요구된다는 사실을 이해할 필요가 있다. 그렇게 해나가는 가운데 일본군이 저지른 성적폭력의 고유성을 명확하게 하고 다른 사례와의 공통점·차이점을 밝혀낼 때 성폭력 방지를 위한 과제가 선명해질 것이기 때문이다.

일본군에 의한 성적폭력의 특색 일본군 위안소제도에 관한 연구는 1990년대 초반부터 특히 일본의 역사연구자들에 의해 정력적으로 진행되어왔다. 그러나 일본 정부나 이전 군 관계자에 의한 전면적인 자료공개와 진상규명조사의 노력이 거의 이루어지지 않아 연구범위가 한정되어왔다. 또 집단강간이나 '강간소'의 실태에 관해서는 최근에서야 겨우 알려지기 시작했다고 말할 수 있다. 게다가 일본군의 성적폭력이 미친 지역의 광범위함이나 시행된 기간 등에 대해서도 지금까지의 연구는 전체상의 지극히 일부분을 밝힌 것에 지나지 않는다.

성적폭력의 전체상을 확인하는 데 중요한 지표가 되는 피해자의 수에 대해서도 완전히 밝혀지지 않은 상태이다. 위안부의 수에 대해 요시미는 "일본 병사의 수를 300만 명으로 가정할 때, 병사 100명에 1명의 위안부가 있었다고 가정하면 3만 명, 새로운 위안부로 교체되었을 가능성을 1.5배로 보면 1만 5,000명이므로 4만 5,000명, 자기 돈으로 산 위안부를 포함하면 최소한 5만 명이며, 최대로는 병사 30명에 1명꼴로 생각할 때 10만 명, 2교대로 본다면 20만 명"(吉見, 1995: 79)이라는 견해를 밝혔다. 그러나 요시미도 계속 지적했듯이 점령지에서 벌어진 군대에 의한 납치나 일정 기간의 감금 윤간, 단기간의 징집 사례 등을 포함하면 그 몇 배를 웃돌 것이다. 더 나아가 난징대강간사건으로 대표되는 강간, 강간 후 학살 피해자를 포함하여 일본군의 성적폭력에 희생된 전체 피해자와 피해 사건의 수는 그 몇 배에 이를 것이라 생각한다.

위안소제도에 관하여 말하면, 위안부를 점령지 여성만이 아니라 일본이나 식민지 조선으로부터 대량 징집한 것이 특색이라고 할 수 있다. 말하자면 군, 정부, 경찰, 식민지 통치기구, 그리고 일련의 성매매업 관련자를 포함한 많은 사람들이 위안소제도에 관여하여 조직적·계획적으로 창설하고 관리·운영한 것이다. 이때 일본이 제국적 야심을 갖고 아시아 각지에 침투시킨 관리매춘제도인 공창제도가 그 토대가 되었다. 게다가 일본군의 위안소제도는 군(과 정부)이 위안소제도를 둘러싼 범죄에 대해 처벌당하지 않게 하고, '극비'라고는 하면서도 스스로 '당당'하게 조직적 범죄를 자행했다는 의미에서 공창제도 아래의 성매매라는 틀을 뛰어넘었다고 말할 수 있을 것이다.

그리고 군이 공인한 성적위안시설의 설치로 인해 형성된 일본군의 성폭력 문화는 이런 시설이 없는 지역의 병사나 이용요금을 지불할 수 없는 병사들에 의한 점령지 주민의 강간, 납치, '강간소' 설치라는 성폭력의 횡행을 초래하여 이들 성폭력을 용인하는 체제를 만들어냈다.

다나카 도시유키는 연합군의 '관리매춘'의 경우 '관리'의 목적이 '성병예방대책'에 집중되었지만 일본군에서는 위안소의 수익에 관여하거나 여성의 물리적 구속이라는 강권적 감독통제를 동반했다고 지적한다(田中, 2000: 94). 그런 구조 아래에 놓인 위안부 여성들은 '자유의사에 의한 매춘부'라는 사회적 낙인이 찍힌 채 장기간에 걸쳐 침묵을 강요당해왔다. 특히 식민지 지배 아래에서의 민족억압이 성폭력 피해의 구성요소가 된 조선인 전 위안부와 달리, '나라를 위해서'라는 내셔널리즘을 등에 짊어져야 했던 일본인 전 위안부의 경우 침묵을 깨기가 더더욱 곤란한 상황에 놓였을 것이라 말할 수 있다.

이 침묵은 제2차 세계대전 때 유럽 제국에서 강간, 강제매춘을 당한 피해자들에게도 해당된다. 그들을 속박한 침묵의 구조는 일본의 경우와 사정은 다르지만 '자유의사'가 구실이 되었다는 점에서 공통되는 부분이 있다. 그렇기 때문에 일본군의 성적폭력 문제 이상으로 사실에 대한 해명이 지체되는 것이 아니겠는가.

마무리

일본군의 성적폭력은 근대 일본의 천황제에 기초한 가부장적 사회가 내포하고 있던 아시아 멸시와 여성차별구조가 황군이라는 인권이 무시된 군대조직에 포섭됨으로써 출현했다고 말할 수 있다. 여성에 대한 이러한 성적폭력은 '남성의 성욕은 억제될 수 없다'는 사실로 정당화되었다.

전후에도 이 문제는 청산되지 않고 있다가 반세기가 지나서야 비로소 한국이나 일본의 몇몇 사람들로부터 진상규명을 요구하는 목소리가 터져나왔다. 이런 목소리는 십수 년 사이에 아시아 각지의 피해자들이 자신의 신원을 밝히는 것으로 이어져 국제적인 여성인권운동의 일익을 담당했다고 해도 좋을 것이다.

그러나 일본군에 의한 성적폭력의 가해책임을 계승하는 일본 정부는 지금도 여전히 이 문제의 진상을 은폐하고 있다. 또한 이런 성적폭력을 초래한 일본의 사회구조도 여전히 크게 변하지 않았다. 전후 일본에는 전쟁반대·평화의식이 정착하는 한편 '성전(聖戰)'관도 잔존하고 있으며, 전쟁협력에 대한 반성이 중단되어 주체적인 전쟁책임에 대한 점검·검증이 결여되었고 아시아에 대한 '제국'의식이 지속되고 있다는 요시미의 지적(吉見, 1987)은 적확하다.

덧붙여 말하자면, 일본군의 성적폭력을 만들어낸 기본 구조도 일본 사회의 저변에 그대로 남아 있다. 매춘여성 측을 '범죄자'로 보는 「매춘방지법」을 비롯하여 「풍속영업법」 등에 의해 사실상의 공창제도가 존속하고 있으며, 아시아 각지로 '매춘'관광을 떠나는 일본 남성들, 그리고 인신매매 수입국으로서의 성매매 실태가 그것을 말해준다. 일본 사회에서는 남성중심적인 성의식과 그것을 지탱하는 사회적 · 경제적 · 정치적 기제가 여전히 유지, 재생산되고 있다. 아동이 보는 TV나 만화, 게임과 같은 미디어에 범람하고 있는 폭력과 정형화된 성역할, 남성의 성적대상으로서 묘사되고 만들어지는 수많은 여성상들은 젠더와 인권에 무감각한 인간을 계속해서 키워내고 있다. 인권교육의 기본이라 말할 수 있는 성에 대한 과학적 지식의 습득이나 타자를 존중하는 성적관계에 관한 교육도 거의 이루어지지 않는다. 일본군의 성적폭력과 관련된 역사적 사실을 학교에서 가르치는 일도 곤란한 상태이다.

이와 같은 상황으로 미루어 볼 때, 일본군이 일으킨 성적폭력을 반드시 재발시키지 않게 하기 위해서는 무엇보다 연구와 진상규명이 필요하다. 조사 · 연구에 의해 책임소재를 확실하게 밝혀야 한다. 그다음으로 성적폭력이 존재했다는 사실을 젊은 세대에게 가르치고 교훈으로 삼게 해야 한다. 동시에 청소년에게 인권이라는 관점에 기초한 성교육을 실시해야 한다. 이런 모든 과제를 착실하게 수행해나가기 위해서는 민간의 노력만으로는 불충분하다. 정부 등 공적기관이 이들 과제에 적극적으로 참여할 수 있는 입법조치가 필수이다.[28] 또 전후 일본의 '평화운동'을 재점검하여 일상성에 숨어 있는 모든 폭력에 저항하는 힘을 배양하고, 전쟁이나 성적폭력을 허용하지 않는 사회를 만들어갈 필요가 있을 것이다.

---

28) '전시 성적강제 피해자 문제의 해결 촉진에 관한 법안(戰時性的强制被害者問題解決促進法案)'의 입법운동이 있다.

제3장 한국 여성학과 민족

　이 장에서는 한국에서 위안부 문제를 제기하는 데에 이론적 기반이 된 여성학의 진전과 위안부에 대한 여성학의 인식에 관해 기술하려 한다.

　한국에서 여성학이 시작된 것은 1970년대 중반이었다. 그 사이 한국 사회는 군사독재정권에서 민주화투쟁을 거쳐 문민정권으로 이행했고, 1990년대 이후부터는 민주주의의 정착과 남북분단의 극복이라는 과제를 고민해왔다. 이런 사회적인 변화 속에서 여성학은 대학 등의 고등교육기관을 중심으로 급속하게 확산되어갔다. 전국의 대학에서 여성학 강좌가 시작된 것을 비롯하여 석사·박사과정의 개설, 여성연구를 목적으로 한 연구소의 설치도 활성화되었다.[1] 1984년에 결성된 '한국여성학회'는 2008년 현재 약 800명의 회원을 확보하고 있다. 1995년 5월에는 여성학 발전의 모태가 된 이화여자대학교에 '아시아여성학센터'가 개설되었다. '아시아여성학센터'는 이화여자대학교의 부설기관인데 1994년 12월에 확대,

---

1) 2006년 현재 대학원에 여성학을 연구하는 학과나 여성학협동과정을 설치한 대학교는 모두 10곳이고, 여성학 관련 연구기관을 운영하는 대학교는 11개교이다.

개편된 한국여성연구원(전 한국여성연구소)의 산하기구로 설치되어 구미와는 다른 문화적 토양을 지닌 아시아적 정체성을 중시하고 아시아 지역에 맞는 여성학교육 커리큘럼의 개발, 연구자의 교류, 공동연구의 활성화를 목표로 삼아왔다(장상, 1995).

아시아 여성학의 깃발을 든 것은 '한국 여성학'의 정체성을 예리하게 묻는 계기가 되었다. 그 가운데서도 중요한 것은 '민족'에 대해 대응하는 방법이었다. 한국에서 여성운동이나 여성학 활동은 피식민지 지배경험이나 해방 후 남북분단으로 비롯된 민족적 과제를 지닌 사회변혁운동과 관련을 맺으며 진전되어왔다. 구미의 이론을 흡수하는 일에 열심이었던 그때까지의 한국 여성학은 '보편성'과 '특수성'이라는 해명을 내걸어왔지만, 오히려 한국의 민족적 특수성에 관한 접근을 경원시했다는 비판을 받는 경향이 있었다. 그러나 이는 단지 무관심 때문이 아니라 한국의 역사적 토양인 민족적·한국적인 것을 자명한 것으로 보는 사회적 분위기 속에서 다른 분야의 연구와 마찬가지로 여성학에서도 '민족'이 회피되는 경향을 가진 주제였다는 사실을 보여준다.

그러나 1990년대 중반에는 한국 여성학의 주변에서도 '민족'을 둘러싼 논의가 일어나기 시작했다. 그 배경에는 아시아 여성학이라는 관점이 출현하기까지 진전된 여성학과, 특히 1987년 민주화 이후 여성운동의 확대에 따른 성문제에 대한 여성들의 인식 고양이 있었다. 그중에서도 그때까지는 문제 제기조차 꺼리던 민족민주운동 내의 여성차별에 대한 비판이 이루어지게 되었다(조순경·김혜숙, 1995; 최성애, 1994).

또 1990년대 들어 부상한 일본군 위안부 문제(이하 위안부 문제)는 기존의 민족주의적 관점이 내포한 여성차별적 논리를 부각시키고 성과 민족의 문제를 어떻게 다루어야 하는가에 대한 질문을 던졌다. 다음 장에서 상세하게 기술하겠지만 한국에서는 식민지 피지배민족으로서의 관점에서, 또 위안소제도의 정책적 의도에 포함되어 있는 민족차별을 지적하기 위해서 위안부 문제를 주로 민족 문제로 강조하는 경향이 있었다. 한일 양국이 식민지 지배에 대해 진정한 청산을 이루지 않은 상황에서 한국인 피해자의 문제에 초점을 맞출 경우 민족 문제로서의 접근이 그 나름의 당위성을 지니고 일면의 진실을 부각시킨다는 것은 사실이다. 그러나 시야를 더 넓혀 천황제 파시즘 아래에 있던 일본군의 침략을 받은 아시아 각지에 위안소제도의 피해자가 존재하고, 지역에 따라 피해 형태의 차이마저 있으며, 그 기본은 여성에 대한 일본군의 성노예제도라는 인식에 설 경우 이런 접근에는 한계가 있다. 한국에서 역사적으로 형성되어온 이데올로기로서의 '민족'은 다분히 여성억압적인 요소를 내포하기 때문이다.

이 장에서는 이런 문제의식에 바탕으로 두고 위안소 문제의 중요한 요소 중 하나인 '민족'문제에 초점을 맞추어 한국적 상황 속에서 발생하는 관점의 문제를 지적하고, 페미니즘의 관점으로 성과 민족의 요소를 어떻게 다루어야 하는지에 관하여 고찰하려 한다.[2) 그것은 위안부 문제에 대한 역사적 인식의 구축에 관련되는 일일 뿐 아니라, 앞으로 아시아 각지의 여성연구를 향해 각 지역의 여성들이 어떤 관점을 갖고 연대해나갈 것인가의 문제와도 연관된다.

---

2) 재일조선인 여성의 시점에서 위안부 문제와 관련하여 성과 민족의 관계를 예리하게 지적한 글로는 송연옥(宋連玉), 「'종군위안부'로 본 민족과 성(『從軍慰安婦』に見る民族と性)」, 《사상과 현대(思想と現代)》 31호(1992)이 있다.

1. 여성학의 성립과 '민족' 문제

1) 여성운동과 민족 문제

먼저 한국 여성학의 모태인 근현대 여성운동과 민족의 관계에 대해 언급해둔다.

여성운동을 민족 문제와 관련시켜 인식하기를 주창해온 이효재는 그 이유를 "여성의 존재와 삶이 식민지시대와 분단시대로 이어진 민족수난사 속에서 규정되어 한층 억압되었기 때문"(이효재, 1994: 9)이라 말한다. 그 상황은 현재도 남북의 분단이라는 형태로 지속되고 있다.

이 문제에 대해 필자는 크게 두 개의 측면이 있다고 생각한다. 하나는 객관적 조건으로서의 민족이 놓인 상황이 여성에게 준 영향, 즉 동일 민족이라는 것에서 받은 영향이 무엇인가 하는 점이고, 다른 하나는 그런 상황 속에서 형성되어온 민족 이데올로기가 어떻게 여성억압적 요소를 도입하거나 혹은 작용해왔는가 하는 점이다. 후자는 더 나아가 '민족' 그 자체가 지닌 남성중심성에 대한 의문으로 발전된다. 이런 점은 복잡하게 얽혀 있으며, 특히 후자와 같은 문제는 드러나기 힘들다. 한국인에게 민족은 부정적인 인식 대상이 되기는커녕 정치적 현실 속에서 언제나 탄압받아야 했던 진보적 인식을 상징하는 대상이었기 때문이다(박명규, 1996: 19).

근대로의 역사적 전화 과정을 열강의 침략과 더불어 맞이하여 자주적인 근대국가 건설이 좌절된 조선에서는 유교사회의 남존여비적 문화나 제도가 여성을 오랫동안 속박해왔다. 유교가 외국의 침략에 대항하기 위한 주체를 형성하는 정신적 지주로서 강조되어 여성해방의 길은 한층 멀어졌다. 20세기 초두의 애국계몽운동 등에서 민족주의자들이 주장한 여자교육론 속에는 그러한 점이 잘 드러나 있다(예컨대, 개신유학자 박은식

(1859~1926) 등이 대표적인 논자이다. 거기에는 유교적 남존여비관을 비판하는 개명성(開明性)이 어느 정도 포함되어 있지만, 유교를 국민문화의 도덕적 기반으로 강조하고 여성을 가정에서 유교에 입각한 도덕을 자녀에게 교육하는 담당자로 간주했다. 이 시기에 형성된 유교적 현모상에는 애국과 민족이라는 정당성이 부여되었기 때문에 한국에서는 한층 강력한 이데올로기로 작용했고, 그런 이데올로기는 어머니 역할이나 모성의 중시라는 형태로 오늘까지 지속되어왔다.

식민지시대에는 여성의 해방이 일본 지배로부터의 민족해방, 독립이라는 과제와 별도로 생각되지 않았다. 1920년대 초반, 여성을 속박하는 낡은 인습이나 정조관념으로부터의 해방을 주창하고 새로운 삶의 방식을 모색한 신여성 선구자들이 좌절할 수밖에 없었던 것도 이런 이중의 중압 때문이었다.[3] 한편 1919년 3·1 독립운동은 많은 여성을 민족에 대해 눈뜨게 하여, 이를 계기로 본격적인 여성운동이 시작되었다. 그러나 여성해방운동과 항일운동을 내건 근우회(槿友會, 1927년 5월 결성)가 일본의 탄압에 의해 1930년대 초에 해산되고부터 여성운동은 사실상 침체되었다. 당시는 민족운동의 국내 기반도 약했고, 항일운동의 중심도 해외로 옮겨간 상황이었다. 국내에 남아 있던 예전의 여성운동가조차도 전시 체제 아래에서 국민정신총동원운동 등에 여류명사로 동원되는 등 시련의 시기를 경험해야 했다.

해방 후 미국과 소련에 의한 분단통치와 냉전 속에서의 남북분단도 여성운동에 큰 영향을 미쳤다. 해방 직후 여성운동은 다시 활성화되었지만

---

3) 서양화가 창월 나혜석(羅蕙錫, 1896~1948), 문필가 일엽 김원주(金元周, 1896~1971), 성악가 윤심덕(尹心悳, 1897~1926) 등은 모두 비운의 생애를 보냈다(山下, 2000; 2007 참조).

남측에서는 우파만이 살아남아 식민지시대 말기의 여류명사가 지도자로 등장하는 등 여전히 왜곡과 질곡에서 벗어날 수 없었다(崔沃子, 1989: 79). 또 식민지시대의 내선일체화정책이라는 관점에서 동성동본 불혼제나 성 (姓) 불변의 법칙, 이성양자(異姓養子)의 금지 등이 폐지되었지만, 해방 후 보수주의 민족주의자들은 이것을 부활시켜야 민족성이 회복된다고 주장하여 새로운 민법의 가족법은 남계혈통을 중심으로 한 남성우선주의에 기초를 두고 제정되었다. 또다시 여성에게 낮은 지위가 부여된 것이다.[4]

한국전쟁 후 남북분단의 고착이라는 새로운 형태의 외세 개입 아래에서 민족의 자율성은 엄청난 제약을 받았다. 그런 가운데 '민족'은 남북의 각 정권이 자기 정권의 정통성을 주장하는 언사로 이용되었으며, 그뿐만 아니라 현실적으로는 반민족적인 세력이나 운동까지도 민족주의 담론으로 장식해야만 정당성을 부여받을 수 있었다(박명규, 1996: 26). 이런 와중에 1970년대부터 1980년대에 걸쳐 전개된 민주화운동은 급속한 공업화정책으로 인해 모순이 집중되어 있던 여성노동자들의 생존권 투쟁을 매개로 여성운동을 전개시켰다. 동시에 그때까지 대중적 기반을 결여해왔던 엘리트 중심의 여성운동이나 식민지시대에 이용되었던 여성지도자들의 활동에 대한 비판도 이루어졌다. 이런 반성을 바탕으로 민주화운동과 연결되는 여성운동이 형성되어왔으며, 이 과정에서 여성운동의 과제는 민족민주운동의 과제와 다시 결합했다.[5]

---

4) 여성단체의 끈질긴 운동의 결과 1990년 1월의 개정을 거쳐 2005년에 폐지되었으며, 2008년 1월부터 새로운 신분등록제가 시작되었다.
5) 1970~1980년에 걸친 한국여성운동의 흐름에 관해서는 이순애(李順愛) 편역, 『분단극복과 한국여성해방운동(分斷克服と韓國女性解放運動)』(御茶の水書房, 1989)의 해설이 상세하다.

1980년대에 민주화의 조짐이 보이자 여성운동은 더욱 활성화되었다. 힘의 결집을 목표로 조직된 '여성운동연합'(1987년 2월 결성)은 민주화·자주화 투쟁으로 대표되는 정치투쟁과 민중여성의 생존권투쟁 지원이라는 두 가지 사항을 활동목표로 내걸었다. 말하자면 여성운동을 민족민주운동의 한 부문으로 위치 지운 것이었다(여성사연구회 편, 1989: 6~7).

그런데 한국에서 사회변혁운동으로서의 민족민주운동은 식민지나 군사독재 등의 정치구조로부터 해방하는 데에 초점을 맞추어 대단히 정치적이고 민족주의적인 성격을 지녔다. 권위주의적 정권이라는 대상을 향해 '모든 사람'이 '단결'하는 일이 중시되었으며, 정치적 억압과 경제적 빈곤이라는 '명백한 억압'이 존재하는 상황 아래에서 여성 문제는 이차적인 문제로 간주되었다. 그 때문에 예를 들어 노동운동에서 여성노동자들의 결혼퇴직제 폐지나 남녀 동일노동 동일임금 요구 등 성별 이해(gender interest)에 관련된 요구는 남성노동자와의 대립을 초래하여 전체적인 역량을 감퇴시킨다는 관점에서 부정적으로 평가되었다(조순경·김혜숙, 1995: 276). 이런 논리는 여성 문제를 계층적인 문제로 위치 지우는 태도로부터 도출되었다. 계급관계는 적대적인 모순이지만 여성 문제는 계층 문제이기 때문에 비적대적인 모순이라는 것이다. 또 한국의 경우는 민족 문제가 각 계급, 각 계층에서 두루 등장하므로 여성운동과 노동운동이 민족운동의 주요 구성부분으로서 역할을 담당해야 한다. 따라서 여성운동은 민족운동으로서의 역할이 중요하다는 논리였다(장명국·이경숙, 1988: 18~19).

이렇게 민족민주운동 진영 내의 여성운동은 끊임없이 여성 문제를 민족 문제나 계급 문제와 연관시키려고 했다. 그리고 여성 문제는 민족주의나 민주화운동에 참여함으로써 제기될 수 있다는 운동방식을 취했다. 이것은 여성운동이 한국의 운동 속에서 인정받기 위한 생존 전략이었다고도 할 수 있지만(조순경·김혜숙, 1995: 279), 민족민주운동은 물론 여성운동

내에도 비민주적 혹은 권위주의적인 요소를 잔존시키는 요인이 되었다. 또 이런 민족민주운동으로 규정된 여성운동의 성격은 다음 절에서 보게 되듯이 여성학의 성격도 규정짓게 되었다.

2) 여성학과 여성운동

1970년대 중반에 시작된 한국의 여성학도 민주화운동의 흐름 속에서 진전되었다. 앞에서 논의한 대로, 군사독재체제였던 이 시기 여류명사들에 의한 어용적 여성운동에 반발하여 여성노동자 등 서민층 여성의 문제에도 관심을 기울이고 있던 여성들이 이화여자대학교나 크리스찬 아카데미[6]를 중심으로 새로운 여성운동을 모색하기 시작했다. 1975년 국제여성의 해도 이런 새로운 움직임을 재촉했다.

크리스찬 아카데미가 국제여성의 해를 맞아 준비하고 마련한 '한국여성지도자협의회'는 1974년 8월에 작성한 「각계에 보내는 건의사항」 속에 "대학의 교과과정, 특히 여자대학의 교과과정에 〈여성 문제연구〉 과목을 마련할 것을 추진할 것"이라는 항목을 대학 앞으로 보내는 건의사항에 넣었다. 또 1975년 1월에 개최된 '대화모임 · 한국여성운동의 이념과 방향'에서는 「여성인간선언」의 초안을 마련하고 "일체의 주종사상, 억압제도를 거부하는 여성의 인간화와 인간 전체가 해방되는 공동체 사회를 지

---

6) 한국에 크리스찬 아카데미가 발족한 것은 1965년이다. 한국의 아카데미는 "사회의 건전한 발전을 위해 모든 문제를 조사, 연구하고 대화를 통해 합리적인 해결에 기여하기 위해 각종 협의회를 만들고, 모든 분야에서 봉사하는 봉사자들을 훈련할 것"을 목적으로 했다. 상세한 것은 이순애의 해설인 「1970년대의 한국여성해방 운동」(李順愛 編譯, 1989) 참조.

향"(李順愛 編譯, 1987: 252~253)할 것을 주창했다.

이화여자대학교에서도 1975년에 '한국 여성의 어제와 오늘'이라는 제목으로 여성의 의식변혁을 촉구하는 집회가 열린 한편, 대학 내에 여성학 과목을 개설하기 위한 교과과정 개발위원회가 설치되었다. 그 후 1977년에 교양과정으로 여성학 강좌가 신설되었고, 1982년에는 여성학과 석사과정, 1990년에는 박사과정이 개설되었으며 이런 현상은 다른 대학으로도 급속하게 확산되었다.[7] 1980년대 후반 여성학 강좌의 확대는 여자 대학생들의 시위로 이루어진 여대생에 의한 대학 아카데미즘에의 도전, 여성들의 의식화, 민주화 요구 운동의 일환으로 발전되었다.

이런 가운데 성, 계급, 민족의 상호관계를 어떻게 생각할 것인지의 문제가 여성운동의 노선과 관련하여 논의되었다. 그러나 그런 논법은 여성문제를 계급이나 민족 문제의 하위에 놓는 여성운동의 '주류'적 관점에서 성문제를 중시하는 입장을 비판하는 것이었다. 이런 논의는 왜곡된 형태의 자유주의 페미니즘(liberal feminism)과 급진주의 페미니즘(radical feminism)을 '서구 페미니즘'의 대표 격으로 소개하고, 그런 '잘못된' 페미니즘 논의에 기초한 여성 문제의 해결은 올바르지 않다는 내용을 중심으로 전개되었다(조순경 · 김혜숙, 1995: 278).

분명히 한국에서 연구가 시작된 지 얼마 안 된 여성학이 구미의 이론을 흡수하는 경향에 머무르고, 그것도 주로 대학이라는 한정된 장에서 꾸려지고 있었기 때문에 관념론적인 논의에 빠지기 쉬운 면이 있었다는 점도 사실이다. 필요성을 인정하지만 현장에서 날마다 엄혹한 상황에 직면하

---

7) 이화여자대학교의 여성학과에 대해서는 나이토 카즈미(內藤和美), 「이화여자대학교의 여성학(梨花女子大學校女の性學)」, ≪여성문화연구소기요(女性文化硏究所紀要)≫ 제16호(1995년 8월)에 소개되어 있다.

여 운동을 실천하는 사람들의 눈으로 볼 때 이런 논의는 비판의 대상이 되었을 것이다. 그러나 보다 근본적인 이유는 지금까지 살펴보았듯이 근현대의 한국여성운동이 거쳐온 민족적 상황의 엄중함과 그것에 의해 규정된 여성운동과 민족민주운동의 관계성이 여성학과의 결합을 곤란하게 만들어왔기 때문이라고 말할 수 있다.

그럼에도 1980년대 말 이후 여성운동세력의 확대는 여성학의 양과 질이라는 두 측면에서 눈부신 발전을 이루었으며, 빠른 속도는 아니었지만 점차 여성 문제, 여성운동의 위상이 변화하기 시작했다. 1991년 1월 성폭력상담소가 개설된 이후 강간, 성추행, 성매매 문제 등의 성폭력 문제가 한꺼번에 쏟아져 나와 성문제가 주목받기 시작했다. 여성학과 학생들이 여성단체에 위안부 문제의 여론화를 제기한 것도 이런 흐름의 일환이었다. 물론 그 배경에는 민주화의 진전과 경제적 발전이 있었다.

그러나 위안부 문제의 제기는 한일관계의 현실과, 그 문제가 정신대라는 용어로서 식민지시대 말기 일제의 만행을 드러내는 논리로 지금까지 이야기되어왔다는 역사적 배경에 의해 한국 사회에서 성보다는 민족 문제로 받아들여졌다. 문제는 '보수적'인 민족주의자들은 말할 것도 없고 '진보적'인 민족민주운동에서도 여성 문제가 이차적인 것으로 인식되고 있는 한국 사회 속에서 위안부에 휘감겨 있는 논리가 다분히 성차별적 인식을 띠고 있다는 점이다.

2. 일본군 위안부 문제를 둘러싼 '민족' 논의

1) '민족'담론

이미 기술한 대로 1990년 5월에 여성학과 학생들이 이 문제를 제기한 동기는 남성중심적인 사회 속에서 위안부 문제가 여성 문제이기 때문에 지금까지 논의되어오지 못했다는 것에 대한 분노와 한일 사이의 과거청산이 불충분하다는 인식 때문이었다. 그러나 운동이 전개되는 가운데 한국 사회 내에서는 후자 부분이 강조되었고 여성 문제로서의 측면은 그늘에 가려진 느낌이었다. 그것은 일본 정부를 상대로 한 운동의 성격상 민족 문제로 다루며 여론에 호소하는 편이 국내의 지원을 얻기 쉽다는 전략상 의도도 있었지만, 가부장적 사회 속에서 여성 문제로서의 시점을 확장시키는 일이 그만큼 어려웠음을 드러내기도 한다. 또 다양한 단체가 모여 운동주체를 형성했기 때문에 주체 측의 여성 문제에 대한 인식의 차가 있었다는 점, 그리고 그 차이를 메우고 인식을 확장시키기 위한 학습회 등을 유지하지 못했다는 점(신혜수, 1994a: 172)도 관계되어 있다.

이 문제가 민족 문제로 강조되었다는 것은 단순히 일본 정부를 상대로 한 민족적인 과제로서 다루는 상태만을 지적하는 것이 아니다. 이는 다음 장에서도 기술하겠지만 근현대의 역사적 상황에서 형성되어온 민족 이데올로기 속에 스며들어 있는 가부장적 여성관에 근거하여 만들어진 위안부 논리가 표면화되었음을 의미한다.

한국에서는 약 반세기 동안 이 문제가 정신대로 알려진 채 사회적으로 화제가 된 적이 없었다. 위안부 문제가 여성의 '정조'와 연관된 문제로 받아들여졌기 때문이었다. 위안부는 식민지 말기의 징용이나 징병과 마찬가지로 일본에 의한 강제연행의 일종이었음에도, 유교적 전통 아래 여성의 정조가 중시되어온 한국에서 피해자인 여성은 편견에 휘둘렸고 한국의 '수치스러운 역사'로 간주되었다. 강제연행의 전모에 관한 연구가 뒤처졌다는 이유도 있지만, 특히 이 문제는 이런 연유로 연구대상이 되지 못하고 오히려 기피되어왔다. 운동이 일어난 후 민족적 자존심이 상처를 입었다며 일본에 대한 배상요구에 반대하는 의견이 널리 공감을 얻었던 일(신혜수, 1994b: 25~26)도 이런 맥락에서 이해할 수 있다.

이런 식으로 받아들이는 사고방식이 낳은 한 가지 결과가 위안부 인식을 둘러싼 '여자 정신대'와 위안부의 혼동이다(서장과 보론 참조). 매스컴이 '여자 정신대'와 위안부를 혼동하여 12세 소녀가 위안부로 동원되었다고 보도함으로써 위안부 문제가 일본의 만행으로 한층 강조되었고, 사죄나 배상 문제에 관해 "국가적, 민족적 차원에서 접근하지 않으면"이라거나 이 일은 "민족의 명예가 걸려 있다"(≪동아일보≫, 1992년 1월 16일자)는 인식이 확산된 것이다.

그리고 갖가지 형태로 이루어졌을 식민지 조선에서의 위안부 강제연행은 요시다 세이지(吉田淸治)의 증언에서 밝혀진 관헌의 폭력적인 '처녀사냥'과 중첩되면서 '어린 처녀가 관헌에 의해 폭력적으로 강제연행되었다'는 이미지로 고정되었다. 물론 이렇게 연행되었던 사례에 대한 진술도 있었으며, 그 자체로도 상징적인 의미를 지닌다. 그러나 문제는 이런 논리 이면에 '처녀인가 매춘부인가', '강제인가 자유의사인가'라는 기준에 따라 피해자 여성을 양분하는 인식이 가로놓여 있다는 데 있다.

피해자가 신원을 밝힌 일, 자료가 발굴되어 진상규명이 진전되어온 일, 또 성폭력에 반대하는 세계 여성운동과의 연대가 형성된 일 등으로 인해 운동주체 측에도 여성 문제로서의 인식이 침투되었다. 그러나 한국 사회에서 그런 관점을 확산시키려는 노력은 거의 이루어지지 않았다. 그 이유는 어디까지나 운동의 대상이 일본 정부라는 사실과 연관된다. 일본을 상대로 한 민족대립적 구도가 힘을 지니기에, 그 때문에 민족 구성원 모두를 결집시킬 필요가 있다고 설파되었다. 그러는 사이에 왜 50년 동안이나 이 문제가 암흑에 묻혀 있었는지, 이런 성노예제도의 배경에 있는 여성차별이 한국 사회에도 존재하는 것은 아닌지에 대해 문제를 제기하는 일은 한국 내에 분열을 초래하여(남성의 반발을 사) 민족적인 결집에 부정적인 영향을 준다고 생각되었다.

그 때문에 운동주체 측의 위안부에 관한 인식에도 여성을 이분화하는 구태의연함이 드러나는 경우가 있었다. 예를 들어 1993년 8월 일본 정부의 제2차 조사결과 발표를 받고 한국의 운동권이 내놓은 성명에 나타난 인식이 그렇다. 여기에는 조선인과 일본인 위안부에 대한 인식 차이가 다음과 같이 표현되어 있다.

('위안부가 어떤 존재였는지에 대한 성격이 빠져 있다' 중에서)
위안부는 당시 공창제도 아래에 있던 일본인 매춘 여성과는 달리, 국가 공권력에 의해 강제적으로 군대에서 성적위안을 강요당했던 성노예였다.

('위안부의 출신지' 중에서)
'전지에 이송되었던 위안부의 출신지로서는 일본인을 제외하면 한반도 출신자가 많다'고 되어 있다. 그러나 일본인 여성은 성노예적 성격의 강제 종군위안부와는 그 성격이 분명히 다르다. 일본인 위안부는 당시 일본의 공창제 아래에서 위안부가 되어 돈을 받고 계약을 체결한 사람으로, 계약이 끝나면 위안부생활을 그만둘 수 있었다. 일본인 위안부를 아무렇게나 이 보고에 포함시킨 것은 강제 종군위안부의 성격을 흐리게 하기 위한 것이라고 생각된다.

위 성명은 조선인 위안부들이 당한 강제성을 강조하기 위해 매매춘업 출신인 일본인 위안부들과 비교하여 그 '성격'이 크게 다르다고 주장한다. 그러나 성명에 드러난 사실인식은 오류투성이일 뿐 아니라[8] 이런 표현은 일본인 위안부의 경우 매매춘업 출신이므로 위안부제도하의 성노예라고 말할 수 없다는 결론을 이끌어낼 위험이 있다. 말하자면 피해자인 여성을 '처녀인가 매춘부인가', '강제인가 자유의사인가'라는 기준으로 양분하여 위안소제도의 범죄성을 흐려놓아 일본의 책임을 인정하지 않으려는 논 자들의 여성억압적인 인식과 마찬가지 논리가 될 수 있는 것이다.

한국의 운동이 민족 문제적인 측면이 강했기 때문에, 특히 운동의 초기에 주로 조선인 위안부 문제를 중심으로 했기에 다른 지역, 다른 민족의 피해자에 대한 배려가 결여되었다는 점도 지적할 수 있다. 그러나 조선인 위안부 피해의 특징을 강조한 나머지 위안부 문제의 본질을 왜곡하는 것 으로 연결되어서는 안 된다. 이 문제에 대해서는 제4장에서 상세하게 논 의하겠다.

2) 성과 민족

위안부 문제가 제기되었을 때 이화여자대학교의 여성학 연구자 장필 화는 일찍부터 한국 사회에 만연해 있는 가부장적인 민족주의적 관점에

---

8) 이 성명에는 일본인 위안부와 조선인 위안부가 대조적으로 서술되어 있는데, 사실 은 공창 출신이 아닌 일본인 위안부도 있었고 돈을 받거나 도중에 돌아온 조선인 위 안부도 있었다. 이 성명이 발표되었을 때, 우연히 일본에 체류 중이었던 필자는 이 부분의 삭제를 제안했다. 성명의 일본어 번역판에는 실행위원의 양해를 얻어 삭제 했는데, 한국어 원문에서의 삭제는 받아들여지지 않았다.

의한 '정신대(위안부)' 인식을 다음과 같이 비판했다.

> 정신대 문제의 치유를 위해 우리는 일본의 사과, 국가적 차원에서의 보
> 상, 진상규명 등을 요구하고 있다 …… 그러나 여성의 정조를 생명처럼
> 중요시하면서 정신대로 희생된 여성들을 민족적 "정조의 유린" 혹은
> "더럽혀진 정조"라는 차원에서 접근해가는 한 어느 여성이 피해자임을
> 내세우겠는가 …… 가장 선행되어야 할 문제는 바로 정신대 문제에 대
> 한 우리들 자신의 접근방법이 변화되어야 한다는 결론이 도출된다. 즉,
> 정신대는 여성의 혹은 민족의 "정조"에 관한 문제가 아니라 "인권"의 문
> 제임을 인식하는 것이 얽힌 실타래의 첫 매듭을 풀어가는 방법이 될 것
> 이다(장필화, 1990).

그러나 이미 기술했듯이 이런 시점으로 위안부 문제의 본질을 재평가
하여 그 위에서 조선인 피해자가 당한 피해의 특수성을 바라보려는 관점
은 당초 한국 내의 운동 주변에서는 거의 성숙되지 못했다. 이런 가운데
민족주의적 위안부 논리를 비판한 것이 강선미·야마시타 영애(1993)의
논문이다. 강선미·야마시타 영애는 이 문제의 본질이 성문제라는 입장
에 서서 위안소제도를 만들어낸 천황제 국가에서의 성폭력 구조를 분석
했다. 분석대상을 한정시킨 이유는 "천황제 국가의 성폭력 구조의 내부적
전개 과정을 밝혀냄으로써 '국가 부재'를 경험한 식민지 조선의 사회체계
와 구조, 생활세계에서 드러나는 성폭력과 천황제 국가의 식민지 동화정
책을 연관시켜 본격적으로 연구하는 일이 가능하리라 생각했기 때문"이
다. 여기에는 민족논리 때문에 한국에서는 드러나기 힘든 위안부 문제의
본질을 밝혀내려는 의도가 있었다. 즉 "이 연구는 지금까지 군위안부 문
제를 특수한 민족 문제의 일환으로밖에 파악하지 못한 몇 개의 관점과는

달리, 일본 천황제 국가의 제국주의적 침략에 의해 식민지 혹은 군 점령지가 된 지역에 공통적으로 발생한 여성 문제로 다뤄, 한정된 연구범위 내에서 사회적·문화적·역사적 원인과 성격을 규명하려는"(강선미·야마시타 영애, 1993: 82) 시도이다. 이 논문에서는 가부장적 구조와 문화, 남성의 공격성과 폭력의 관계를 이해하기 위해 요한 갈퉁(Johan Galtung)의 이론을 참고하면서 일본의 국가체제가 파시즘화하는 과정이 어떻게 폭력구조를 내포하며 위안부정책으로 나아가게 되었는가를 분석했다.

또 김은실은 한국 사회의 민족논리가 여성의 경험을 어떻게 설명하고 있는지를 분석하는 논문에서 위안부 문제를 다루고 있다. 김은실은 민족주의란 원래 "남성적 성을 주체로 한다"고 말한 뒤, "민족주의자에게 여성은 보호되지 않으면 안 되는 민족의 도덕이며, 자신이 보호하지 않으면 안 되는 민족의 유산이다", "군위안부 여성집단에 대한 민족논리의 핵심은 조선여성들이 일본군에 의해 강제 징발되어 여성적 도덕성이 파괴되었다는 점이다. 여성의 순결과 모성을 통해 구현되는 도덕성은 여성성의 본질적인 것으로 간주되지만, …… 군위안부 여성들은 순결의 상실에 의해 이런 논리에 포섭되지 않았다. 단지 그들의 고통이 민족의 고통을 설명하기 위해서 동원될 뿐"(김은실, 1994: 40)이라 지적한다. 그리고 위안부 여성들은 "한민족의 고통을 재현하는 반제국주의의 강력한 상징"이며, "민족주의 논리는 성의 유린이라는 기표(signifier)에 훨씬 큰 상징적인 의미를 부여함으로써 여성경험의 특수성을 부인하고, 이것을 민족 문제로 보편화시킨다. 말을 바꾸면 여성이 아니라 한민족이 일본이라는 강간범에 의해 유린된 것이 된다. 민족 자체가 문제이기 때문에 강간 범죄는 그것이 일제에 의해 자행되기 전까지는 민족논리에서 전혀 의미를 부여받지 못한다"(김은실, 1994: 41)라고 말한다.

한편 여성학이 민족논리를 비판한 것에 대한 비판도 제기되었다. 정진성은 다음과 같이 주장한다. 먼저 여성학에서 말하는 성과 민족의 논의에는 "민족이라는 기축을 고려하는 것 자체가 성의 중요성을 약화시키는 것으로 생각하여, 다분히 방어적인 견해가 드러난다"며 "이것은 민족을 민족주의와 동일시하는 혼란과도 관련되어 있다고 생각된다"고 한다. 그리고 "민족 간의 억압이 성적억압에 어떻게 더해지고 여성에게 작용했는가, 민족 간의 착취가 어떻게 국가기구를 이용하여 행해졌는가, 그리고 이것이 어떻게 계급적 · 성적착취와 중첩되었는가 등의 '민족'이라는 기축에 대한 논의보다도 여성이 어떻게 민족의 이름 아래 혹은 민족주의 이데올로기 속에서 왜소화 · 왜곡화되었는가 하는 방향의 논의로 향할 뿐"이라고 말한다. 그리고 위안부 문제에 관한 논의에는 이런 점이 현저하게 드러나며, 앞에서 말한 강선미 · 야마시타 영애의 논문도 "민족이라는 기축을 간과하고 있다"고 비판한다(정진성, 1995: 9~10).

정진성의 지적은 중요하다. 그러나 감히 말하면 강선미 · 야마시타 영애의 논문은 '민족이라는 기축'을 '간과한' 것이 아니라 위안부정책을 실시하기에 이른 일본 체제 내의 성폭력적 구조를 분석하는 것에 초점을 맞추어 가부장제와 성폭력이라는 관점의 보편성에 주목한 것이다. 논문에서는 지적하는 데 그쳤지만 위안부제도를 낳은 일본의 국가체제는 민족차별적인 사상과 정책 위에서 성립되었으며(강선미 · 야마시타 영애, 1993: 82) 따라서 당시 일본에서 성차별과 민족차별이 어떻게 연관되어 있는지를 살피는 일은 중요하다. 또 피해의 실태나 제도 자체를 연구대상으로 할 때도 그 특수성과 구체성을 보는 요소로서의 '민족'은 간과할 수 없다.

여성학에서의 논의는 "민족이라는 기축을 고려하는 것 자체가 성의 중요성을 약화시킨다"고 보았기 때문에 벌어진 것이 아니라 민족과 성지배의 공범관계 자체를 문제시한 것이었다. 예를 들어 한국에서는 미혼 여성이 낳은 아이의 경우 사회에 받아들여지지 않아 해외입양아가 되어 한국

을 떠나야 하고, 또 외국인 남성과의 사이에서 태어난 자녀는 한국 국적
을 가질 수 없는 등9)의 현실을 볼 때 기축으로서의 '민족'조차도, 자연스
러움으로 치장한 '민족'이 실제로는 남계 혈통중심주의를 바탕으로 형성
된 것이라고 말할 수 있다.

위안부 문제를 고려할 때 여성을 군인의 성노예로 삼았다는 기본적인
문제와 그 피해 상황의 규모에 민족이나 지역이라는 요소가 어떻게 작용
했는지, 또 이런 성노예제도를 만들어낸 일본의 내적인 차별구조는 어떠
했는지를 살피는 일은 결코 관점상의 대립을 초래하는 것이 아니다.

3) 여성학적 인식

먼저 확인해두고 싶은 바는 위안소제도의 '범죄성'에 대해서이다. 그것
은 당시의 국내법이나 국제조약에 비추어 범죄인가 아닌가를 묻는 일에
앞서서, 일본군이 전쟁을 수행하는 데 군인의 성욕 처리 등을 위해 정책
적으로 위안소를 설치하고 일본인, 조선인, 중국인을 비롯하여 점령지 여
성들을 위안부로 삼아 성적으로 유린했다는 것 자체에 있다(山下, 1994).
즉, 위안부의 동원방식이나 대우 여하가 아니라 여성을 성적으로 이용하
려고 한 발상 자체가 여성에 대한 인권침해의 극한이었다는 것이다. 피해
자의 민족이나 지역에 따라 피해의 정도가 얼마나 차이 나는지 등을 명확
하게 밝히는 일은 범죄의 구체적인 내용이나 책임소재를 분명히 하는 등
의 진상규명에서 필수적이다. 그러나 이러한 과정은 어디까지나 '범죄성'
을 인식한 위에서 이루어져야만 한다.

---

9) 1997년 「국적법」이 개정되면서 부모양계 혈통주의가 채택되었다.

범죄성의 인식을 위해서는 당시 공창제도 아래에 놓여 있던 창기, 매춘부를 어떻게 볼 것인가의 문제를 판단근거로 삼아야 한다. 앞에서 말한 남성중심적 논리나 "위안부는 상행위"라는 오쿠노 세이스케(奧野誠亮) 전 법무상의 발언(1996년 6월 4일), 또 동원 과정과 위안소생활이 '강제'인가 아닌가를 유독 중시하는 논리에도 그 전제로서 '당시 공창제도 아래의 매춘부는 자유의사에 따라 상행위를 하고 있었다'는 인식이 자리잡고 있기 때문이다. 이에 따라 '매춘부는 자유의사로 위안부가 되었기 때문에 성노예가 아니'라거나, '위안부가 돈을 받았다면 성행위이므로 범죄가 아니'라는 논리도 도출될 수 있다.

이런 인식에 대해 한국에서 가장 먼저 나온 반응은 앞에서 밝힌 성명에도 나타나듯이 '위안부는 매춘부가 아니다'라는 것이었다. 물론 전시에 군의 통제 아래에서 군인을 상대로 성노예가 되어야 했던 위안부와 국가적 관리매춘제도인 공창제도하에서 민간인을 상대한 창기는 존재 형태상 많은 차이가 있다. 특히 피지배민족 여성을 위안부로 대량 이용한 사실은 한국에서 주장되고 있듯이 '민족말살'이라는 또 하나의 범죄성을 내포한다. 그러나 매춘부와 위안부는 당시의 동일한 성지배구조에서 생겨났으며, 그 점을 이해하지 않는 한 위안부를 만들어낸 구조도 찾아낼 수 없다는 데 문제가 있다.

이미 말한 대로 일본을 비롯하여 식민지 조선이나 타이완 등에 설치되어 있던 당시의 공창제도는 형식상 '당사자의 바람', '본인의 진의에 따라'[10] 창기 영업을 하는 것으로 되어 있었다. 그러나 여성은 애당초 가부장적인 법질서 아래에서 사회적으로 남성과 동일한 정도의 권리조차 인

---

10) 「人身賣買嚴禁に關する東京命令」(1872年), 市川房枝 編集・解說, 『日本婦人問題資料集成』 第1卷(ドメス出版), pp. 196~197.

정받지 못했고, 집에서도 가부장의 통제 아래에 놓여 있었기에 여성의 '자유'는 엄청나게 제한되어 있었다. 창기 영업을 신청할 때 가부장의 승낙이 필요했다는 것도 여성이 개인으로서 독립적인 영업자의 권리를 갖지 못했다는 사실을 나타낸다. 하지만 '집안을 위해 희생해야 한다'는 것을 미덕으로 삼는 사회적 분위기가 존재했고, 여성 자신이 그런 가치관을 내면화하고 있었다. 따라서 여성들은 다른 선택의 여지도 갖지 못한 채 창기가 되는 것을 '운명'으로 받아들여야만 하는 입장에 놓여 있었다고 해도 좋을 것이다. 메이지 정부는 마리아루즈 호 사건을 계기로 인신매매를 금지하고 전차금 계약의 무효를 선언하는 태정관명령 제295호(太政官達, 1872년)를 발포했다. 그러나 아주 소수의 사람들을 제외하고 당시 정부와 사회는 창기의 존재 자체에 대해 반인도성을 인정하지 않았다. 그리고 형식적인 여성의 '진의(眞意)'를 공창제도의 정당화에 이용했다. 즉, 형식에 불과할 뿐이지만 '나서서' 노예가 되려고 한다면 그 존재를 허용한다는 인식이며, 노예의 존재 자체가 악이라는 인식은 결여되어 있었다.

창기는 전차금으로 인해 대좌부업자에게 인신이 구속되므로 사실상의 인신매매가 횡행하고 있었다. 창기와 손님 사이의 관계를 보아도 거기에 자유, 대등, 공정한 성매매계약이 성립되어 있었던 것은 아니다(그런 계약이 성립하는지 마는지는 논의의 여지가 없다). 전차금 때문에 대좌부업자에게 속박되어 있으므로 손님으로부터 받은 돈을 관리하는 실권은 업자가 쥐며, 자유롭게 손님을 선택할 권리는 부여되지 않았다. 게다가 창기는 규칙상 유곽 등의 지정된 장소에 구속되어 자유로운 외출조차 허용되지 않았다. 말하자면 공창제도는 창기의 '자유의사'라는 이름을 빌어 대좌부업자의 창기 착취와 창기의 노예적인 상태를 탈법적으로 합법화하기 위한 장치였던 것이다(山下, 1994). 위안부제도는 당시 여성에 대한 성노예화가 존재했기 때문에 이렇게까지 대대적으로 가능할 수 있었다.

따라서 '매춘부는 자유의사로 성행위를 하고 있었다'는 인식은 잘못된 것이며, 매춘부 출신의 위안부도 성노예인 것에는 변함이 없다. 봉건제 아래에서 여성이 '자유의사'로 결혼할 수 있었을까. 경제적 자립이 불가능한 사회에서 여성은 생활을 보장하기 위해 결혼을 해야만 했고 그 때문에 혼인이 부모의 결정에 맡겨졌던 것과 마찬가지로, 매춘부가 '자유의사'로 위안부가 되었다고 보이더라도 그것은 이미 결정된 선택을 해야만 하는 노예적 상태에 놓여 있었기 때문이며, 위안부제도의 존재가 더욱 폭력적인 형태로 여성의 성노예화를 강요했던 것이다.

또 '위안부는 상행위'라는 인식은 위안부가 처해 있던 노예 상태를 뒤집어엎는 논리도, 위안부제도의 범죄성을 지워버릴 수 있는 논리도 될 수 없다. 위안부제도의 범죄성을 물을 때 공창제도나 창기와의 차이를 강조하기 전에 먼저 당시 성지배구조의 범죄성을 재검토하고, 더 나아가 위안소제도의 흉악함을 문제 삼아야 할 것이다.

지금까지 쟁점이 되었던 '강제성'에 대한 논의도 이런 관점에서 주의 깊게 다룰 필요가 있다. '강제성'에 관한 논리는 위안부 동원이 강제적으로 행해졌는지 아닌지, 또 위안소에서의 생활이 강제적이었는지 아닌지가 중심이었다. 그러나 이런 논리의 이면에도 역시 그것에 의해 위안소제도의 범죄성 유무를 분리시키려는 의도가 숨어 있다. 즉, 강제라면 범죄이지만 그렇지 않으면 범죄가 아니라는 의미를 동반하는 경우가 많다.

그러나 이미 언급한 대로 당시는 매춘부도 성노예 상태에 놓여 있었으며, 그런 사회에서는 여성이 위안부로 만들어지는 것 자체에 이미 사회적·구조적인 '강제'가 작동하고 있다는 점을 간과해서는 안 된다. 남성지배적인 가부장제 사회는 여성을 일반 여성과 매춘부로 양분하는 성지배 윤리를 만들어내어 이런 '강제성'을 보이지 않게 해온 것이다. 즉, 위안부도 창기도 당시 천황제 국가라는 성차별사회에 구조적인 강제성이 있었기 때문에 존재할 수밖에 없었으며, 위안부의 경우는 특히 일본군의 통제 하에서 성적·민족적·계급적 차별이 덧씌워져 더더욱 열악한 상황에 처했던 성노예였다고 보아야 한다.

3. 아시아 여성학의 시점

일본 정부에 위안부 문제의 진상규명과 피해자에 대한 보상 등을 요구하며 한국에서 시작된 운동은 피해자의 무거운 입을 여는 계기가 되었을 뿐 아니라, 아시아 각지로 확산되었다. 그뿐만 아니라 현재도 벌어지고 있는 전쟁 상황에서의 성폭력, 여성에 대한 인권유린 문제와 연결되어 세계 여성들의 호응을 얻었다. 그 과정에서 한국 운동권도 국제적인 연대활동의 장에서는 민족 문제로서만이 아니라 여성의 인권 문제로서 문제화하면서 대응해갔다(신혜수, 1994a: 150). 그러나 국제적인 연대활동에서 여성 문제로 활성화된 것에 비해 국내의 여성운동이나 인권운동에서는 여성 문제화하는 경향이 대단히 작았다(신혜수, 1994a: 172). 그 이유는 다음 장에서 상세히 논의하겠지만 운동권의 조직체계 등의 사정도 있었고, 앞에서 살펴본 대로 국내에서는 주로 민족 문제로서 접근한 데다 위안부에 관한 민족논리를 뒤엎으려는 노력도 거의 이루어지지 않았기 때문이다.

위안부 문제에 대한 민족논리적인 접근방식은 자민족중심주의에 빠져 다른 민족이나 다른 지역에 있는 피해자와의 사이에 벽을 세우고 분열을 일으킨다. 운동권의 아시아 연대활동은 시작된 지 이미 오래되었다. 그러나 지금 필요한 것은 일본 정부에 대한 압력을 목적으로 한 전략적이고 정치적인 아시아 연대만이 아니라, 여성 문제라는 공통의 인식에 서서 다른 민족, 다른 지역 여성들의 피해가 어떤 것이었는지 파악하고 피해의 구조를 성지배로 인식해나가려는 의미에서의 아시아 연대이다. 민족 문제 외의 특수한 사정을 포함한 아시아에서 각각의 '차이'를 인식하고 존중하며 각 지역에 있는 위안부 피해자들의 경험을 바탕으로 공감대를 형성하는 일이 중요하다. 이는 일본 정부에 대한 압력을 약화시키는 것이 아니다. 여성 문제로 공감함으로써 성립된 세계 여성들과의 연대가 오히려 국제관계를 통해 일본 정부에 대한 압력으로 작용하고 있다는 사실을 보아도 명확하다.

공감의 형성을 구체적으로 진전시켜 나가는 작업이야말로 아시아 여성학이 담당해야 할 하나의 역할이며, 긴요하게 요청되는 일이다. 이 경우 아시아란 근대 유럽이 비유럽적인 것으로 대상화한 아시아가 아니라 아시아에 거주하는 사람들의 주체적인 정체성 형성을 전제로 한다. 또한 최근 반서구주의적 민족주의나 시장 개척을 목적으로 한 자본주의자들의 아시아 지향[조(한)혜정, 1996: 123]과도 달라야 한다.

이런 의미에서도 이화여자대학교 '아시아여성학센터'의 향후 역할이 주목된다. 센터의 설립 필요성은 다음과 같다. ① 아시아 여성 문제는 진정으로 아시아 여성들의 경험에 바탕을 둔 페미니즘적 관점에서 취급될 필요가 있다. 그것을 위해서는 아시아 여성학자들의 협력에 의한 공동연구와 조사가 절실하다. ② 아시아 여성 동료들이 서로 알고, 이해하고 격려하는 연대망을 형성할 수 있는 공동의 장이 필요하다(장상, 1995: 66). 그리고 센터에서 커다란 관심을 기울이고 있는 연구대상은 아시아의 가부장제이다(장필화, 1996: 4).[11]

식민지를 경험한 나라, 즉 '동질성'이 강조되는 한국에서 젠더 문제와

---

11) 또 조(한)혜정(1996: 134)은 가부장적 가족제도를 떠받치고 있는 도구적 모성에 대한 본격적인 논의의 필요성을 주장한다.

관련된 주장은 언제나 민족 문제의 뒤에서 주의 깊게 다뤄져야 했다. 이에 대해 페미니즘의 시점에서 제기된 다음과 같은 반론은 유효하다. "① 젠더 문제 제기는 새로운 분단을 만들어내는 것이 아니라 분단이 이미 존재하고 있다는 사실을 지적하는 것이다. ② 여성과 남성의 분리를 극복하지 않는 민족논리는 남성의 논리이며, 민족논리가 아니다. ③ 페미니즘은 민족논리를 포함한 세계논리이다"(장필화, 1995: 3~4).

이런 반론은 위안부 문제에도 딱 들어맞는다. 여성을 매춘부와 정숙한 여성으로 이분화하는 민족논리 위에 구축된 인식은 남성중심주의에 기초한 남성(가부장적)논리이며 여성을 포함한 열린 민족논리가 아니다. 페미니즘 시점에 기초한 위안부 문제로의 접근은 민족논리에서 소외되어온 피해자(여성)를 포괄하고, 더 나아가 식민지나 전쟁이라는 경험을 공유해온 남녀노소를 감싸 안음으로써 역사에 보다 본질적이고 보편적인 교훈을 새길 수 있을 것이다.

마무리

일본 정부를 상대로 대응해온 위안부 문제의 해결을 위한 현실적인 운동은 특히 피해자에 대한 보상 문제로 인해 다분히 정치적인 양상을 띠고 있다. 정치에서 가부장적 특성이 하루아침에 바뀌지 않는 것처럼 위안부 문제에 관한 남성논리로서의 민족논리는 그 나름의 현실적 타당성을 가지고 운동을 진행해나갈 것으로 보인다. 그러나 운동은 언제나 재생을 반복하면서 질적 변화를 동반한다. 일본 정부만이 아니라 내면화된 성차별이나 민족차별을 비롯한 모든 차별의식의 변혁을 운동 대상으로 삼는다면 운동은 일본 정부를 대상으로 한 것에 그치지 않고 몇 단계를 거쳐 진전을 지속할 수 있을 것이다. 한편 한국에서 민족논리를 극복한다는 과제는 일본 사회와 관계없는 문제가 아니다. 위안부 문제를 통해 아시아와 대면할 때 일본 사회의 존재 양상이 의문시될 수밖에 없기 때문이다. 일찍이 '탈아'를 주창하고 아시아를 침략한 일본 '민족'은 전후 '민족'이라는 말을 기피해왔으나 억압적 혹은 배타적인 기본 성격을 도려내는 일은 시행하지 않았다. 재일 외국인, 아이누인, 오키나와인에 대한 동화정책이나 다른 아시아 국가에서 돈을 벌기 위해 온 노동자에 대한 차별과 편견을 예로 들 것도 없이, 언뜻 보기에는 아무 이데올로기도 갖지 않았다는 듯이 치장한 '일본인'이라는 인식의 이면에는 예전의 '민족'이 한층 교묘하게 가로놓여 있다(尹健次, 1994: 60). 위안부 문제가 일본인 개개인에게 요구하는 것은 아시아에 대한 역사적 가해성을 망각한 상태의 공감이나 연대가 아니다. 일본의 천황제로 대표되는 가부장 사회에 대한 문제 제기를 통해 억압받고 차별당한 사람의 입장에서 사회를 변화시켜 나가려는 것 자체에 대해서여야 한다.

제4장 한국에서 위안부 문제의 전개와 과제
: '성적피해'라는 시각에서

　한국에서 일본군 위안부 문제의 해결을 위한 운동이 본격적으로 시작된 지 8년이 지났다. 그동안은 한국의 '정신대문제대책협의회'(이하 정대협)를 중심으로 일본 정부에 대한 사죄와 배상, 진상규명 등의 요구를 내걸고 운동이 진행되어왔다. 이러한 운동을 계기로 피해자들이 나타났고, 그들은 반세기 동안의 침묵을 깨고 증언하기 시작했다. 국내에서는 피해자들의 생활 안정과 위로를 위한 여러 가지 활동이 전개되는 한편, 이 문제의 정치적 해결을 위한 운동이 국내외 양심세력들의 힘을 동원하면서 전진해왔다. 아이러니하게도 가해국 일본에서는 이 문제가 자극이 되어 교과서 문제를 시작으로 역사, 사상, 법, 페미니즘 등 여러 분야에서 한국 이상으로 활발한 연구와 논쟁이 일어나고 있다. 또 전쟁 성폭력에 대한 국제적 관심을 높이는 데 위안부 문제가 미친 영향은 적지 않다.

　이처럼 국경을 넘어서 위안부 문제에 대한 사회 각 분야의 관심을 키우고 문제의 중요성을 알리는 데 한국의 운동이 큰 공헌을 한 것은 두말할 나위가 없다. 그러나 운동의 진전과 위안부 문제의 보다 근본적인 해결을 위해서는 그동안 운동이 갖고 있었던 특징과 문제점을 직시하고 이를 극복하는 작업이 필요하다. 이 장에서는 필자가 위안부 관련 운동에 미력하나마 지속적으로 참여하면서 가장 심각하게 느껴왔던 문제점들을 지적하려 한다. 그것은 한국의 위안부 문제 해결운동과 관련하여 대중적 담론이 갖는 민족주의적 경향에서 두드러지게 나타난다.

민족주의적 경향은 이 문제를 식민지 지배하의 민족 문제로 보고, 식민지시대에 경험한 갖가지 수탈과 민족성 말살정책의 하나로 인식하는 것에서 출발한다. 물론 위안부 문제가 민족 문제인 것은 당연하다. 그러나 지금까지의 접근방식은 역사적으로 형성되어온 한국의 민족주의가 갖는 여성차별적 요소도 함께 드러낼 수밖에 없었다. 또 위안부 문제는 다른 민족 문제와 달리 직접적인 가해가 여성에게만 행해졌고, 일본군이 점령하고 지배한 아시아 전역의 여성들이 피해자가 되었다는 점에서 여성억압이 그 기본에 있다. 게다가 일본군의 가해행위는 위안부라는 성노예적 상태만으로 포괄할 수 없는 막대한 조직적 강간[1]에 이르고 있었으며, 그것이 최근의 전쟁 성폭력 문제와 맥을 같이하면서 주목받고 있다. 즉, 이 문제의 본질을 파악하는 데는 민족의 문제로서뿐 아니라 여성 문제로서도 인식하는 시각이 필요하며, 이러한 접근을 시도하기 위해 필자는 민족주의의 여성억압적 성격에 주목하고자 한다.

일반적으로 한국인 위안부 문제는 식민지 피지배민족의 수많은 여성이 위안부로 동원되었다는 점에서 민족차별이고, 여성들이 당한 폭력이라는 의미에서 여성차별이며, 가난한 집안의 여성들이 주로 동원되었다

---

1) 위안부 문제를 다룰 때 '성노예'는 주로 위안소에서 성을 착취당한 사람을 말하며, 위안소 형식을 취하지 않고 일본 군인들에게 강간당한 피해자들은 '조직적 강간' 또는 '집단강간' 피해자라고 일컫는다. 필리핀 피해자들의 경우 등이 이에 해당된다(제2장 참조).

는 점에서 계급차별의 측면이 있다고 지적된다.[2] 그러나 이 세 요소가 실제로 어떻게 작용했는지, 또 이 요소들을 어떻게 인식할 것인지에 대해서는 아직 연구나 논의도 충분하지 않다. 특히 여성학 입장에서 민족주의의 여성억압성을 지적할 경우 그 진의가 잘 전달되지 않는 경향이 있다는 점은 앞 장에서 언급한 대로이다.

한국에서는 그동안 여성운동이 주체가 되어 이 문제를 제기했고 지금도 운동의 중심은 여성들이다. 그러한 의미에서 이 문제는 여성운동의 한 종류이다. 그러나 운동의 목표를 일본 정부에 대한 요구 관철에 두고 이 문제를 한일 간의 과거 청산이 이루어지지 않은 상태에서 주로 식민지 지배 당시 여성에게 가해진 민족차별의 문제로 다루는 상황으로 볼 때, 이것은 여성들에 의한 민족운동의 성격을 강하게 띤다고도 말할 수 있다. 물론 운동주체는 사실 지금까지 이 문제를 여성 문제로도 인식했으며, 특히 국제적으로는 그런 측면에서 활동해왔다. 그러나 한국 사회에 만연한, 위안부 문제를 바라보는 남성중심적 민족주의의 잘못된 시각을 여성 문제의 시각에서 바로잡아가려는 활동은 거의 없었다. 또 운동 내부에서도 운동전략상 일본 정부에 대한 투쟁에 전력을 기울일 수밖에 없었던 현실 때문에 여성 문제의 측면을 연구하고 널리 알리는 활동은 미진할 수밖에 없었다. 이런 상황은 단지 이 운동의 특징이라기보다 근대 이후 민족적 수난을 겪어온 한국 여성운동이 계속 지녀온 특징이라고도 할 수 있다.

---

2) 신혜수, 「여성인권운동의 국제화와 한국화: 일본군 '위안부' 문제 해결운동을 중심으로」, 이화사회학연구회 편, 『일상의 삶 그리고 복지의 사회학』(사회문화연구소 출판부, 1994); 정진성, 「군위안부 문제에 대한 올바른 이해」, 『군위안부 피해자의 현실에 대한 올바른 이해(교육자료집 98-1)』(한국정신대연구소, 1998년 6월) 등이 있다.

위안부 문제에서 일본 정부에 대한 요구 관철을 목표로 설정하는 것은 당연한 일이며 일차적으로 중요하다. 그러나 왜 위안부제도와 같은 성억압 범죄가 생겼는지, 또 재발 방지를 위해서 앞으로 어떻게 해야 하는지의 문제를 생각할 때, 이런 접근에는 한계가 있을 수밖에 없다.

위안부제도는 일차적으로 일본 군국주의의 산물임에는 분명하지만, 민족 내부로 눈을 돌리면 식민지 조선에서 수많은 여성이 위안부로 동원된 배경에 당시 조선사회의 남존여비적 사회구조도 한몫했다는 사실을 부인할 수 없기 때문이다. 또 최근까지 한국에서 피해자들이 침묵을 지켜야 했던 이유에도 단지 일본 정부의 사실을 은폐하는 태도뿐 아니라 피해자들에 대한 한국 사회의 잘못된 인식도 영향을 끼쳐온 것이 사실이다. 따라서 일본 정부에 대한 요구뿐 아니라 자국 내 성차별적 사회구조에 대한 문제 제기가 이어지지 않는 한 한국인의 입장에서 위안부제도의 전체상을 밝혀낼 수 없고, 재발을 방지할 수도 없을 것이다. 또 심각한 성폭력을 당한 생존자들의 피해를 진정으로 이해하고 치유를 돕기 위해 노력하는 데에는 여성 문제로서의 의식화가 필수적이다.

1998년에 피해자들에게 한국 정부의 지원금이 지불되었고, 일본의 소위 '국민기금'과 벌였던 정치적 투쟁을 일단락 지을 수 있는 조건이 마련된 지금, 우리의 관심을 위안부 문제의 본질적 측면인 여성차별성으로 확장하여 피해자들의 성폭력 피해에 대한 올바른 인식과 치유를 위해 노력하면서 세계적인 여성운동과의 광범위한 연대를 강화해나갈 때가 되었다고 생각한다.3) 그런 방향은 여성에 대한 성폭력을 긍정하는 세력들과

---

3) 1998년 9월 세계인권선언 50주년을 기념하여 서울에서 열린 국제 세미나 '아시아의 여성인권: 무력갈등과 성폭력'(주최: 국회 일본군 위안부 문제 연구 모임, 한국여성의전화연합, 한국정신대문제대책협의회, 에베르트재단, 미국친우봉사회)은 위안부

의 투쟁을 강화하는 의미를 가지며, 일본 정부에 우리의 요구를 실현시키기 위한 압력을 가하는 일로도 이어진다.

이런 문제의식에 기초하여 여기서는 ① 한국의 위안부 문제 해결을 위한 운동과 여론이 가진 민족주의적 경향이란 어떤 것인가, ② 이러한 접근이 갖는 위안부 문제 인식의 문제점은 무엇이며 그것을 극복하기 위해 어떤 인식이 필요한가, ③ 위안부 피해자들을 성폭력 피해자로 인식한다는 것의 의미와 그들의 치유를 돕기 위해서는 무엇이 필요한가에 대해 초점을 맞추어 논의하기로 하겠다.

1. 위안부 문제의 전개와 민족주의

1) 민족 문제로서의 확대

서장에서 기술한 것처럼 1990년 5월 여성계에 위안부 문제에 관한 성명을 내도록 제의한 학생들이 지니고 있던 문제의식은 남성중심적 사회 속에서 위안부 문제가 여성 문제이기 때문에 오늘날까지 취급되지 않았다는 사실에 대한 분노와, 한일 사이의 과거청산이 불충분하다는 인식이었다. 다시 말해서 위안부 문제의 제기에는 일본에 대한 사죄와 배상 등의 요구와 함께 이 문제가 반세기 동안 떠오르지 못했던 한국 사회의 가부장적 성격에 대한 문제 제기도 포함되어 있었던 것이 분명하다. 그러나 운동이 진행되면서 운동주체 측도 대중의 여론도 점차 전자의 측면, 즉 한일

문제를 전쟁과 여성인권의 문제로 다뤘다는 점에서 획기적이다. 또 '정대협'은 '여성과 전쟁사료관'의 건립을 앞으로의 중요 사업 중 하나로 생각하고 있다.

사이의 국가적·민족적 사안이라는 측면을 강조하는 경향이 드러났다.

서장 4절에서 밝혔듯이 언론의 보도는 한국인의 반일감정을 크게 불러일으켰고, 위안부 문제가 일본의 만행으로 강조되었다. 배상 문제에 관해서도 "정신대 문제에 대한 법적 처리는 개인적인 차원이 아닌 국가적·민족적 차원에서 접근해야 한다", "민족 자존심에 관한 문제다"라는 인식이 한층 강화되었다.4) 운동주체 측에서도 위안부 문제에 대한 국민의 관심을 이끌어내고 일본 정부에 압력을 가하기 위해 이 문제가 여성들만의 문제가 아니라 민족 전체의 문제임을 강조했다. '정대협'의 대표인 윤정옥은 신문 인터뷰에서 다음과 같이 말했다.5)

> 정신대는 결코 과거사도 여성만의 문제도 아니다. 식민 잔재의 역사가 제대로 처리되지 않았기 때문에 오늘날까지 이 문제가 남아 있다. 옛날 일본은 군복과 칼로 우리 민족을 유린했으나 지금은 신사복 차림에 돈으로, 기생관광의 이름으로 정신대의 역사를 재연하고 있다. 정신대는 여성만이 아닌 우리 민족 누구나 당했고 지금도 당하고 있는 국가폭력이다.

운동의 초기에는 무엇보다도 이 문제를 공개하고 국민의 호응을 얻어내는 것이 중요한 과제였다. 책임을 회피하는 일본 정부에 대해 책임을 인지시키고 진상규명, 사죄, 배상 등을 요구하기 위해 한 사람이라도 더 많은 사람들에게 호소하고 일본에 압력을 가하는 일에 모든 힘을 기울였다.

---

4) "정신대 국가 차원 배상 마땅", ≪동아일보≫, 1992년 1월 16일자; ≪한국일보≫, 1992년 1월 16일자 등.
5) "정신대 문제 반드시 해결해야", ≪한국일보≫, 1992년 1월 16일자.

한편 여러 단체가 모여서 구성된 운동주체 측에서는 여성의 문제로서 인식을 넓혀나가는 데 필요했던 활발한 토론을 거의 하지 못했다. 그것은 운동을 이끌어가는 주된 구성원이 각 회원단체의 대표들로 이루어져 있었다는 조직체계의 특징6)에 기인하기도 했다. 또 당시에는 다른 민족, 다른 지역 여성들의 피해가 거의 알려지지 않았던 것도 위안부 문제가 한국의 민족 문제로서 받아들여지기 쉬운 요인이 되었다.

2) 운동의 이중구도

대중적 여론이 이 문제를 민족 문제로 드높임에 따라 많은 위안부가 스스로를 피해자로서 드러낼 수 있는 분위기가 형성되었다. 위안부 문제에 대한 일본 정부의 책임을 주장하고 사죄와 배상이 필요하다는 국민 여론에 힘입어 피해자들은 침묵을 깰 수 있었던 것이다. 피해자들의 용기를 북돋운 것은 식민지 피지배민족으로서 국민들이 나타낸 일본에 대한 분노와 피해자들에 대한 민족적 공감이었다.

피해자들이 자신의 신원을 밝히고 피해를 증언하기 시작하면서 운동은 새로운 단계에 접어들었다. 피해자들의 생활 안정과 질병 치료, 그들을 위한 위로활동 등의 지원과 그들과 함께하는 일본 정부에 대한 운동이

---

6) '정대협'의 조직체계는 회원단체의 대표자로 구성되는 대표자회의와 각 위원회의 위원장 등 직책을 가진 임원들이 모여서 실질적인 운동 내용을 정하는 실행위원회로 운영된다. '정대협'이 그동안 압력단체로서 힘을 발휘할 수 있었던 것은 외형적으로 거대한 조직이기 때문이었다. 이런 조직체계는 압력단체로서의 역할에는 힘을 발휘하지만 일부 회원과 사무국이 실질적인 활동을 전담하는 경향이 있기 때문에 회원단체에 속한 각 개인들이 운동 과정에서 얻은 경험, 지식 등을 축적하거나 공유하기 어렵다는 단점을 갖고 있다.

구성되기 시작했다. 생활지원활동은 한국 정부의 협조를 받아 신고한 모든 생존자들이 일정한 경제적 혜택을 받을 수 있게 하는 데에 초점을 두었다. 또 일부 생존자들은 일본 대사관 앞에서 매주 수요일마다 하는 정기시위를 비롯하여 국내외에서 열리는 집회에 참가하고 증언하게 되었다.

한편 운동은 유엔 등의 국제기구에서 위안부 문제를 제기하고 이름을 밝힌 다른 아시아 국가의 피해자와 그들을 지원하는 단체들과 연대하는 등 국제적 양상을 띠게 되었다. 그 과정에서 여성차별과 싸우는 측면이 연대의 중심이 되는 경우도 있었으나 연대선상에서만 이루어졌으며 국제적으로는 여성 문제, 국내적으로는 민족 문제로 달리 대처하는 이중성을 갖게 되었다. 즉, 국제적 활동에서 다뤄진 여성 문제의 논점들을 한국에서 넓혀나가기 위한 활동은 적극적으로 전개할 수 없었다.[7]

그런데 이 운동은 기본적으로 지식인들이 주도했고(신혜수, 앞의 논문: 166), 거기에 일부 피해자들이 참여하는 구도로 형성되었다. 즉, 활동가들이 정해놓은 운동에 피해자들이 동참하기를 바라는 형태였다. 처음에 약 180명에 이르렀던 고령의 생존 피해자들 중 이런 활동에 참여할 수 있는 사람은 한정될 수밖에 없었다. 따라서 피해자들은 활동에 적극적으로 참여한 사람과 그렇지 못한 사람, 지방에 있어서 운동과 무관한 사람 등 몇 가지 부류로 나뉘었다.[8] 운동에 적극적으로 참여한 피해자 가운데는 그

---

7) 신혜수, 「여성인권운동의 국제화와 한국화: 일본군 위안부 문제 해결운동을 중심으로」, 170~173쪽 참조. 신혜수는 이 글에서 '정대협'의 국제적 활동을 담당해온 사람의 입장에서 국제 활동과 국내 활동의 특징을 정리하고 있다.

8) 피해자 중 운동에 참여한 사람은 '정대협'에 신고한 사람들이 중심이었다. 정부에만 신고한 피해자 가운데는 아직도 본인이 위안부였다는 사실을 가족에게 비밀로 하는 사람도 많았고 운동에도 참여하지 않았다. 또 피해자들은 전국에 흩어져 살고 있지만 운동은 주로 서울을 중심으로 하여 이루어졌기 때문에 서울 근교에 사는 피해자

과정에서 민족적 자존심을 회복하거나 피해 증언을 되풀이함으로써 마음의 상처를 치유한 사람도 있었다.

반면 생존자와 지식인 활동가의 연대 과정에서 갈등이 생기기 시작한 것도 사실이었다. 그것은 비교적 운동가들과 가깝게 지내는 일부 생존자들과 활동가들 사이의 불신이나 몰이해가 원인이 된 경우가 많았다. 활동가들은 피해자들의 명예회복과 민족 자존심을 지키기 위해 일본 정부와의 투쟁에서 최선으로 여겨지는 전략을 세우고 운동을 추진하려 했으며 거기에 피해자들이 동참하기를 기대했다. 그런 활동에 반대하거나 불만을 갖는 피해자에게는 운동의 취지를 설명하고 동참을 호소했지만 피해자들이 언제나 활동가들이 원하는 대로 따라준 것은 아니었다.

이러한 관계는 1995년에 일본에서 정부와 민간에 의해 구성된 소위 '국민기금'정책이 시작되고 피해자들에 대한 '금전적 지불' 문제가 부상하면서 한층 심각해졌다. '국민기금'정책은 일본 정부가 정식 배상을 회피하기 위해 만든 것으로, 특히 한국 운동단체의 강한 반발을 불러일으켰다. '국민기금'정책이 진행되자 운동단체 측은 기금이 피해자들에게 지불하려는 것은 '위로금'에 지나지 않으며 이는 일본 정부의 책임을 회피하기 위한 처사라고 지적하면서 정면으로 반대했다. 한편 '위로금'이라도 받으려는 일부 피해자들과 갈등이 빚어졌다. 운동단체 측은 '국민기금'정책을 저지하기 위한 반대운동을 펼쳤는데, 1996년 10월에는 사회 여러 분야의 유명 인사들로 구성된 '일본군 위안부 문제의 해결을 위한 시민연대'를 결성하여 피해자들이 국민기금을 받지 않게 하기 위해 한국 국민을 대상으로 별도의 모금활동을 전개했다.[9]

들이 수요 시위나 집회에 참여하는 비율이 많았다.

9) 시민연대의 운동목표는 다음의 세 가지였다. 첫째, 일본 정부로 하여금 적극적으로

이 운동은 피해자들의 '희생과 상처를 민족의 품으로 치유하기 위해' 또는 그들을 '우리 민족의 품으로 감싸 안기' 위해 모금에 동참할 것을 국민에게 호소했다. '국민기금'과의 투쟁은 피해자들의 투쟁일 뿐 아니라 민족 전체의 투쟁이기도 했다. 또 피해자들을 지키는 것이 민족의 자존심을 지키는 것으로 인식되었다. 1997년 삼일절에 열린 '정신대 할머니 돕기 온 겨레 모금공연'에서 발표된 '겨레선언'에는 이 운동의 성격이 잘 드러나 있다.

> ……일본 정부는 여전히 범죄 사실의 인정조차도 거부하고, 배상을 포함한 법적 책임을 회피하고 있다. 오히려 피해 할머니들의 어려운 경제 상황을 약점으로 삼아 죄에 대한 법적인 책임으로서의 배상이 아니라 가난하고 불쌍한 노인들을 위한 위로금을 민간모금으로 지급하는 등 피해자들을 일본의 정치적인 희생물로 또다시 악용하고 있다. 이것은 피해자들의 명예와 인권, 나아가서는 우리 민족의 자존심을 우롱하는 것이다. ……그러나 이제 우리는 과거 우리 민족이 일제 식민 치하에서 고난 받을 때의 아픔을 되새기면서 그 할머니들을 민족의 품으로 보듬어 불행했던 과거 역사의 상처를 온 겨레가 함께 치유해나가고자 한다. 일본 제국주의의 더러운 돈에 우리 할머니들이 또다시 상처 입지 않도록, 우리 민족 자존심이 우롱당하지 않도록 우리가 지켜나갈 것이다.

전후 처리에 나서게 하고 이에 필요한 장치를 만들어 식민제국주의의 죄과로 인해 희생당한 사람들의 명예를 회복하고 응당한 보상을 하도록 촉구한다. 둘째, 우리 정부로 하여금 일본군 위안부 할머니들에게 지급하는 생활지원금을 증액하여 그분들의 생활이 안정될 수 있도록 한다. 셋째, 할머니들의 희생과 상처를 민족의 품으로 치유하기 위해 생활기금을 모금한다(1996년 10월 4일 「결성취지문」에서).

이것을 시작으로 일제 식민지 잔재를 청산하고, 우리 민족의 자주 국가 건설을 완성시켜나갈 것이다. ⋯⋯

'국민기금'에 맞선 싸움은 "과거 역사의 상처를 온 겨레가 함께 치유"해 나가기 위한 운동이며, '국민기금'을 받는 피해자는 이러한 민족운동의 이탈자라는 의미를 가졌다.

한국에서 국민모금운동이 전개되는 가운데, 일본의 '국민기금'을 받은 피해자들은 한국의 국민모금 지불대상에서 배제되었다. 이 운동을 통해서 물심양면의 지원을 얻어 자신의 민족적 정체성을 되찾는 데 도움을 받은 피해자도 있었던 반면, 배제당한 피해자들은 운동단체가 피해자들을 위한 운동을 한다고 하면서 오히려 자신들을 소외시킨다고 불만을 토로하기도 했다. 상처받은 일부 피해자들은 주변 운동가들을 불신하고, 그 불신으로 인해 운동가들이 또 상처를 받는 등 피해자와 운동가들 사이의 갈등이 초래되었다.

피해자들이 신원을 밝힌 뒤 일본 정부의 사죄와 배상을 요구하며 함께 투쟁해왔음에도 일부이기는 하지만 피해자와 활동가가 서로 신뢰관계를 구축하지 못했던 이유는 무엇일까? 물론 그동안 강행되어온 일본의 '국민기금'정책에 그 일차적인 책임이 있다. 또 계층적, 개인사적으로 배경이 다른 지식인 활동가들이 상상을 초월하는 고통을 경험해온 생존자를 이해하고 그들과 원만한 관계를 만들어나가는 것 자체가 매우 어려운 일이며, 생존자들 또한 마음을 열기가 힘들었을 수 있다. 그러나 또 하나의 중요한 원인으로 지적할 수 있는 것은 피해자와 국민, 지식인 활동가 사이의 공감의 토대가 '민족'에 머물러 있다는 점이다. 민족적 공감만으로 피해자들에 대해 진정한 이해와 공감을 하기에는 부족했다. 피해자들이 성폭력으로 인해 입게 된 피해는 기본적으로 개인적이며, 결코 민족의 피해로 환원되지 않기 때문이다.

그동안 민족운동으로서의 접근은 피해자들을 민족의 일원으로 감싸는 노력을 한 반면, 성폭력을 포함한 피해의 개별성에 대해 관심을 갖지 못했던 것이 사실이다. 이러한 운동의 성격으로 인해 다음에서 기술하듯이 민족주의 속의 성차별적 인식을 극복하는 노력이 뒤로 미루어져 위안부가 입은 성폭력 피해에 대한 관심과 치유를 돕는 작업이 중요시되지 못한 것은 아닐까.

2. 위안부와 공창

위안부 문제가 한일 사이의 민족 문제로 부상하면서 앞에서 언급한 언론의 보도가 국민의 분노를 일으켰고, 위안부의 동원 형태가 '어린 소녀가 관헌에 의해 폭력적으로 강제연행되었다'는 담론으로 인식되었다는 사실은 이미 언급했다.

이에 대해 일본 정부의 책임을 부정하는 일본 우파들인 소위 '자유주의 사관파'들은 그러한 강제연행을 입증하는 자료도 없고 증언도 없다며 부정하고 나섰다. 강제성을 부정하는 담론은 '자유의사'로 위안부가 되었을 가능성을 시사하며, 그 경우 일본 정부에 책임이 없다는 논리로 이어졌다. 위안소제도는 당시에 존재했던 공창제도의 일종이며 위안부도 공창(창기)과 마찬가지라는 주장이다.[10] 이에 대해 한국에서는 '위안부는 공

---

10) 대표적인 예로서 1994년 5월 나가노 전 법무상의 "위안부는 공창이었다"는 발언과 1996년 6월 4일 오쿠노 전 법무상의 "위안부는 상행위에 참가한 사람들이고 강제는 없었다"는 발언을 들 수 있다.

창(매춘부)이 아니다'라는 반론으로 대응해왔다. 이런 담론이 왜 문제가 되었는지에 대해서는 앞 장에서 기술했다. 여기서는 앞에서 논의한 공창제도 아래에 있던 매춘부(창기)의 노예적 성격을 밝히고 위안소제도와 공창제도의 차이를 살펴보고자 한다.

공창제도가 노예제도임은 당시에도 지적되었으며, 그런 평가와는 별개로 제도의 폐지를 위한 운동도 지속되고 있었다. 한편 공창제도를 필요악이라고 말하며 그 존속을 주장하는 사람들은 일본의 미풍양속을 지킨다는 명목으로 여성이 참정권과 사법시험을 치를 자격을 갖는 것에 반대했다(大隈, 1936: 2). 이런 여성억압적인 인식이 지금도 '공창은 자유의사', '위안부제도는 범죄가 아니다'라고 주장하는 세력으로 이어지고 있다. 이들은 공교롭게도 일본의 여성차별적 가족법 개정운동(부부별성 등)을 저지하려는 사람들과 일치한다. 즉, 당시나 지금이나 남성중심적 사회를 유지하려는 사람들이 여성의 성노예화 장치였던 공창제도와 위안소제도를 정당화하는 것이다.

위안소제도는 여성을 성노예로 삼은 공창제도가 있었기 때문에 이를 토대로 고안될 수 있었다. 그런 의미에서 공창제도도 위안소제도도 성노예장치라고 말할 수 있다. 따라서 필자는 위안소제도가 공창제도와 마찬가지이므로 범죄가 아니라는 논리를 펴는 사람들에게 이 두 제도가 모두 범죄라는 점을 강조하고 싶다. 위안소제도와 공창제도의 차이를 논할 때도 우선 이런 인식을 전제로 할 필요가 있다.

이 두 가지 제도의 차이는 크게 다음과 같이 말할 수 있다. ① 공창제도는 민간인들을 대상으로 한 반면, 위안소제도는 전시 상황에서 군인을 위해 만들어졌다. ② 공창제도의 운영에는 국가적인 개입이 없었으나, 위안소제도는 국가나 군이 직접 통제했다. ③ 위안소제도는 식민지, 점령지의 여성들도 성노예로 만들어 민족·인종차별적 대우가 더해졌다. ④ 전시에 군인을 상대로 했기 때문에 여성들이 더욱 폭력적인 상황 아래에 놓였다는 점 등이다.

그러나 위안소제도와 공창제도를 같다고 보고 긍정하는 사람들에 대해 이 두 가지 제도의 차이를 지나치게 강조하는 것은 공창제도의 성노예적 특성을 보기 어렵게 할 위험이 있다. 한편 성노예제도라는 두 제도의 동질성을 강조하는 일도 위안소제도와 공창제도 각각의 특성을 보기 어렵게 만든다. 이것은 일본 정부와 투쟁하고 있는 상황을 고려할 때 효과적이지 않은 측면이 있으므로 신중하게 논리를 전개해야 한다.

위안부 피해자의 특성을 논할 때도 마찬가지이다. 한국에서는 '위안부=공창'설에 대해 위안부로 동원된 조선인 여성들이 '처녀'였으며 '강제'로 끌려갔다고 반박한다. 그러나 이미 논의한 바대로 이런 대응은 '공창은 자유의사'라는 인식을 전제로 하며, 그런 인식 자체가 남성중심적 시각을 내면화하고 있다. 조선에서 많은 처녀가 동원된 것은 사실이라 하더라도 강조해야 할 점은 그 부분이 아니라 조선에서 어떤 형태로 동원이 이루어졌는가이다. 그 결과로 동원된 여성들의 특징이 나타나는 것이다. 마치 공창보다 처녀가 동원되었다면 피해가 더 큰 듯이 주장하는 것은 잘못된 인식이다. 강간당한 여성이 매춘부였다면 그 피해를 대수롭지 않게 여기고 처녀였다면 범죄라고 말하는 것과 마찬가지로 피해자 여성을 차별하는 일이다. 가부장적 사회는 여성의 정조를 남성들의, 또는 남성중심사회의 소유물로 본다. 민족주의자에게 여성은 보호해야 할 민족의 도덕이며 자산으로 인식되어온 것과(김은실, 1994: 39~40) 마찬가지이다. 피해자가 처녀였는지 아닌지, 공창인지 아닌지를 강조하는 인식은 여기에서 비롯되는데, 이런 차이가 위안소제도의 범죄성을 좌우하는 근거가 되어서는 안 된다.

또 일본인 피해자의 상당수가 공창 출신이었다는 사실에 대해 '강제적인 종군위안부와 성격이 다르다'는 식으로 접근하는 것도 결과적으로 위안소제도 자체의 범죄성을 면책하려는 논리와 결부되기 쉽다. 당시 공창이 사실상의 노예였다는 점은 이미 기술한 대로이다. 이들은 대부분 가난한 농촌이나 도시 빈민층 출신으로서 업자에게 팔리거나 유괴, 사기, 강간 등에 의해서 공창이라는 성노예가 되었다(城田, 1985). 더욱이 그로부터 위안부가 된 경로는 창기생활 때문에 늘어난 빚을 갚기 위해, 또는 업자를 따라서 갈 수밖에 없었던 사정 등 노예적 상태의 연장이었다. 일본인의 경우 창기 출신이 많았던 이유는 일본이 미성년자의 매춘을 금지한 구제조약에 매여 있었기 때문이었다.[11] 일본인 피해자들은 현재까지 거의 나타나지 않고 있다. 아마도 일본 사회에서 일본인 위안부 문제에 적극적으로 나서려는 운동이 일어나지 않았다는 점과 관련되어 있을 것이다. 또 일본인 위안부의 경우 상대적으로 연령이 높았던 데다, 위안부 이전의 창기생활과 위안부생활 때문에 건강을 심하게 해쳐 현재까지 살아남은 사람이 거의 없기 때문일 수도 있다.

그런데 주지하듯이 공창제도는 식민지 조선에도 존재했다(이 책 제1장). 이 공창제도 아래에서 유곽 업자, 주선인, 유괴단 등의 손을 거쳐 가난한 집안의 여성들이 전차금에 묶인 창기가 되어야 했다. 중간 착취인들은 국내 유곽뿐 아니라 국외 위안소로 여성들을 팔아넘기거나, 국내 업자가 전지로 나가 위안소 경영에 나서기도 했다.[12] 일본 정부와 조선총독부는 이런 업자들에게 편의를 제공했다(吉見, 1995: 99~100). 1930년대 말이 되면

---

11) 그러나 실제로는 미성년자인 경우도 있었고, 창기가 아닌 여성도 있었다(吉見, 1995: 88~92).

12) 동남아시아 번역심문센터, 『심리전 심문보고 제2호(心理戰尋問報告第二號)』, 1944년 11월 30일(吉見 編, 1992: 453~464 참조).

서 대규모 인신매매사건이 빈발하는데 유괴, 취업사기, 또는 아버지가 딸을, 남편이 아내를 팔아넘기는 인신매매에 의해 빈곤층 여성들은 유곽에 팔려 창기가 되거나 위안소로 팔려갔다(제1장 참조). 이러한 실태를 고려할 때 조선인 위안부의 특징을 '처녀'나 '관헌에 의한 강제'라고 강조하는 것은 의미가 없음이 명백하다.

또 위안소에서 돈을 받은 사람, 위안부생활뿐 아니라 위안소 경영에 관여한 사람, 동원 과정에서 부모에게 '몸값'이 지불된 사람들의 경우 전형적인 위안부가 아니라는 이유로 증언의 공개를 기피하거나 예외적인 위안부로 보는 경향이 있는데, 이런 태도들은 잘못되었다. 많은 위안소에서는 군인이 돈을 지불하게 되어 있었다. 그러나 위안부들은 빚 때문에 경영자에게 착취당하고 있었다. 위안부 중에는 열심히 돈을 모은 사람도 있었을 것이다. 그것은 성노예로서 절망 상태에 놓인 피해자가 삶에 대한 의지를 이어가기 위한 전략이었는지도 모른다. 강간을 하고 나서 범인이 피해자에게 돈을 두고 갔다고 하여 강간의 범죄성이 사라지지는 않는다. 노예는 원래 돈으로 거래되는 사람을 지칭하므로[13] 전차금으로 팔려온 경우도 전형적인 노예다. 또 위안소 경영에 관여하게 된 위안부도 있었으나 생존 전략의 하나로 경영자와 가깝게 지내게 되어 얻은 특혜적 지위일 뿐 그들이 노예성을 완전히 벗어날 수 있었던 것은 아니었다.[14]

또한 공창제도가 일본 식민지정책의 하나로 도입되었다 하더라도 그

---

[13] Final report submitted by Ms Gay J. McDougall, Special Rapporteur on systematic rape, sexual slavery and slavery-like practices during armed conflicy, UN Doc.E/CN.4/Sub.2/1998/13. 중 IV. Application of Substantive Law 참조.

[14] 하영이(가명) 씨의 증언(한국정신대연구소 · 한국정신대문제대책협의회 엮음, 『강제로 끌려간 조선인 군위안부들』 3에 수록됨).

것이 여성억압적인 조선의 가부장적 사회를 토대로 이식되었다는 사실을 잊어서는 안 된다. 이는 취업사기나 인신매매 등을 통해 수많은 조선인 여성이 위안부로 동원된 구조와 별개의 문제가 아니다. 남성우월주의, 남존여비관념 등 가족과 사회에 깊이 뿌리박힌 성차별적 인식과 사회구조가 여성들을 취업사기, 인신매매, 유괴 등의 범죄에 쉽게 노출되도록 만든 측면이 있었다. 식민지 피지배민족으로서 당할 수밖에 없었던 구조적 강제(서경식, 1998: 39~47)와 더불어 여성억압적 사회라는 의미에서의 사회적 강제가 존재했던 것이다. 조선인 피해자들을 바라보는 시각은 이렇게 식민지 지배라는 민족 변수는 물론 피해자 개개인을 둘러싼 경제적 배경, 그리고 조선 사회의 성차별적 사회구조와 문화적 측면도 함께 고려해야 한다.

3. 성적피해란 무엇인가

1) 성적피해

앞에서 논의한 대로 그동안의 운동은 일본 정부에 대한 사죄와 배상 요구를 중심으로 해왔다. 사죄와 배상을 얻어내는 것은 피해자들의 존엄성을 회복하기 위해 중요하다. 또 피해자들의 생활을 지원하고 병든 몸을 치료하며 그들을 정신적으로 위로하는 활동도 중요한 의미를 갖는다. 그러나 그간의 운동은 민족적 피해를 내세움으로써 위안부 피해자들이 성폭력으로 얻은 상처의 실태를 보기 힘들게 해오지 않았을까. 특히 그들이 입은 정신적 후유증인 마음의 상처에는 거의 관심을 갖지 못했던 것이 아닐까. 마음의 상처는 육체적인 상처에 비해 눈에 보이지 않는다는 점에서 더욱 인식하기 어려운 면이 있다. 그러나 마음의 상처도 육체적 상처와 마찬가지로 피해의 실체를 구성하며 치료가 필요하다.

대중적 여론과 운동이 민족 문제라는 시각을 강하게 내세울수록 이런 측면은 보기 힘들어진다. 이 문제가 민족 문제로서 다뤄지면 피해자들은 같은 민족의 일원이라는 점이 강조되고 그들이 입은 피해가 민족의 피해로 일반화되기 때문이다. 그러나 사실 성폭력 피해자로서의 그들의 상처는 육체적으로도, 마음의 상처라는 면에서도 기본적으로 개인적인 것이다. 민족적 피해는 그 개별적 피해의 내용을 구성하는 환경적 요소이기는 하지만 중심은 아니다. 위안부가 된 여성은 자신이 당한 성폭력에 의한 심신의 아픔으로 인해 가장 직접적으로 고통을 받는다. 그리고 상처는 피해를 받은 당시에 끝나는 것이 아니라 그 후에도 계속 정신적 · 육체적으로 영향을 미치며 그 여성을 괴롭힌다.

그들을 위한 운동이라면 피해자들이 이런 상처로 지금도 고통받고 있다는 인식을 가지고 그들을 대하며 그 치유를 돕기 위한 전문적인 노력이 뒤따라야 한다. 이런 접근이 없는 한 피해자들의 마음의 상처는 계속될 것이다. 또 그 아픔을 이해하지도, 상상하려고도 하지 않는 사람들과 피해자들 사이에는 신뢰관계가 구축될 수 없다. 그동안 몇몇 상황에서 발생한 피해자와 지식인 활동가 사이의 갈등 원인 중 하나가 이런 측면에 대한 활동가들의 무관심에서 야기되지는 않았는지 생각해볼 필요가 있다.[15]

---

15) 최근 한국에서도 이 문제에 관심을 갖는 움직임이 나오고 있다(이상화, 「군위안부 피해자의 신체적 정신적 후유증에 대한 이해와 그 대책」, 한국정신대연구소 편, 『군위안부 피해자의 현실에 대한 올바른 이해』, 1998). 또 1997년 9월에는 한국정신대연구소가 고문, 강간 등에 의한 정신적 후유증을 연구하는 사법정신의학자 티모시

성폭력 피해자의 후유증인 마음의 상처에 대한 관심은 세계적으로 여성운동을 기반으로 커져왔다. 일상적으로 당하는 강간, 성추행, 가정 내 폭력 등이 명백한 폭력 범죄임을 여성들이 분명히 인식하기 시작하면서 피해자들에 대한 구원활동의 하나로 주목되어온 것이다. 한국에서도 1991년에 성폭력상담소가 설립된 후 피해여성의 후유증을 치유하기 위한 상담이 이루어져 왔다. 상담 사례를 통해서 우리는 피해자들이 얻은 상처가 오랜 시간이 지나도 여전히 심각하게 남아 있다는 사실을 알 수 있다. 그리고 그런 상처를 치유하기 위해 전문적인 상담과 뒷받침이 반드시 있어야 한다는 것도 잘 보여준다(최영애, 1996).

강간, 구타 등을 당한 여성피해자, 전투참가자, 강제수용소 생존자 등의 외상적 장애를 조사한 주디스 루이스 허먼(Judith Lewis Herman)의 연구는 위안부 피해자들의 마음의 상처를 이해하는 데 매우 도움이 된다. 그는 성폭력, 가정 내 폭력 등을 당한 피해자가 입는 트라우마에 대해 자세하게 논의한다. 그에 의하면 피해자가 가해자의 감시하에서 도망갈 수 없는 피감금자인 경우 장기 반복성 외상을 입게 되는데, 그런 증상을 '복잡성 외상 후 스트레스 장애(PTSD: complex post-traumatic stress disorder)'라 부른다(Herman, 1997: 119). 오랫동안 위안소에 갇힌 채 반복적으로 성폭력을 당해온 위안부 생존자들의 경우가 바로 이에 해당될 것이다.[16]

이런 외상을 입은 사람들은 생리학적 과각성(過覺性) 상태가 지속되고 잠잘 때나 혹은 깨어 있을 때조차도 사건을 되풀이하며 체험하는 환각에 사로잡히며 또 감각이 마비되는 등의 외상 후 스트레스 장애로 고통을 당

하딩 교수(제네바대학교 법의학연구소장)를 초청하여 작은 세미나를 열었다.

16) 양징자는 재일교포 위안부 피해자인 송신도 할머니를 이런 시각에서 분석한다(梁澄子, 1997 참조).

한다. 그뿐만 아니라 기본적인 인간관계에 대한 의심이 생기고 자신을 포함한 모든 사람에 대해 신뢰를 잃게 된다. 또 그들의 증언을 듣는 등, 피해자들과 관계를 맺는 사람에게도 피해자의 증상이 전이될 수 있다. 이런 문제를 이해하지 않는 한 주변 사람들과 피해자들의 관계에는 갈등이 발생할 수밖에 없다.

허먼의 연구는 마음의 상처가 어떤 것이며 그것을 어떻게 이해해야 하는지, 그들과 어떻게 관계를 맺어야 하는지, 어떻게 치유해나갈 것인지의 문제를 풀어나가는 데 도움이 되는 중요한 시각을 제공한다. 다음 구절은 피해자들을 대하는 지원자나 활동가에게 필요한 자세를 시사해준다.

> 생존자가 느끼는 치욕과 죄책감은 타인들로부터 가해지는 혹독한 비난에 의해 더욱 악화될 수 있지만, 그렇다고 해서 단순히 피해자들에게 책임이 없다고 말해주는 것만으로 그들의 치욕감과 죄책감이 사라지지는 않는다. 아무리 호의적이라 하더라도 단순한 선언에는 극한 상황에서 윤리적으로 뒤엉켜버린 실타래를 피해자와 혼연일체가 되어 푸는 일이 불가능하다는 의미가 담기기 때문이다. 증언에 귀를 기울이는 사람에게 피해자가 기대하는 것은 면죄가 아니라 공평이자 공감이며, 극한 상황에서 무슨 일이 일어났는가에 대한 죄책감을 수반한 지식을 일부러라도 나서서 나누어 가지려는 자세다.[17]

마음의 상처에 관한 연구는 그 치유를 돕는 의미에서뿐 아니라 범죄 사실을 은폐하고 책임을 회피하려는 성폭력 가해자들과의 투쟁이라는 의

---

17) Herman, *Trauma and Recovery*, p. 69.

미도 갖는다. 허먼은 다음과 같이 지적한다.

> 자신이 범한 죄에 대한 설명책임(accountability)을 회피하기 위해서 가해자는 잊는 데 도움이 되는 것이라면 무엇이든지 한다. 비밀을 지키게 하고 입을 다물게 하는 것은 가해자의 제일의 방위선이다. 만일 비밀이 폭로되면 가해자는 피해자가 행한 증언의 신빙성을 따진다. 피해자의 입을 완전히 다물게 할 수 없을 경우 가해자는 아무도 그녀의 말에 귀를 기울이지 않도록 한다. 이런 목적을 달성하기 위해 그는 당당한 논진(論陣)을 친다. 후안무치한 부인을 비롯하여 가장 우아하고 세련된 합리화까지 동원한다. 잔학행위를 끝낼 때마다 들어보지 않아도 똑같은 변명을 하리라는 것을 예상할 수 있다. — 결코 그런 일은 일어나지 않았습니다. 피해자는 거짓말을 하고 있습니다. 과장하고 있는 것입니다. 그녀가 스스로 초래한 일입니다. 어쨌든 이제 과거는 모두 잊고 미래지향적이 되어야 합니다 등등. 가해자가 권력을 지니고 있을수록 현실에서 자기 형편에 좋도록 이런저런 구실을 붙이고 자기 방식대로 결정할 주도권이 크며, 그런 논법은 아주 버젓이 통하게 된다. ……
>
>   심적 외상 연구는 이런 식의, 피해자 발언의 신뢰성을 훼손하고 피해자를 사람들의 눈에 띄지 않게 만들려는 경향과의 끊임없는 투쟁이 될 필연성을 가지고 있다.[18]

이런 지적은 위안부 문제에 대한 책임을 부인하고 대대적인 논박을 펴는 일본의 자유주의사관파들에게도 해당된다. 따라서 마음의 상처에 관

---

18) Herman, *Trauma and Recovery*, p. 8.

심을 갖고 치유를 도우려는 활동은 필연적으로 일본 정부를 비롯하여 이 문제의 범죄성을 부정하려 하는 세력들과의 싸움이 될 수밖에 없다.

2) 피해의 중층성

피해자들의 마음의 상처를 포함한 피해의 전모를 인식하기란 매우 어려운 일이다. 필자는 여기서 이 문제를 풀어나가는 방법에 대해 자세히 논의할 능력은 없다. 다만 마음의 상처라는 시각에서 이 문제를 볼 때 위안부 피해자들의 피해가 매우 복잡하다는 것과, 지금까지 우리는 그런 시각에서 접근해오지 못했다는 것을 깨달았다.

위안부 피해자들은 위안부로서 당한 직접적인 피해, 그 후 위안부로서의 피해를 사회적으로 무시당한 피해, 그리고 가해자인 일본 정부에 의해 여전히 부정당하는 피해를 지니고 있으며, 이것들이 마음의 상처를 더 복잡하고 깊게 만든다.[19] 또한 "개인이 어떤 사건에 의해 마음의 상처를 입는 것처럼 조직적이고 정치적인 폭력의 결과로서 사회 전체가 PTSD의 증상을 보일 수도 있다"(Herman, 1997: 242)는 허먼의 지적에 따르면, 일본의 식민지 지배 결과로 한국인 전체가 사회적·개인적으로 마음의 상처를 입었다고 말할 수 있을 것이다. 그 상처는 한일 간의 과거사 문제가 아직도 청산되지 않았고 치유를 위한 노력도 행해지지 못한 현재까지도 여전

---

19) Timothy Harding, "Programme for humanitarian action at the University of Geneva and proposed interventions for the victims of military slavery during wartime." 일본의 전쟁책임자료센터가 주최한 국제 세미나 '성노예 피해에 의한 정신적 외상에서 회복의 길을 모색한다: 피해 회복의 또 하나의 측면'(1996년 9월 22일, 도쿄)에서의 발표문 참조.

히 남아 있다. 물론 위안부 피해자들도 이런 피해를 당했으며, 현재도 여전히 중층적인 피해 속에서 살고 있다.

한편 지식인 활동가들도 식민지 피지배민족으로서 마음의 상처를 입었다. 또 같은 민족의 여성이 위안부가 되었다는 사실에서 직간접적으로 받은 충격에 의한 피해도 있다. 게다가 피해자들과 마찬가지로 일본 정부가 위안부 문제에 대한 책임을 부정하는 데서 오는 피해도 있다. 즉, 한국의 위안부 문제 해결을 위한 운동의 주체들은 모두 식민지 지배와 위안부 생활로 인해 간접적으로 중층적인 피해 아래에 놓여왔으며, 그런 의미에서 모두 마음의 상처를 받은 '피해자들'이라고 말할 수 있을 것이다.

활동가들은 식민지 지배에서 얻은 상처 때문에 위안부 문제를 일차적으로 민족적 피해로 인식할 수밖에 없었다. 그들은 '활동가'와 '피해자'라는 인식으로 운동을 진행해왔지만, 사실은 그들 자신이 식민지 지배의 피해자로서 스스로의 치유를 위해 운동하는 측면이 있다. 그러나 활동가들은 자신들에게 그런 의식이 없으며 어디까지나 위안부 피해자들을 '위한' 운동을 하고 있다고 자인해왔다. 일본의 '국민기금'에 대항하여 전개된 모금운동이 보여주듯이 지식인들에게는 이 문제가 단지 피해자들의 문제가 아니라 자신들이 받은 피해에 대한 자신들의 투쟁이기도 한 것이다. 따라서 운동의 주된 목적을 일본 정부에 대한 요구와 더불어 민족 자존심의 회복과 유지에 두며, 이것은 일본의 '국민기금'을 받은 피해자들을 국내 모금의 수혜 대상에서 제외하는 사태로까지 이어지게 했다.

제외된 피해자의 입장에서는 이 일이 또 하나의 한이 되었으며, 이는 운동을 주도하는 지식인 활동가들에 대한 불만으로 표출되었다. 운동 자체에 대한 평가를 떠나서 이런 모금운동이 결과적으로 일부 피해자들 사이에 혼란과 불만을 일으킨 것은 사실이며, 그것은 피해자와 활동가들 모두에게 불행한 일임에 틀림없다. 생존자들은 활동가들에 대한 불신을 갖게 되었고, 이 문제를 풀 해결의 실마리가 보이지 않는 상황 속에서 또다시 상처를 받고 있다. 한편 활동가들 역시 피해자들을 돕고 감싸 안으려 하지만 일부 피해자들에 의한 지속적인 불신과 오해 속에서 고뇌하며 상처를 받는 것이다.

그 일차적 책임은 물론 일본 정부에 있다. 그러나 가해자가 책임을 인정하든 안 하든 피해자로서 받은 고통을 스스로 줄이기 위해 노력하는 것이 앞으로도 계속될 운동을 위해 필요하지 않을까. 그렇다면 피해자와 활동가들 사이에 보다 나은 관계를 구축하고 서로 새로운 상처를 입지 않으면서 문제해결과 피해의 치유가 가능한 운동을 모색해야 하지 않겠는가.

이런 악순환으로부터 벗어나기 위해서는 우선 활동가들 자신이 식민지 피지배민족으로서 입은 마음의 상처를 의식화하고 치유하는 노력이 필요할 것이다. 자신의 상처를 이해할 때 다른 사람의 상처도 보일 것이며, 마음의 상처를 의식화하면 자신의 상처에서 거리를 두고 좀 더 냉정하게 위안부 피해자들의 마음의 상처를 인식할 수 있기 때문이다. 또 그것이 피해자들의 신뢰를 얻고 그들의 치유를 돕기 위한 운동을 진전시켜 나가는 데 도움이 되지 않을까.

마무리

필자는 한국의 위안부 문제 해결운동과 일반 여론이 갖는 민족주의적 경향과 거기에 나타난 여성차별적인 인식을 식민지 지배에 의한 후유증으로, 또 위안부정책에 의해서 지금도 계속되고 있는 피해의 한 형태로 이해하고 싶다. 그 후유증 때문에 피해자도 운동가도 힘겨운 상황에 놓여 있다. 피해자들은 식민지의 국민이라는 민족차별과 여성멸시적인 사회 아래에서 성노예가 되었다. 아직도 청산되지 않은 식민지 지배라는 민족 문제가 전면에 나올 수밖에 없는 현 상황에서 성노예로서의 피해경험을 치유하기는 매우 어려운 상태이다. 한편 가해자인 일본과의 갈등으로 상처받는 활동가들은 피해자들과의 관계에서 또다시 상처받고 있다. 한국의 위안부 피해자들과 활동가들이 겪는 오늘날의 힘겨움은 과거 피지배 민족의 일원이자 여성이기 때문에 겪어야 하는 이중억압의 일부라고 할 수 있다. 식민지경험도, 위안부경험도 이처럼 오랜 기간에 걸쳐 복잡하고 깊은 상처를 남기는 것이다.

위안부 문제는 한국 여성들에게 억압민족에 의한 여성차별이나 민족차별과의 투쟁뿐 아니라 그동안 민족의 이름으로 은폐되고 때로는 정당화되어왔던 자국 내의 가부장적인 체제와도 투쟁할 것을 요구한다. 위안부 문제를 민족 문제로서, 즉 일본에 대한 투쟁으로서만 인식하는 한 이문제에 대한 페미니스트적 인식과 실천은 소홀히 될 수밖에 없다. 모든 책임의 근원은 일본 정부에 있으며 문제의 해결 또한 전적으로 일본 정부에 달려 있다는 논리 아래에서는 한국 사회와 민족주의운동 자체에 깊이 내재된 남성중심적 성격과 싸울 수 없기 때문이다.

앞으로 이 운동이 가부장적 여성관을 내면화한 한국 민족주의의 재검토 작업으로까지 시야를 넓혀나갈 때 비로소 여성운동으로서 새로운 지평이 열릴 것이다. 이를 위해서는 식민지 피지배로 인해 생긴 마음의 상처를 직시하고 극복해나가는 노력이 필요하다. 그것은 또한 식민지 지배 하에서 저질러진 위안부정책을 비롯한 갖가지 범행이 현대 한국 사회에 어떠한 상처를 주어왔는지를 충분히 검토하는 작업이기도 하다. 최근 세계적으로 관심이 높아지고 있는 성폭력에 관한 연구성과들은 그런 의미에서 한국의 운동에 많은 시사를 줄 것이다.

제5장 한국에서 위안부 문제 해결운동의 위상
: 1980~1990년대의 성폭력 추방운동과 관련하여

　앞 장에서 본 위안부운동의 주체인 '정대협'은 여성운동의 흐름 속에서 어떻게 형성된 것일까. 이 장에서는 한국에서 진행된 위안부운동을 이해하기 위해 1980년대 이후 성폭력 개념에 대한 인식의 변화에 주목하면서 한국에서 성폭력 추방운동이 추진된 과정을 개관하고, 성폭력 추방운동의 관점과 위안부운동에서 엿보이는 관점의 차이를 규명하고 싶다.

　한국에서 위안부운동이 일어난 1990년대는 국내의 성폭력 추방운동[1]이 급속한 진전을 이룬 시기이기도 하다. 그로 인해 동일한 성폭력 문제가 근저에 놓여 있는 위안부운동은 성폭력운동의 진전과 궤를 같이하는 것으로 생각되는 경향이 있었다. 그러나 크게 보면 성폭력운동의 흐름 가운데 있다고 할 수 있으나, 운동에 드러나는 위안부 인식이나 독특한 민족운동적 성격 때문에 특이한 존재라고도 말할 수 있다.[2]

―――――

1) 이 장에서는 성폭력에 반대하는 갖가지 운동을 반성폭력운동, 성폭력 추방운동이라 표현했다.
2) 민경자는 위안부운동이나 성매매운동(용어에 대해서는 주 6)을 참조)이 여성학적

최근 한국에서는 '여성주의(페미니즘)'적 관점에서 한국 사회의 여성 문제나 여성운동을 분석하는 연구가 활발하게 이루어지고 있다.[3] 이 장에서는 이러한 연구성과들을 중심으로 위안부운동을 한국의 여성운동사 속에 위치 지우고자 한다. 이렇게 함으로써 위안부운동과 관련한 성폭력 관점의 특징을 부각시키고 앞으로의 과제도 제기할 수 있을 것이다.

1. 민족민주운동과 성폭력 추방운동: 1980년대의 여성운동

1) 민족민주운동으로의 통합

1970년대 유신체제하에서 크리스찬 아카데미나 이화여자대학교 주변으로부터 형성되기 시작한 여성운동[4]은 1980년대에 들어 본격화되었다. 1970년대 말 박정희 대통령이 암살되면서 유신체제가 붕괴했다고 하지만 1980년대는 새로운 군사정권에 의해 폭력이 횡행하는 시대였다. 그 속에서 많은 사회단체가 반정부운동, 민주화투쟁을 활발하게 전개했고, 여성들도 적극적으로 이 운동에 가담했다. 이런 여성운동은 '한국여성단체협의회' 등으로 대표되는 기존의 여성운동에 대한 비판 위에서 생겨난 흐름

관점에서 볼 때는 성폭력이지만, 한국에서는 일반적인 성폭력 현상과 다른 문제를 내포하고 운동방식도 다르다는 이유를 들어 운동사의 대상에서 제외한다(민경자, 1999a).

3) 한 예로 한국여성의전화연합 엮음(1999), 한국성폭력상담소 엮음(1999), 공미혜(1999), 조주현(2000), 조순경 엮음(2000) 등이 있다. 또 윤건차(尹健次, 2000)에도 1980, 1990년대 한국 페미니즘의 사상적 조류나 연구동향에 관한 언급이 있다.

4) 1970년대 여성운동의 상황을 전달하는 자료로 이효재·이순애 외 역(李効再·李順愛 他 譯, 1987) 등이 있다.

이기도 했다.

이 흐름에 포함되는 여성운동단체로는 '한국여성신학자협의회'(1980년), '여성평우회'(1983년), '한국여성의전화'(1983년, 1998년에 '한국여성의전화연합'으로 개칭, 이하 '여성의전화'), '또 하나의 문화'(1984년), '민주화운동 청년연합 여성부'(1984년, '민주화운동 청년연합'의 하위 단체), 그리고 21개 단체가 중심이 되어 결성한 '한국여성단체연합'5)(1987년, 이하 '여연') 등을 들 수 있다. 또 1967년 결성 이후 군사정권 아래에서 성매매 문제6)를 주로 다뤄온 '한국교회여성연합회'(이하 '교여련')도 1980년대에는 이들 여성단체와 연대하여 민주화투쟁이나 성매매 문제에 관여했다는 의미에서 포함된다.

조주현은 여성 문제를 위치 짓는 방식이나 운동방침에 따라 여성운동 단체들을 두 개의 흐름으로 분류할 수 있다고 한다(조주현, 2000: 230~231). 하나는 '모든 진보적 사회단체'와 연대하는 '진보적'7) 여성단체이고, 다른

---

5) '여연'은 기존에 있던 여성노동자 생존대책위원회(1985년), 성고문 대책위원회(1986년), KBS시청료 거부 여성연합의 사업을 개편하는 형태로 결성되었다(이미경, 1998: 22).

6) 현재 한국에서는 '윤락'이나 '매춘(賣春)', '매매춘(賣買春/買賣春)'이라는 용어를 바꾸어 '성매매'라는 표현을 사용한다. 이것은 원미혜가 주장하면서 시작되었다. 원미혜는 「우리는 왜 성매매를 반대하지 않으면 안 되는가」(한국성폭력상담소 편, 1999)에서 매춘이나 매매춘이라는 용어에 들어간 '춘(春)'이라는 글자에 대해, 매매의 대상인 '성(性)'을 새로 생명이 싹트는 봄에 비유하여 '춘'이라고 표현한 것이 성매매에서 초래되는 문제를 보지 못하게 만들 위험이 있다고 지적한다. 이에 반해 '성매매'는 성의 매매나 취급 측면을 부상시킨다. 또 성매매자라는 어휘가 성을 사는 사람과 파는 사람, 이들을 중개하는 사람, 성산업 등 성매매의 보다 총체적인 맥락을 명확하게 해준다고 주장한다. 이 용어는 '여연' 등 여성단체가 추진하여 제정된 성매매 관련법(2004년)에도 반영되었다. 이 법률에 관해서는 야마시타(山下, 2008)를 참조.

7) 조주현은 한국에서 일반적으로 일컬어지는 '진보적'이라는 말의 의미에 대해 "80년대의 사회 상황이 '진보적' 운동의 내용을 민주화운동이라 규정했기 때문에 이 운동과 연대한 여성운동도 자동으로 '진보적' 여성운동이라 명명되었다. 그러나 '진보적'

하나는 그런 사회단체와의 연대에 중점을 두기보다 독자적인 운동을 전개하려고 한 그룹이다. 전자로는 '민주화운동 청년연합 여성부'나 '여연'이, 후자로는 '또 하나의 문화'가 해당된다.

양자의 차이는 여성해방에 대한 이념 차에 기초한다. 즉, 전자는 여성억압의 근본 원인을 자본주의체제에서 찾고 그 해결이 자본주의 타파를 위한 계급투쟁을 통해서만 가능하다고 본다. 그러한 이유로 계급투쟁을 지향하는 다른 운동단체들과의 연대를 중시하고 스스로를 '진보적 민주운동'의 하위 단체로 규정했다.[8] 반면에 후자는 여성억압이 가부장제라는 독자적 체계에 의해 발생했다는 인식에 서서 독자적인 운동을 중시했다. 또 전자가 노동자 · 농민 여성을 운동의 주체로 놓는 데 반하여, 후자는 남성에 대한 '여성 일반'(실제로는 중산층 지식인 여성들이 중심이 되었다)을 주체로 상정했다(조주현, 2000: 231).

하지만 당시의 사회 상황에서 후자와 같은 운동은 매우 소수파였다. '또 하나의 문화'와 상담 업무를 통해 여성의 갖가지 성문제를 접하던 '여성의전화'는 전자의 여성단체나 남성이 주체인 운동권으로부터 '여성주의적 단체'로 간주되어 '부르주아 중산층 단체'라는 비난을 받기도 했다(민경자, 1999: 44).

1980년대 중반에 들어서자, 사회구성체 논쟁(민주화운동이나 마르크스 · 레닌주의 등의 침투를 배경으로 지식인들 사이에서 한국 사회의 성격이나 변혁

의 내용은 정해진 것이 아니라 사회적으로 구성된다"(조주현, 2000: 231).

8) 1980년대 초기의 이론투쟁을 거쳐 정리된 민족민주운동론은 한국 사회의 변혁 과제를 자주화 · 민주화 · 통일로 정하고, 이러한 정치적 입장을 공유하는 범민주세력에 의한 전체 운동을 조직하기로 했다. 그리고 노동자 · 농민 · 여성 · 청년 등 각각의 집단운동은 부문운동으로 규정되었고, 이들 운동은 전체 운동에 참여하면서 각자의 독자적 과제를 통해 대중운동을 전개하는 것으로 위치 지워졌다(이미경, 1998: 20).

방향 등을 둘러싸고 벌인 논쟁)과 민주화운동의 강화를 배경으로 여성운동 내부에서도 민주화운동과의 통합을 지향하는 움직임이 한층 강해졌다. 그것을 나타내는 하나의 사례가 '여성평우회'의 해체였다. 이 단체는 설립 당시부터 가부장적 사회에 존재하는 성차별 문화의 개혁과 민주·통일사회의 건설을 운동목표로 내걸고 여성 문제의 독자성을 인정하면서 사회를 민주화시켜나갈 것을 촉구하는 활동을 해왔다.[9]

그러나 이러한 설립목표가 '이중체계론'으로 내부 갈등을 불러일으켜, '여성운동은 철저하게 전체 운동 속에 위치 지워져야 한다'며 여성운동과 사회운동의 통합을 주장하는 파가 여성평우회의 주도권을 잡았다. 그러자 많은 회원이 탈퇴함으로써 1986년에 해체되었는데, 1980년대에는 이렇게 통합론에 입각한 여성운동이 주류를 이루었다(조주현, 2000: 237).[10]

1987년에 전국 21개 단체의 연합체로 결성된 '여연'은 이런 성격을 한층 선명하게 드러냈다.[11] '여연'의 초대 회장이었던 이우정(李愚貞)은 여성운동이 "여성억압적 현실을 만들어내는 모든 사회구조 자체의 변혁을 목적

---

9) '여성평우회'의 설립목표는 ① 남녀를 차별하는 가부장적 성차별 문화의 개혁, ② 남녀 모두 인간답게 살 수 있는 사회 건설, ③ 민주·통일사회의 건설이었다(조주현, 2000: 235).

10) 많은 회원이 탈퇴한 것은 여성 문제의 독자성을 인정하는 사람이 많았다는 증거이기도 했다. 탈퇴한 회원과 새로운 회원들이 합류하여 1987년 9월 양성 평등의 민주사회 실현을 목적으로 한 '한국여성민우회'가 결성되었다. 또 이미경에 따르면 '여성평우회'의 경험은 진보적 여성운동 내부의 입장 차이를 이해하는 데 도움을 주었고, 이후 정치적 성격이 강한 투쟁을 할 때는 공동투쟁위원회나 대책위원회를 구성하기로 했다고 밝혔다(이미경, 1998: 21~22).

11) '여연'에는 '여성의전화'나 '또 하나의 문화', '교여련'(1989년에 탈퇴)도 포함되어 있어 '여연'을 개별 단체와 동렬에 두고 비교하기에는 무리가 있지만 여성운동 전체의 경향은 잘 드러낸다고 말할 수 있을 것이다.

으로 하지 않으면 안 되며 …… 여성운동은 민족의 자주화를 성취하기 위한 반외세투쟁, 정치적 억압으로부터 민주주의와 남녀평등을 얻어내기 위한 민주화투쟁, 인간답게 생활할 권리를 싸워 얻어내려는 생존권 확보투쟁으로서 견고하게 위치 지워지지 않으면 안 된다"(이미경, 1998: 17~18)고 보아, 활동의 주목적을 군사독재에 대한 싸움과 저변 민중여성의 생존권투쟁에 두었다.12) 그리고 1987년을 '민주화운동의 고양과 군부독재종식'의 해로 정하고 다양한 정치투쟁을 전개했다. 또 1988년에 민족민주운동세력이 분단으로 인한 모순의 해결을 민족적 과제로 제기했을 때 '여연' 역시 이에 찬동하여 1988년 3·8 여성대회에서 '여성이여, 민족자주화의 대열에'라는 선언문을 채택하는 등, 여성운동이 민족민주운동의 하위 운동이라는 점을 명확히 했다(조주현, 2000: 236). 즉, 당시의 '여연'은 사회 전체의 구조적인 변혁운동에 활동의 우선순위를 두었다. 이런 관점은 성폭력 문제를 대하는 관점에도 반영되었다.

2) 민족민주운동의 성폭력 인식

1980년대에 군사정권은 민주화운동에 대한 탄압수단으로 성폭력을 많이 이용했기 때문에 여성운동은 필연적으로 성폭력 문제와 직면하게 되었다. 특히 눈에 띄는 것은 반체제시위에 참가한 여자 대학생이나 여성노동자들이 시위 진압 과정에서 경찰관으로부터 성폭력을 당한 사례들이었다.

---

12) '여연'의 운동이념에는 1970년대 여성노동자들, 학생운동을 통해 민주화운동에 참여했던 지식인 여성들, '교여련'을 중심으로 한 교회여성들의 운동경험이 배경에 있었다(이미경, 1998: 18).

여성단체가 연대하여 공권력에 의한 성폭력사건에 대처하기 시작한 것은 1984년이다. 같은 해 9월 전두환 대통령의 방일반대시위에 참가한 여자 대학생 세 명이 경찰서에서 전투경찰관들에 의해 옷이 벗겨지고 외설(猥褻)행위를 당한 사건이 일어났다. 이에 대해 여성단체는 11월 여대생 추행사건 대책협의회를 조직하여 이 사건을 "여성에 대한 극단적인 형태의 인권탄압이며 공권력에 의한 야만적 폭행사건"이라 규정했다(민경자, 1997a: 26). 또 1986년 4월, 여성노동자가 경찰서에서 다섯 명의 형사들에게 물리적 폭력과 성적폭언을 당하는 사건(장미경사건)이 일어났을 때 여성단체들은 저변에 있는 여성노동자들의 생존권을 지키기 위해 여성단체연합 생존권대책위원회를 상설하여 조직적인 항의활동에 나섰다.

그러나 당시 사용된 인권 개념은 여성의 특수한 이해와 요구가 포함되어 있지 않은 추상적인 것이었다. 그 때문에 공권력에 의한 성폭력을 남성중심적 가부장문화와 정권이 결합하여 만들어낸 것으로서가 아니라 단순히 공권력의 질적 문제로 파악했다(민경자, 1997a: 27).

1986년 6월에 발생한 권인숙 성고문사건의 경우에도 이런 경향이 드러나 있었다. 이것은 위장취업 혐의로 연행된 대학생 권인숙이 부천경찰서에서 취조를 받던 중 성고문을 당한 사건이다. 권인숙이 수치심이나 공포와 싸우면서 성고문을 받은 사실을 밝힌 이 사건은 사회에 커다란 파문을 일으켰다(상세한 내용은 권인숙, 2005, '역자 후기' 참조).

때마침 장미경사건으로 성고문을 규탄하는 연좌농성을 하던 와중에 이 사건을 접하게 된 여성단체연합 생존권대책위원회는 곧바로 대책을 협의하고 항의행동에 나섰다. 또 모든 여성단체가 모여 여성단체연합 성고문대책위원회를 발족시켰고(7월 8일), 더 나아가 가톨릭수녀회연합회와 한국그리스도교 교회연합회 등의 종교단체와 더불어 부천경찰서사건 공동대책위원회를 조직했다. 7월 19일에는 명동성당에서 성고문 범국민

폭로대회를 여는 등 이 사건을 크게 여론화시켰다.

그런데 사건에 대한 조직적인 대응 속에서 드러난 대처는 '민족민주운동에 참가한 여성들에게 현장에서 가해진 고문과 성적폭행', '군사독재정권의 폭력성에 기인한 사건'이라는 인식에 그쳤고, 왜 탄압수단으로 성폭력이 사용되었는가와 관련한 가부장제의 성모순에 대한 인식이나 비판으로까지는 나아가지 못했다(민경자, 1997a: 28). 같은 해 8월에 '여성해방과 성고문'이라는 주제로 열린 '여성인권대회'에서도 고문과 성폭력의 종식을 위해 무엇보다도 민주화를 실현해야만 한다고 역설하면서, 여성단체는 민주화실현을 위해 민주화운동에 한층 전진하기로 결의했다(민경자, 1997a: 28).

권인숙 자신도 성고문을 받은 자신의 정체성을 '여성'이기보다 '노동자'에 두었다. 이에 대해 조주현은 권인숙이 성고문의 경험을 '구조악'과 '운동적 양심'의 대치적 구도에 위치 지웠다고 지적한다. 말하자면 (성)고문은 '구조악'이 '운동적 양심'을 파괴시키기 위한 것이며, 그것의 폭로는 우리 모두의 운동적 양심을, 또 자기 자신을 살리는 일이라는 것이다. 그리고 권인숙이 가지고자 했던 '노동자' 정체성은 성고문의 경험을 공권력의 탄압으로 규정하면서 성폭력의 구도로 보지 않도록 경계한 것이라고 지적한다(조주현, 2000: 239).

일련의 사건에 대한 대응이 "성을 자신의 것으로 돌려놓으려는 많은 여성들이 연대한 싸움"(金富子, 1992: 199)이었음은 확실하다. 그러나 당시의 성고문에 대한 싸움은 "반민족·반민주의 역사성에 의해 의미를 갖게 된 물리력이 되어 가부장제 구조로서는 의미를 획득할 수 없었던" 것이었다(조주현, 2000: 239).

또 1987년 7월 파주여자종합고등학교에서 일어난 교사에 의한 성폭력 사건에서도 학교 운영을 둘러싼 부정의 문제가 더 중시되어 성폭력 문제는 부정의 일부로 인식되는 데 그쳤다(민경자, 1999a: 29~30).

3) 성매매 문제에 대한 대응

1980년대에 생겨난 여성운동단체 대부분이 여성노동자의 생존권문제
나 민주화투쟁에 힘을 쏟은 한편, 거의 신경을 쓰지 않았던 성매매 문제
에 열심히 관여한 단체가 '교여련'이었다.[13] 이 단체는 위안부운동에서도
'여연'과 함께 중심적인 역할을 했다는 의미에서 그 흐름을 검토해둘 필요
가 있다.

'교여련'이 성매매 문제에 관여하기 시작한 1960년대에는 수출지향형
경제개발정책의 영향을 받아 많은 이농자가 도시로 유입되어 빈곤한 농
촌여성들이 공장노동자나 '식모'라 불리는 입주 가정부, 혹은 성산업에서
일하는 접객업부가 되는 경우가 많았다. 공장노동자나 가정부는 스스로
생활을 유지하기도 힘들 정도의 저임금을 받으며 혹사당했으므로 빈곤
층 출신 여성들이 성산업으로 유인되기 쉬운 구조를 만들어냈다. 더욱이
식민지시대에 도입된 공창제도를 기반으로 해방 후 한국전쟁이나 미군
의 주둔, 징병제의 존재 등에 의해 남성문화가 재생산되며 성매매를 한층
더 번성하게 했다.

정부는 「윤락행위 등 방지법」(1961년)을 제정했지만 실제로는 특정구
역(적색지역)을 설치하여 그곳에 대한 법 적용을 유보함으로써 사실상의
공창제도를 취하고 있었다. 게다가 외화 획득을 위한 관광산업의 육성과

---

13) 1970년대 이후 성매매 문제 외에 '교여련'이 대응해온 주된 운동은 원폭피해자 원
호사업, 반전반핵운동, 재일동포 인권운동 등이다(한국여성의전화연합 엮음, 1999:
247~258쪽).

장려는 대외의존적 경제정책의 결과로서 접객 서비스업의 급격한 증가를 초래했고, 여성들을 성산업으로 한층 내몰았다.

이런 가운데 '교여련'은 성산업으로 빠질 우려가 있는 여성들과 개별적으로 접촉하여 '윤락녀'의 발생을 미연에 방지하기 위한 활동을 펼쳤다.[14] 또 한일협정(1965년) 후 일본인 관광객의 증가를 배경으로 기생관광이 번성하자 그 반대운동을 벌였다.

제1차 기생관광 반대운동은 1973년부터 1974년에 걸쳐 한일 여성들에 의해 전개되었다. '교여련'은 '관광객과 윤락여성 문제에 관한 세미나'를 개최하거나 정부에 대한 건의문을 발송하고 「매춘관광의 실태와 여론」이라는 팸플릿을 제작·배포하는 등의 활동을 벌였다. 교회 여성들의 이런 여론화에 다른 여성단체도 동참하여 1974년 2월에는 여성단체들이 공동으로 기생관광 반대 강연회를 주최했다. 이우정은 강연회에서 정부의 관광정책을 신랄하게 비판했기 때문에 당국의 감시를 받았고, 결국 '유신정책 수행을 방해하는 반정부행위'를 했다는 이유로 연행되었다(민경자, 1999b: 251).

이우정이 연행된 뒤 다소간 침체되어 있던 기생관광 반대운동은 유신정권 붕괴 후인 1980년대에 들어 또다시 되살아났다. '교여련'이 추진한 제2차 운동은 1980년대 초반과 후반 두 번에 걸친 기생관광 실태조사(제1회: 1980년 2월~5월, 대상지역은 제주·서울·부산·경주/제2회: 1986년 12월~1988년 1월, 대상지역은 제주)와 1988년 서울 올림픽에 맞추어 기생관광을

---

14) 운동은 '윤락여성'에 대한 정보나 자료 입수, 선도(善導)사업을 위한 자금모금 등을 중심으로 했다. 또 매춘을 미연에 방지하는 사업의 일환으로 그리스도교 부인 구원상담소에 상담원을 파견하여 상경한 소녀들에게 전단지를 배포하기도 했다. 1970년대 초기까지 매년 상담 건수는 1,000~2,000건에 이르렀다.

상품으로 만들려는 움직임에 대한 반대운동으로 나타났다.[15]

1980년대 후반의 활동에는 '교여련'뿐 아니라 '여성의전화', 'NCC 여성위원회', '여성신학자협의회' 등의 여성단체도 참여했다. 또 1986년 10월에 '교여련'이 주최한 세미나 '매춘 문제와 여성운동'에서는 '매춘(賣春)' 대신 '매매춘(賣買春)'이나 '매춘(買春)'이라는 용어를 사용하자는 주장이 제기되면서 성매매 문제에 대한 관점의 변화를 드러냈다(한국교회여성연합회, 1987: 39).

1986년 12월부터 1988년 1월에 걸쳐 '교여련'이 제주도에서 실시한 실태조사는 기생관광의 실태를 부각시키는 데 커다란 역할을 했고, 그 결과는 1988년 4월 제주도에서 열린 국제 세미나 '여성과 관광문화'에서 공표되었다. 이 세미나에서 채택된 '매춘 문제에 대한 그리스도 여성 선언문'은 성매매 문제를 전 세계적인 경제구조의 문제로 위치 지웠다.

이 세미나는 윤정옥 교수가 십여 년에 걸쳐 실시한 정신대 답사활동에 대해 최초로 보고한 자리이기도 했고, 위안부 문제를 처음으로 여론화했다는 점에서 커다란 의미가 있다. 이후 '교여련'은 윤 교수의 연구활동을 지원하기 위해 연합회의 '교회와 사회 위원회' 아래에 '정신대연구위원회'를 설치하며(7월) 이 문제에 관심을 보였다(이현숙, 1992: 269).

같은 해 4월에는 기생관광 문제의 여론화를 위해 '여성의전화', '여성민우회', '여성노동자회'가 연극 〈꽃다운 내 청춘〉을 상연했다. 매춘여성 문제를 자본주의 성산업, 국가정책과 연결시킴으로써 성매매에 대한 사회구조적 관점을 넓히기 위한 의도였다(민경자, 1999b: 254).

그런데 민경자는 1970~1980년대에 행해진 성매매 반대운동의 성과를

---

15) 제1회 실태조사 결과는 1983년에 자료집 『기생관광』으로 발간되었는데, 조사 과정에서 기생관광이 '신 정신대'라는 인식도 생겨났다.

인정하면서도 운동권이 지닌 문제를 다음과 같이 지적한다.[16]

첫째, 운동권이 성매매 문제의 원인을 사회구조에서 찾으면서도 성을 파는 여성을 '윤락여성'이라 지칭하여 윤리성을 결여하고 있다는 점이다.

둘째, 여성이 성을 파는 문제를 정조의 훼손이라고 보는 점이다. 예컨대 기생관광에 대한 인식은 "오직 돈을 벌 목적으로 외국 남성의 성쾌락의 도구로 이 땅의 여성의 정절이 바쳐질 때 민족적 수치심과 더불어 또 다른 제국주의적 침탈의 한 현상을 보게 되는 것"(한국교회여성연합회, 1988: 5)이라는 표현에서도 드러난다.

셋째로, 앞에서 말한 연극의 제목에도 나오듯이 매춘여성을 '여성'으로서가 아니라 "밤의 꽃", "이 땅의 어머니가 될 사랑스러운 우리 딸들" 등으로 묘사하여 전통적인 통념이나 가족 내 존재로서의 여성관을 드러냈다는 점이다.

그리고 넷째는 '교여련'뿐 아니라 여성운동단체에 공통적으로 엿보이는 한계로, 성매매 문제에 대한 여성주의적 관점이 불충분하다는 점을 들 수 있다. 기생관광 문제를 "인간의 사회적 소외, 인간관계의 문화와 성의 상품화, 여성의 저임금, 취업기회의 제한 등의 사회적 문제와 외화 획득을 목적으로 한 국가의 정책적 지원과 제국주의 수탈 등이 뒤얽히면서 나타난 사회구조적 문제"(한국교회여성연합회, 1988: 7)라고 인식할 때, 거기에

---

16) 민경자(1999b: 259~260) 참조. 성과로는 ① 성매매에 대한 기존의 개인적 접근을 극복하고 사회구조적 접근을 정착시켰다는 점, ② 성매매에 대한 관점에서 사는 측을 포함하는 '성매춘(性買春)'이라는 용어를 사용함으로써 인식의 변화를 보였다는 점, ③ 교회여성과 매춘여성 사이에 자매애적 관계를 만들어낸 점, ④ 군사독재시대에 정부의 정책에 대항하여 투쟁한 전통을 만들어냄으로써 성매매에 대한 국가의 이중정책에 저항하는 모델이 되었다는 점을 들 수 있다(민경자, 1999b: 262~263).

는 인간 전반의 문제, 정책의 문제, 제국주의의 문제, 노동자로서의 여성의 문제가 있을 뿐 젠더의 문제는 부각되지 않는다. 또 "외국 남성의 성적 쾌락의 도구로서 이 땅의 여성의 정절이 바쳐질 때, 민족적 수치심과 더불어 또 다른 제국주의적 수탈 현상을 보게 된다(한국교회여성연합회, 1987: 5)"는 인식은 성매매 문제를 일차적으로 제국주의적 수탈에 의한 '민족' 문제로 인식하여 '여성' 문제는 '민족' 문제가 있기 때문에 생기는 문제라고 보는 것이다.

이미 앞에서 '여연'을 중심으로 한 1980년대 후반의 여성운동이 성폭력 문제의 원인을 사회구조의 문제로 환원시켰다는 사실을 기술했는데, 성매매 문제의 요인 역시 산업구조의 왜곡과 지역사회의 해체라는 거시적인 사회경제적 문제로 환원한 것이다(이미경, 1987: 67).

성매매 문제에 대한 '교여련'이나 여성운동단체의 이런 관점은 이미 기술한 것처럼 위안부운동에서 피해자를 인식하는 관점에도 그대로 이어졌다고 말할 수 있다.

2. 성폭력 추방운동의 질적 전환: 1990년대의 여성운동

1980년대 후반 공권력에 의한 성폭력사건이나 기생관광에 대한 대처는 관점의 한계가 있기는 했지만 여성운동이 성폭력 문제에 직면하는 계기가 되었다. 그리고 1980년대 말, 일정 정도의 민주화 달성이나 여성학 연구의 진전,[17] 사회주의권의 붕괴와 냉전구조의 종식이라는 국제정세의

---

17) 심영희는 한국에서 성(sexuality)에 관한 연구가 1980년대 후반이 될 때까지 진행되지 못했던 이유를 "극도의 성별 격리와 이중의 성윤리로 특징 지워지는 유교의 영

변화를 배경으로 성폭력 추방운동은 이전과 다른 양상을 보이기 시작했다. 말하자면 여성운동이 1980년대 전체 운동의 부문운동으로 위치 지워졌던 차원에서 탈피하여 여성 문제의 독자성을 추구하는 운동으로 발전해가기 시작했다.

1) 성폭력사건의 충격

1990년대의 성폭력 추방운동은 1980년대 말에 발생한 몇 건의 성폭력사건을 계기로 성폭력에 대한 인식을 확장시키며 진전되었다. 여성운동의 성폭력 인식에 변화를 불러일으키며 커다란 영향을 미쳤다고 지적되는 것은 1980년대 말에 일어난 두 건의 사건이다.[18] 하나는 대구의 다방 종업원인 29세 여성이 집으로 돌아가던 도중 파출소에 끌려가 두 명의 경찰관으로부터 윤간을 당한 사건(강정순사건, 1988년 12월)이고, 다른 하나는 임신 중이던 어부의 아내가 순경에게 강간을 당한 뒤 자살한 사건(고흥군 어부 아내 강간사건, 1987년 8월)이다.

강정순은 고소장을 제출했는데, 고소의 취지에 따라 조사가 이루어지는 도중 오히려 무고죄와 간통죄로 구속되고 말았다. 이에 분개한 대구지역 여성단체들은 대책위원회를 결성하여 '경찰에 의한 여성인권유린 규탄대회'를 개최했고, '여연'도 성명 발표와 항의시위를 벌이며 적극적으로 피해자를 지원했다.[19]

_____

향"이라 보고, 이것이 1980년대 페미니즘 운동의 등장으로 변화하기 시작했다고 지적한다(심영희, 1996: 195~196).

18) 이 두 개의 사건에 관해서는 민경자(1999a: 32~36) 참조.

19) 결국 피해자의 무고죄에 대해서는 무죄가 선고되었지만, 두 명의 경찰은 무혐의

후자의 경우 사건이 발생한 지 약 1년 반 뒤인 1989년 1월, 피해자의 남편이 '교여련'을 방문하여 강간당하고 자살한 아내의 명예회복과 가해자의 처벌을 요구하기 위해 지원을 요청한 데서 운동이 시작되었다.[20] 전라남도 지역의 인권단체를 중심으로 '가정파괴범 김봉환 순경 강간사건 공동대책협의회'가 조직되어 규탄대회, 철야농성, 시위 등 다양한 지원운동을 벌였다.[21]

여성단체들은 가해자가 경찰관이었던 이 두 사건에 대해 공권력의 비도덕성과 폭력성이 반영된 것이라고 주장했다. '여연'은 이들 사건에 대한 검찰의 태도를 '억압적, 권위주의적 군사통치문화 그 자체이며, 군사독재정권의 기본적 속성'이라 비판했다. 그리고 이 사건을 통해 "모든 여성 문제가 사회구조적 원인으로부터 출발하며 정치 문제라는 사실을 재확인"(《민주여성》 8호, 26쪽)했고, 종래와 같이 성폭력 문제의 해결을 민족민주운동의 과제 속에 위치 지웠다.

그러나 이 사건들의 경우 피해자가 여성활동가가 아닌 일반인이었다는 점, 특히 전자의 경우 피해자가 이른바 물장사를 하는 여성이었다는 점으로 인해 재판 과정에서 사법부의 여성차별적 성인식이 부각되었다. 그런 점에서 지금까지 공권력에 의한 성폭력사건에서는 찾기 힘들었던 피해여성의 고통이나 여성을 옭아매는 이중규범이 사회적으로 공론화되기 시작했다(민경자, 1999a: 34).

처리로 조사가 종결되었다.

20) 출산 후 아내에게 강간 이야기를 듣게 된 남편은 지역의 경찰서장과 군수 앞으로 진정서와 고소장을 보냈다. 그러나 경찰과 검찰 측은 가해자를 옹호하며 다른 곳으로 전근시키고는 이 사건을 간통사건으로 몰아붙였다. 고소가 기각되자 피해자는 농약을 마시고 자살했다(민경자, 1999a: 33).

21) 결국 가해자는 면직, 구속되었다.

또 성고문사건의 피해자로서 최초로 신원을 밝힌 권인숙이 노동자의 정체성을 강조했던 반면, 강정순은 보수적인 풍토를 가진 대구 지역에서 '여성'으로서 성폭력에 맞섰다는 점이 커다란 의미를 가진다(민경자, 1999a: 35).

더욱이 1988년에는 여성운동단체가 노동 문제나 민주화 문제, 공권력의 개입과 관계없는 성폭력사건과 맞서 싸우게 되었다. 그 최초의 사건이 '영생애육원 사건'이다.22) 복지시설에서 근무하는 전도사가 초등학생부터 중학생인 여자 원생들에게 일상적으로 외설행위를 시켜왔다는 사실과 평소에도 원생들을 비인간적으로 대우한 사실이 폭로된 것이다. '여성의전화'가 이 시설의 자원봉사자로부터 실정을 호소하는 편지를 받음으로써 운동이 시작되었다.

또 같은 해 9월에 일어난 변월수사건은 성폭력에 대한 여성의 정당방위 문제를 둘러싸고 사회적인 논의를 불러일으키는 계기가 되었다. 이것은 여성이 집으로 돌아가던 도중 자신을 습격한 강간범의 혀를 물어 방어한 사건이다.23) 변월수는 피해자임에도 남성의 혀를 손상시켰다는 이유로 구속, 기소되었고 과잉방어로 징역 1년형에 처해졌다. 1심 판결은 여성에 대한 사법부의 편견과 여성의 인권보다 남성의 혀를 중시하는 태도를 드러냈다(민경자, 1999a: 41). '여연'이나 '여성의전화'는 곧바로 항의운동과 재판지원활동을 개시하여 2심에서는 여성 측의 무죄를 이끌어냈다. 그러나 변호단이나 여성운동 측은 그녀의 행동이 "목숨보다 더 귀중한 정절을 지키기 위한 것"이었다는 점을 강조함으로써(심영희, 1996: 212) 성인식의 한계를 드러냈다.

---

22) 이 사건에 대해서는 민경자(1999a: 39~40) 참조.
23) 이 사건은 1987년에 김유진 감독이 〈단지 그대가 여자라는 이유만으로〉라는 제목으로 영화화했다.

2) 성폭력상담소의 개설과 성폭력 문제의 공론화

일련의 성폭력사건이 사회 문제로 부상하는 가운데, 이화여자대학교의 여성학과에서 1989년에 강간을 주제로 한 석사논문이 세 편 쓰여졌다. 또 강간을 비롯한 성폭력 문제에 큰 관심을 가진 재학생, 졸업생, 교수들은 학문적 지식을 실천에 옮기는 방법을 모색하기 시작했다. 그리고 내부적으로 축적된 업적과 제반 활동의 결과물을 바탕으로 '한국성폭력상담소'를 개설하기에 이르렀다(1991년 4월). 준비에 참여했던 사람들 가운데는 '또 하나의 문화'나 '여성의전화' 회원들도 포함되어, 여성 문제의 독자성을 주장하며 활동해온 1980년대 운동의 흐름이 이에 합류했다고 말할 수 있다.

상담소는 성폭력 내용에 강간, 윤간, 외설행위, 언어적인 성추행, 음란전화, 성기 노출, 아동에 대한 외설행위, 아내나 상대 여성의 의사에 반하는 성행위 등 모든 신체적 · 언어적 · 정신적 폭력을 포함시켰다.[24]

개설 당시 '성폭력'이라는 어휘가 일반적으로 듣기에 익숙하지 않아 거부반응을 불러일으켰다고 한다.[25] 그러나 개설 전부터 걸려오기 시작한 상담전화는 개설 후 쇄도하여 해마다 점점 증가했다. 1993년 12월에는 24시간체제를 갖춘 성폭력 피해자 위기센터를, 1994년 9월에는 피해여성을 위한 쉼터를 개설했다.

상담소는 상담업무 이외에도 성폭력 관련 재판의 지원, 성교육이나 성폭력 예방에 관한 강의 · 세미나 개최, 성폭력특별법 제정 추진활동 등을

---

24) 한국성폭력상담소, "성폭력개념".
25) 상담소의 필요성에 대해서는 공감했지만 성폭력을 다루는 단체에 대한 후원에는 많은 사람들이 어정쩡한 태도를 보였다.

폭넓게 전개했다. 1997년에는 성폭력에 관한 이론이나 실제 대처방법 등을 연구, 고안하는 '성폭력문제연구소'를 개설했다. 또 1990년대 중반부터는 '여연'의 산하단체를 중심으로 지방에 성폭력상담소를 개설하는 움직임이 활발해져, 후술하는 '성폭력특별법' 제정(1993년)에 걸맞은 피해여성에 대한 지원체제가 정비되어 나갔다.[26]

성폭력상담소가 1990년대 초에 다룬 성폭력사건 가운데 사회적으로 특히 크게 논란이 된 것은 김부남사건(1991년)과 김보은·김진관사건(1992년)이다.[27] 김부남사건은 1991년 1월 당시 31세였던 김부남이 9살 소녀일 때 자신을 강간한 가해자를 21년 뒤에 살해한 사건이다.

사건이 일어났을 때 '여연' 중심의 운동은 여전히 노동 문제나 정치 문제에 몰두해 있었고, 그 지역의 남성중심적인 사회단체도 이 문제를 단순한 살인사건으로 간주했다. 그런 가운데 한 여성신문사 기자가 사건이 일어난 전라북도에서 활동하고 있던 목사로부터 이 문제를 의뢰받고 목사의 호소에 따라 여성단체와 인권단체 등을 중심으로 '성폭력피해자 김부남사건 대책위원회'를 구성했다.

이 사건은 어린 시절에 당한 성폭력 상처가 오랜 세월이 흐른 뒤에도 사라지지 않는다는 사실, 그것이 살인으로 귀결될 정도로 심각하다는 사실을 노정시켰다. 또 아동에 대한 성폭력 문제를 부상시키는 계기가 되었다. 그러나 언론은 이 사건에 대해 '불쌍한 여성에 대한 인간적인 배려'를

---

26) 1998년 2월 현재, 전국에 35개소가 있다(한국여성단체연합 엮음, 1999: 170).

27) 개설 10주년을 맞이한 성폭력상담소가 성폭력 추방에 영향을 미친 10대 사건으로 꼽는 것은 ① 변월수사건, ② 강정순사건, ③ 부천서 성고문사건, ④ 김부남사건, ⑤ 김보은·김진관사건, ⑥ 성폭력특별법 제정, ⑦ 서울대 조교 성추행사건, ⑧ 롯데호텔 성추행사건, ⑨ 강릉 K양 사건, ⑩ 사단장 외설사건 등이다("6월 특집 기획: 성폭력 추방운동사 10대 사건", 2001. 6).

운운하는 식의 보도를 했다. 또 목사가 해당 지역 인권협의회에 협력을 요청했을 때도 '여성 문제로서가 아니라 인권 문제로 간주하면 좋겠다'고 설득했다고 한다. 뒤집어 말하면 성폭력 문제는 인권 문제가 아니라는 의식을 드러낸다. 또 이 사건의 피해자가 전국적인 지지를 받을 수 있었던 것은 피해자가 성폭력을 당했을 당시 소위 한국 사회의 성규범으로부터 소외된 여성(물장사를 하는 여성이나 운동권 여성활동가 등)이 아니라 힘없는 어린아이였기 때문이었다. 어린아이였다는 사실은 성폭력 피해자에게 가해지기 쉬운 비난을 받지 않을 수 있고, 나아가 자녀를 가진 부모들을 자극했다. 이런 대중의 반응은 성폭력에 대한 사회적인 편견을 반영한다. 말하자면 '정절을 지킨' 여성에 대한 성폭력만을 '진정한 성폭력'으로 인식하는 남성중심적 성문화의 틀을 넘어서지 못했던 것이다.[28]

김부남사건의 재판이 진행 중이던 때에 발생한 김보은·김진관사건은 대학생 김보은이 12년간 지속적으로 자신을 강간해온 의부(義父)를 대학생 연인(김진관)과 함께 살해한 사건으로, 남성중심적 가족 사회의 그늘에 가려 보이지 않았던 가정 내 근친 성폭력 문제를 부각시켰다.

이 사건은 김진관의 아버지가 성폭력상담소에 상담을 의뢰함으로써 대책활동이 시작되었다.[29] 성폭력상담소는 사건의 심각성을 고려하여 '여성의전화'나 '여성민우회' 등 다른 여성단체와 공동으로 '김보은·김진관사건 공동대책위원회'를 조직했다.

이 사건으로 인해 또다시 성폭력 피해자의 정당방위논쟁이 일어났다.

---

28) 김부남사건에 대해서는 민경자(1999a: 47~50) 참조. 김부남은 1심(1991년 8월)에서 징역 2년 6개월, 집행유예 3년, 치료감호가 선고되었다. 그리고 항소심(12월) 항소 기각, 상고심(1992년 4월) 상고 기각을 거쳐 1993년 5월 석방되었다.

29) 김보은·김진관사건에 대해서는 민경자(1999a: 50~55) 참조.

검찰은 이 사건을 의부와 성관계를 맺어온 불륜사건으로 취급하고 김보은이 연인이 생기자 마음이 바뀐 것이라 간주했다. 성폭력 피해 당사자인 김보은뿐 아니라 그 연인이 직접 의부를 살해했기 때문에 이 사건에서 정당방위론은 복잡한 문제를 야기했다.[30] 또 여론은 김보은의 어머니에 대해 남편이 무서워 딸을 희생시킨 '이기적인 어머니', '모성을 버린 비정한 어머니'라고 비난했는데, 김보은에게 성폭력을 저지른 아버지(검찰 고위 공무원이었던)가 어머니나 가족들에게도 속수무책의 무자비한 가정폭력을 자행했다는 사실까지 차례로 드러났다(민경자, 1999a: 53).

이 사건을 계기로 대학생이 성폭력운동의 주체로 형성되었다. 각 대학 학생회는 성폭력의 원인이 가부장제와 퇴폐적인 성문화에 있다고 비판하면서 이런 성문화를 일소하기 위한 서명운동, 공청회, 모의재판, 영화상영회 등을 실시하고, 김보은사건의 담당 판사나 검사에게 탄원서를 보내기도 했다. 이런 운동은 서울대학교 조교 성추행사건(1993년 8월)에 대한 지원이나 연세대학교 한총련 외설사건(1996년 8월)에서의 연대투쟁, 그리고 후술하듯이 소위 학생운동권의 성폭력 추방운동이나 대학 내에서의 성폭력 학칙제정운동으로 이어졌다(민경자, 1999a: 55).

---

30) 검찰 측이 정당방위가 될 수 없는 이유로 살인을 계획한 점, 피살자가 반항할 수 없는 상태(취침 중)에서 살해한 점을 든 것에 대해, 여성운동단체나 변호인 측은 집에 강도가 침입했을 경우 가족 전원이 정당방위에 나선다는 논리로 김진관의 행위를 정당방위라고 주장했다. 1심(1992년 4월)에서는 김진관에게 징역 7년, 김보은에게 징역 4년이 선고되었는데, 항소심(같은 해 9월)에서 김진관에게 징역 5년, 김보은에게 징역 3년, 집행유예 5년의 판결이 내려졌다. 같은 해 10월 판사 직권에 따라 석방된 김보은은 1993년 2월에 대통령 특별사면으로 석방과 복권이 이루어졌고, 김진관은 잔여 형기의 절반이 감형되었다(1995년 2월 석방).

3) 성폭력특별법 제정운동[31]

1980년대 말부터 1990년대 초에 걸쳐 사회적으로 주목을 받은 성폭력 사건과 그에 대한 여성들의 연대활동은 피해자의 입장에서 성범죄가 판가름되기 어렵다는 사실을 활동가들이 인식하는 계기가 되었다. '여성의 전화'는 상담사업을 개시한 초기부터 법 제정의 필요성을 느끼고 있었지만, 상담소 직원이 경찰에 연행되는 사건[32]을 계기로 한층 진지하게 법제화를 고려하게 되었다고 한다. 그리고 1991년 4월 '성폭력 관련법 입법을 위한 공청회'를 개최하고 법 제정을 위한 조직적인 대처에 나섰다. 그 후 '여성의전화', '김부남사건 대책위원회', '대구여성회', '성폭력상담소'는 '성폭력특별법 제정추진위원회'를 결성하여 1991년 9월에 정당 초청간담회를 열고, 다음 달에는 국회에 청원서를 제출했다.

1992년에 들어서자 '여연'이 '성폭력추방'을 그해의 중점 사업으로 내걸고 4월에 '성폭력특별법 제정추진위원회'를 설치했다. 이 위원회에는 '여연'의 회원단체뿐 아니라 외부 단체도 참여했다. 7월에는 이종걸(李鍾杰) 변호사의 협력하에 특별법안을 작성하여 4월 31일 민주당 이우정 의원의 소개로 국회에 청원했다. 그 후 민자당, 민주당, 나아가 국민당까지 독자적인 법안을 만들어 '여연' 안을 포함한 네 개의 법안이 모두 나왔다.

'여연'은 공개토론회 등을 통해 성폭력특별법이 필요한 이유, 국회에 제출된 네 개 법안의 차이, 문제점, 제정되어야 하는 법안의 선언 등을 실시했다. 또한 서명운동, 국회 법제사법위원회 위원장과의 면담, 입법공청회

---

31) 제정운동에 관해서는 민경자(1999a: 55~66), 신혜수(1998: 167~170) 참조.
32) 가정폭력을 자행한 남편이 아내를 보호하고 있던 '여성의전화'를 인신매매단이라고 경찰에 신고하여 직원이 경찰에 연행된 사건이다(1991년 1월).

개최 요구, 팸플릿 작성 등의 활동을 정력적으로 벌였다. 이런 활동은 '여연'의 회원단체나 시민단체와의 연대에 의해 전국적으로 전개되었다. 하지만 대통령 선거가 치러진 1992년에는 제정되지 못하고, 법 제정은 다음 해로 넘어갔다. 1993년 12월 드디어 「성폭력범죄의 처벌 및 피해자 보호 등에 관한 법률」이 국회를 통과하여 1994년 4월 1일부터 시행되었다.

그러나 여당인 민자당의 안이 법률로 제정되어 다음과 같은 문제점을 가지고 있었다. 첫째는 개념의 문제로, 여전히 '정조에 관한 죄'를 적용한 점이다. 그리고 둘째는 친고죄의 전면 폐지가 이루어지지 않은 점, 셋째는 성폭력범죄의 구성요건에서 피해자의 행동 여부에 초점을 둔 점, 넷째는 다양한 유형의 성폭력이 배제된 점, 다섯째는 조사나 재판 과정에서 피해자 보호조치가 불충분한 점, 여섯째는 법 집행 과정에서 성폭력상담소와 보호시설의 설치와 운영, 국가의 책무이행 여부에 대해 감시, 감독하는 성폭력 특별위원회와 같은 권한을 지닌 기관이 설치되지 못한 점 등이다.

이상과 같은 문제가 남아 있었기 때문에 곧바로 개정운동이 전개되었고, 그 결과 제2차 개정이 이루어졌다(1997년 7월). 개정된 내용은 다음과 같다.

1. 13세 미만의 미성년자에 대한 성폭력을 가중 처벌하고 친고죄를 폐지한다.
2. 친족 사이의 성범죄에 관한 적용 범위를 사촌 이내의 혈족과 이촌 이내의 인척으로 확장한다.
3. 장애인의 범위를 정신장애로까지 확대한다.
4. 조사 과정에 피해자와 신뢰관계가 있는 사람을 동석할 수 있게 한다.
5. 18세 미만인 아동을 보호하고 있는 사람이 성폭력 사실을 알게 되면

신고를 의무화한다.

6. 증거 보전의 특례 조항을 신설한다.

7. 피해자의 신원과 사생활에 관한 비밀이 누설되지 않도록 금지조항
   에 벌칙 규정을 넣는다.

여성단체는 위와 같은 개정을 한걸음 진전된 것으로 인식하면서도 다
음과 같은 요구를 내걸고 개정운동을 계속해나갔다.

1. 성폭력의 정의에 관한 조항을 신설하고, 성폭력의 정의를 '동의 없이
   성을 침해한 범죄'로 할 것.

2. 성추행에 관한 규제를 신설할 것.

3. 친고죄를 완전히 폐지할 것.

4. 친고죄를 남길 경우는 그 고소 기간을 연장할 것.

5. 피해자의 신원과 사생활의 비밀이 누설되지 않도록 금지의 적용 대
   상을 확대할 것.

6. 피해자에 대한 구조를 명시할 것.

'정조에 관한 죄'는 1995년 형법 개정 시 '강간과 외설죄'로 변경되었지
만 성폭력이 실제로 무엇을 침해하는 범죄인지, 어떤 윤리적 기준에서 판
단, 통제되어야 하는지 등의 문제는 회피되었다. 또 1990년대 말에도 여
전히 한국에서 강간은 피해여성에 대한 범죄라기보다 '보호되지 않으면
안 되는 정조'를 지닌 여성에 대한 범죄로 간주되고 있었던 것이 실상이
었다(변혜정, 1999: 304).

이 밖에 1990년대에 들어서부터 성추행에 대한 사회적인 문제 제기와
활동이 이루어져 「남녀고용평등법」에 성추행 조항을 신설하는 운동으로

연결되었고 1997년 12월 '제8조의 2, 직장 내 성추행 예방'조항이 가까스로 추가되었다. 또 '성추행 금지 등'(제7조)을 포함한 「남녀차별 금지 및 구제에 관한 법률」이 제정되어 직장 내의 성추행을 어느 정도 규제할 수 있게 되었다.

4) 성폭력 추방운동의 급진화

1990년대 중반 이후, 여성운동은 대학생 등 젊은 세대가 가담하면서 한층 다양한 움직임을 보였다. 1980년대 말부터 1990년대 초에 걸쳐 모든 국내외 정세의 변화와 더불어 학생들의 개인주의화, 정치이탈이 진행되었다. 그런 한편, 그때까지 민주화의 달성이라는 목적 아래에서 간과되고 뒤로 미루어져 왔던 모든 문제에 관한 관심이 싹트기 시작했다.

성폭력 문제도 중요한 문제 가운데 하나였다. 대학 내의 교직원이나 학생에 의한 성추행, 성폭력적인 단체 미팅, 학생운동권 내에서의 성폭력 문제 등이 여학생들에 의해 차례로 제기되기 시작했다. 예컨대 대학교수의 성추행 행위를 고소한 '서울대 조교 성추행사건'(1993년)은 한국에서 처음으로 이루어진 성추행 재판으로,[33] 두터운 남성중심적 성문화에 경종을 울리는 역할을 했다.

또 1996년에 이화여대 축제에서 일어난 고려대 학생 집단난입사건[34]

---

33) 1993년 10월 우 조교가 신 교수, 서울대학교, 정부를 고소했다. 1994년 1심, 1995년 2심, 1998년 대법원을 거쳐 1999년 6월 고등법원에서 피해자가 신 교수로부터 500만 원의 배상판결을 받고 승소했다. 우 조교는 2001년 한국성폭력상담소 제1회 '성폭력 추방운동상'을 받았다.

34) 이 사건에서는 500여 명의 남자 대학생들이 축제의 개막식이 진행되는 가운데 운동장에 난입하여 사방으로 뛰어다니며 여학생들에게 폭력을 휘둘렀다(민경자,

은 이화여대 학생들이 이것을 성폭력사건으로 규정함으로써 성폭력 개념의 확장을 불러일으키는 계기가 되었다. 이화여대의 축제에서 타 대학 남학생들이 큰 소동을 일으키는 것은 축제가 외부에 개방된 이래(1985년) 어느 정도 관행화되어왔다. 그러나 이화여대 학생들은 이번 사건을 단순히 큰 소란이나 폭행사건이 아니라 '이대인'이라는 정체성과 여성들의 공간에 대한 침해라고 주장했다. 그리고 이 사건이 '물리적 · 사회적 · 정치적 권력으로 우위를 점하고 있는 남성집단이 여성집단에 가한 의도적인 위혁(威嚇)행위 혹은 폭력행위'이며 '명백한 성폭력'이라고 했다. 또 남성들의 '놀이'문화가 얼마나 폭력적인지, 게다가 사회가 이런 문화에 얼마나 관용을 베풀고 있는지를 부각시켰다.

사건이 일어난 뒤, 서울 지역 대학에 속한 여성활동가들은 '들꽃회'라는 성폭력 추방운동 그룹을 만들어 1990년대 후반 새로운 운동을 전개했다. 그 특징은 기존의 여성운동이 조직적이고 체계적이었던 것에 비해 소규모이고 비조직적인 운동방식을 취했다는 점이다. 이들은 '게릴라식 운동'이라고도 지칭되었는데 성폭력이 일어난 현장, 예를 들어 지하철이나 재개발 지구의 철거현장 등에 갑자기 나타나 퍼포먼스를 하거나 시위를 벌이며 성폭력 추방을 호소하기도 했다. 또 지금까지의 운동이 체제나 제도의 개혁을 중시한 데 비해 일상이나 문화를 주제로 한 것 역시 특징이다. 이 그룹은 대학가를 중심으로 학생이나 회사원, 자영업에 종사하는 여성들에 의해 만들어졌다(민경자, 1999a: 92~92).

그런데 1990년대 말 이후의 성폭력운동 중에서도 가장 관심이 높았던 것은 민족민주운동의 흐름을 이끈 사회단체, 소위 '진보 진영'이나 '운동

1999a: 87~89 참조).

권'이라 불리는 사회운동단체 내부에서의 성폭력 문제였다. 그때까지 '운동권' 내의 성폭력사건을 문제로 제기하는 것은 '운동권'의 힘을 약화시키고 결국은 적(보수정권, 자본가 등)을 이롭게 한다는 운동권 특유의 논리에 의해 억압되어왔다. 그러나 여성들은 성폭력에 대한 인식을 심화시켜 나가는 가운데 점차 그런 논리에 의문을 가지게 되었고, 남성활동가들의 성폭력행위를 직시하기 시작했다.

시민사회단체의 성폭력 문제가 사회적으로 크게 다뤄진 예가 2000년 5월에 일어난 장원(張元)사건이다. '녹색환경연합'의 전 사무총장이었고, 같은 해 4월 총선거 당시 낙선운동을 조직하여 전개한 '총선거시민연대'의 의장과 상임집행위장을 역임한 장원 교수가 알고 지내던 대학 1학년 여학생을 호텔에서 성추행한 사건이었다. 피해자의 신고로 가해자는 현장에서 체포되었다.[35]

사건 직후 '여연'은 부산 '여연'과 공동으로 '장원 씨의 여대생 강제 성추행사건에 대한 여성연합의 입장'(2000년 5월 27일)이라는 성명을 발표했다. 거기에서는 이 사건을 "신뢰관계에 있던 사람에 의한 강제 성추행"으로 규정했고, 가해자에게 법적 처벌을 받고 공적 직무에서 물러나 앞으로는 시민단체의 활동에 일절 관여하지 말 것을 요구했다. '녹색환경연합'도 사건 직후 장원 교수의 제명을 결의했다. 또 6월에 열린 'NGO 개혁운동과 책임윤리'라는 토론회에서는 시민운동이 사회적 정의를 추구하고 부정을 고발하는 데에 온 마음을 쏟으면서도 개인의 성윤리나 조직 내부의 민주

---

35) 가해자는 당시 술에 취했다는 이유로 범행을 부인했는데, 나중에 재판 과정에서 피해자의 고소 내용이 사실이라고 인정했다. 재판은 1심에서 강제추행죄로 징역 10개월, 집행유예 2년(2000년 10월), 항소심에서는 원심을 파기하고 벌금 500만 원이 선고되었다(2001년 2월).

주의 등을 소홀히 취급해왔다는 점, 장원사건 같은 일의 재발을 막기 위해 시민단체 관계자들에게 남녀평등의식에 관한 교육을 실시할 필요성 등이 지적되었다.[36]

이 사건은 가해자가 사회적으로 지명도가 높은 활동가이고 피해자가 미성년이었다는 점, 현행범으로 체포되었다는 점 등으로 인해 시민운동 진영의 이미지에 오점을 남기기 쉬워 운동사회 내에서도 서둘러 대응한 사례였다고 말할 수 있다.

일반적으로 노조 등의 남성중심적 운동단체 내에서 벌어지는 성폭력 사건은 문제 제기가 어렵고 그 해결을 위한 싸움에 상당한 곤란이 뒤따랐다. 그런 경험을 바탕으로 조직된 것이 '운동사회 성폭력 뿌리뽑기 100인 위원회'(이하 100인위)라는 여성활동가들의 네트워크였다.[37]

'100인위'는 "여성주의적인 가치의 발현이 지위와 권력에 대한 경계로부터 시작된다는 인식"에 기초하여, 기존의 여성단체나 사회단체가 취했던 지도부나 집행부 체제에 의한 운영방식을 택하지 않고 모인 회원들의 자발적인 활동으로 조직을 운영했다. 그리고 "남성중심적인 가부장제 사회에서 여성들에게 가장 억압적인 요소"는 성폭력 문제이며, "특히 사회운동세력 내부의 성폭력사건 해결이 가진 특수한 구조적 어려움을 극복하기 위해" 가해자의 실명을 포함한 사건의 공개와 가해자에 대한 사후 감시체제, 백서 작성 등을 활동목표로 내걸었다.[38]

---

36) "시민운동 개혁운동과 책임윤리토론회", ≪동아일보≫, 2000년 6월 7일자.
37) '100인위'는 1999년 6월 보건의료노조의 송보순 성폭력사건 대책위원회 활동에 참가한 운동단체들이 '이제부터는 말하자! 운동권의 성폭력' 토론회를 개최하면서 이를 계기로 결성되었다.
38) '운동사회 성폭력 뿌리뽑기 100인 위원회 소개문'.

실명 공개 방침은 성폭력의 재발을 방지하고 운동사회 내에서 지금까지 은폐되어온 성폭력의 실상을 알리려는 의도를 포함했다. 당초 기존의 모든 여성운동단체가 이 방침에 대해 입장을 정하지 않은 한편, 공개 전부터 남성활동가들을 전전긍긍하게 만들어 언론의 관심을 모았다. 그리고 1차 사건 공개(2000년 12월)가 인터넷을 통해 행해지자 곧바로 반론 웹사이트가 만들어지는 등[39] 찬반양론이 일어났다. 12월에 공개된 건수는 16건으로 대학 총학생회 관계자(7명), 노조관계자(5명) 외에도 소설가나 기자 등이 포함되어 있었다. 1명의 가해자에 대해 여러 명의 피해자가 증언한 사례도 많았다. 그 내용은 강간, 강간미수, 스토킹, 모욕 등 여러 가지였다. 또 '이 정도로 실명을 공개하는 것은 너무 심하다'고 생각할 정도의 사례도 포함되어 있었는데, 남성에게 '자연스러운 일'로 생각되어온 행위가 여성에게 굴욕감이나 불쾌감을 줄 수도 있다는 사실을 밝혀주었다.

'100인위'는 2001년 2월에 1차 추가 사례를 포함하여 2차 공개를 단행했는데, 그 가운데 실명을 공개당한 가해자 한 명이 피해자와 '100인위', 인터넷신문 기자 등을 명예훼손혐의로 서울지검에 고소하는 사태(2월 26일)가 벌어졌다.

사건의 발단은 2000년 10월 KBS(한국방송공사) 노조에 속한 두 명의 여성이 같은 노조의 남성간부가 행한 성폭력 문제를 제기한 데서 시작되었다.[40] 피해자들은 가해자가 노조 부위원장에 입후보하자 사건을 밝히기

---

39) 예를 들면 '안티 100인위'가 있다. 여기서는 '100인위'의 활동을 "마녀사냥"이나 "홍위병의 인민재판"에 비유하고 있다.

40) 그 경위에 대해서는 '100인위'의 멤버인 시타, 「KBS 노조 부위원장 강철구 성폭력 사건의 의미와 과제」; 정인숙(민주당 총 여성위원장), 「강철구사건에 대한 민주노총의 입장」, 「KBS사건 관련 100인 위원회 활동일지」(『운동권 성폭력사건의 올바른 해결 원칙을 만들기 위한 토론회 자료집』(2001년 5월 23일) 참조.

로 결의하고, 예전에 두 사람 모두 가해자로부터 성추행과 강간미수 피해를 당했다는 사실을 노조 내에 공개하면서 처분을 요구했다. 그러나 노조 측은 이 사건이 정치적 음모에 의한 것이라는 등으로 가해자를 옹호하고 진상규명도 처분도 유야무야한 채 가해자의 부위원장 당선(2000년 11월 30일)을 허용했다. 어느 잡지의 기사를 통해서 이 사건에 대해 알게 된 '100인위'는 독자적으로 조사를 진행하여 사건을 공개했다.

KBS 노조 집행위원회는 가해자를 옹호하면서 '100인위'에 대한 법적·조직적 반격을 가하여 당시 가해자와 '100인위'의 싸움은 극단적인 대립 양상을 드러냈다. 그러나 가해자의 고소 이후 '100인위' 구성원들이 차례로 검찰에 출두하는 사태가 벌어지는 사이에 지원체제가 서서히 확대되어갔다. '여연'이나 '성폭력상담소' 등 주요 여성운동단체도 드디어 '100인위'의 실명 공개를 "피해자들의 구제를 위한 불가피한 선택"[41]이라고 평가했다. 그때까지 여성운동단체의 방관자적인 태도는 "일단 노조의 자정(自淨)노력을 믿어보자는 입장으로 드러나 피해자들을 또 한 번 좌절시켰다."[42] 이와 같은 일련의 경과는 운동권이라는 대조직을 상대로 한 성폭력운동의 어려움을 드러낸 것이었다고 할 수 있다.

그러나 이즈음부터 여성학 연구자나 여성운동 관계자, 지식인, 대학원생 등이 명예훼손 혐의사건에 대한 피해자 측 옹호의견서를 차례로 재판소에 제출했고, 민주노총을 비롯한 주요 노조도 피해자에 대한 지원을 표명하기 시작했다.[43] 2001년 5월에는 여성단체와 노조가 협력하여 '운동

---

41) 한국여성단체연합, 한국성폭력상담소, 한국여성노동자회협의회, 한국여성민우회, 한국여성의전화연합이 발표한 성명인 「KBS 노조 부위원장 강철구의 명예훼손 고소사건에 대한 입장」(2001년 4월 18일).
42) 시타, 「KBS 노조 부위원장 강철구 성폭력사건의 의미와 과제」, 24쪽.

권 성폭력사건의 올바른 해결 원칙을 만들기 위한 토론회'를 여는 등, 이 사건을 계기로 운동권의 성폭력 문제가 한층 주목받게 되었다.

이상과 같이 1990년대의 성폭력운동은 성폭력을 '노동 탄압'이나 '민주화 탄압'으로서가 아니라 젠더 간의 권력관계에 의해 발생한 '여성의 성에 대한 침해'로 규정하고, 사회운동세력 내의 성폭력에 대한 문제 제기로까지 진전하게 되었다.

3. 위안부 문제 해결운동의 위상

식민지시대에 일본군이 저지른 성폭력 문제를 제기한 위안부 문제 해결운동은 한국에서는 앞에서 기술한 대로 1990년대 성폭력운동의 일환으로 일어났다고 말할 수 있다. 여성들이 여성의 수치로 생각하여 오랫동안 입에 올리는 일조차 꺼리던 정신대(위안부) 문제를 스스로 밝혀 사회 문제화한 것이었다. 그러나 소위 오늘날의 성폭력운동이 그 개념을 넓히면서 진전시켜온 반면, 위안부운동에서는 현재와 같은 성폭력운동의 관점이 그 정도로 반영되지 못했다.

---

43) 전국민주노동조합총연맹, 「성폭력피해자 명예훼손 기소는 신중하게 판단해야 한다」; 전국언론노동조합, 「강철구 조합원 제명에 대한 언론노조의 입장」; 전국민주노동조합총연맹, 「언론노조의 성폭력 가해자에 대한 엄중한 징계 결정을 환영한다」 등(『운동권 성폭력사건의 올바른 해결 원칙을 만들기 위한 토론회 자료집』에 수록).

1) 위안부운동의 형성 경위

이미 말해온 것처럼 1990년대 초 이화여대 여성학과의 관계자들이 중심이 되어 '성폭력상담소'를 개설하기 위한 활동이 진행되고 있을 즈음, 동 학과의 재학생 사이에서 위안부 문제를 여성운동단체에 제기하려는 움직임이 나타났다. 노태우 대통령의 방일(1990년 5월)을 눈앞에 두고 그때까지 한일 사이의 과거 문제임에도 계속해서 무시되어온 위안부 문제를 교섭의 도마 위에 올려놓자는 여성들의 목소리가 여성계에 큰 영향을 미치게 된 것이었다(서장 참조).

그 결과 '여연'과 '교여련', 그리고 '서울 지역 여대생대표자 협의회'가 서명한 성명서를 내놓게 되었다.[44] 그 내용에는 여성운동가들의 판단에 따라 위안부 문제만이 아니라 일본 정부에 대한 군사, 경제, 문화적인 침탈의 중지와 재일동포의 지문날인 철폐 등 정치적 주장이 첨가되었다. 그후 위안소제도에 대한 정부 관여를 부정한 일본 국회의 답변 내용이 한국에 전해지자 10월에는 많은 여성단체가 서명한 '공개서한'을 일본 정부에 보냈고, 11월에는 '한국정신대문제대책협의회(정대협)'가 결성되었다.

당초의 활동은 인원이나 장소 등 여러 면에서 '교여련'의 후원이 컸다. 운동의 초점은 위안소제도에 대한 국가적 관여를 부정하는 일본 정부에 대한 대응과 한국 내외에 이 문제를 호소하여 세계적으로 공론화하는 데에 있었다(제4장 1절 참조). 이런 활동의 전개 자체가 가문의 수치, 여성의 수치, 민족의 수치라는 지금까지의 인식을 타파했다는 의미였음은 말할 나위도 없다. 그리고 1980년대 후반 이후 성폭력 문제를 제기해온 여성운

---

44) 여성학과로서의 대응도 검토되었는데 운동단체가 아니라는 이유로 그만두고 개인 단위로 참여하기로 했다.

동의 성장에 힘입은 것이기도 했다.

또 그때까지 남성을 중심으로 진행되어온 한일의 과거사 청산 문제에 여성이 목소리를 냈다는 의미도 컸다. 사실 위안부 문제는 일본을 상대로 한 민족적·국가적 차원의 문제 가운데 하나이며, 거기에는 여전히 치유되지 못한 상처를 동반하고 있는 현실과 압도적인 감정이 자리잡고 있었기 때문에 '민족 문제'로 받아들여지기는 아주 쉬웠다.

위안부 문제를 민족의 아픔으로 이해하고 세계적으로 공론화해야 한다는 국내 운동의 성격은 소위 민족담론이 내포하고 있는 남성중심적·가부장적 사고에 대한 문제 제기를 곤란하게 만들었다. 또 민족적 공감에 따라 일본군의 위안소제도가 악이라는 결론에는 쉽게 도달할 수 있었지만, 그것을 검증하는 작업은 소홀하기 쉬웠다. 위안부에 대한 인식 면에서 말하자면 운동의 초기에는 '교여련'의 기생관광 반대운동에 나타난 것처럼 '다른 민족 남성에 의한 조선 여성 정조의 유린'이라는 인식이 일부에 자리잡고 있었고, 그것이 또 민족감정을 매개로 하여 성에 대해 전체적으로 보수적인 일반 여론의 공감을 얻기 쉽게 했다고 말할 수 있다. 민족적 공감을 획득하고 지지세력을 넓히는 일이 우선 과제였던 운동 과정 속에서 이런 관점에 대한 비판적인 문제 제기는 심각하게 받아들여지지 않았다. 또 성의 문제를 사회·정치적인 문제로 환원하는 '여연'의 활동 체질 역시 위안부운동에서 대일 정부 투쟁으로까지 이어지며 중요한 역할을 했다.

한편 여성 문제의 독자성을 주장한 사람들은 이 문제가 여성의 '정조' 문제로 취급되는 것에 대해 일찍부터 경고해왔다(장필화, 1990). 여성학 연구자나 페미니스트가 많이 모인 '또 하나의 문화'는 정신대로 사망한 여성들의 고통을 무당굿으로 위로하며 함께 나누려 했다('정신대 해원굿', 1990년 7월). 그러나 '정대협'이 결성되고 이 문제가 민족운동적인 흐름을 형성

해가자 이들은 위안부운동에 직접 관여하지 않고 현실의 성폭력운동에 힘을 쏟는 자세를 보였다.[45]

위안부운동을 전면적으로 추진하는 주체로 형성된 '정대협'은 운동이 진전되기 시작하던 단계에서 '여연'방식의 조직구성을 시행했다. 이미 기술했듯이 기존 단체가 연대하여 운동을 진행해나가는 방식으로, 1980년대 민주화투쟁 속에서 짜인 방식이었다. 세계 여론에 영향을 미치고, 각국 정부와 교섭하여 국제적인 활동을 전개하며, 피해자들의 생활을 지원하는 등 여러 방면에 걸친 과제를 효과적으로 해결해나가기 위한 조직편제였다.

이 방식은 조직적·체계적으로 외부에 대한 압력단체로서 정치력을 지녔던 반면, 주요 회원이 다른 단체의 중심 회원을 겸했다는 점에서 위안부 문제에 대해 깊이 연구하거나 활동하는 전문가를 양성해내기 힘들다는 한계를 내포하고 있었다. 출신계급, 사회적 신분, 경제적 기반이 거의 일치하여 재생산되는 한국 사회에서 운동의 주체들은 대개 사회 엘리트층이었다. 게다가 연령의 많고 적음도 영향을 주어 운동방침 등을 결정하는 중추에는 엘리트가 있고 젊은 세대나 비엘리트층은 과중한 잡무를 담당하는 식의 역할분배도 드러났다.

또 '정대협' 자체에서 내부 연구회를 열어 위안부 문제를 둘러싼 논의에 대해 깊이 파고들거나 연구하려는 지향성도, 시간적인 여유도 없었다. 운동은 일본 정부에 대한 것에 초점이 맞추어졌고 조직 상층부의 정치적 판

---

45) '또 하나의 문화'는 1989년에 '여연'을 탈퇴했다. 1990년 10월의 공개서한에는 '여연' 회원으로 열거되어 있으나 실제로는 위안부운동에 참가하지 않았다. 또 그 중심 회원의 한 사람인 조(한)혜정은 바로 해결해야 할 문제가 산적해 있는 한국에 살면서 정신대 문제에 관심을 가질 여유는 없다고 쓰고 있다[조(한)혜정, 1998: 293].

단에 최대의 관심을 쏟지 않으면 안 되었다.

앞에서 언급한 대로, 이런 운동주체의 조건이나 성격은 그간 이루어졌던 성폭력운동과의 연대나 페미니즘적 관점과의 결합, 더 나아가 '할머니'들을 민족 피해의 희생자로서만이 아니라 성폭력 피해자로 인식하고 치유를 돕는 발상이나 행동을 소원하게 만드는 결과가 되었다. 운동 초기부터 필자를 비롯한 사람들이 제기해온 공창제도와 위안소제도의 관계, 위안부의 전력(前歷)에 대해 '처녀인지 매춘부인지'를 묻는 남성중심적 관점의 극복 등이 '정대협'이나 그 주변에서 오랫동안 중요한 논의로 발전할수 없었던 이유의 하나도 여기에 있다.

2) 매춘과 민족담론

1991년 여름, 김학순(金學順) 씨를 시작으로 다수의 피해자가 신원을 밝힘으로써 운동은 새로운 단계에 접어들었다. 그때까지는 피해자가 드러나지 않은 채 주로 정치적 이슈로서 관념적인 차원의 활동을 벌이는 상태였으나, 피해자의 출현은 활동가들에게 피해 실태와 마주하여 거기에 대처하는 일을 긴급과제로 삼게 했다.

피해자들이 신원을 밝힌 일은 또 이 문제를 민족적 "정조의 유린"이나 "더럽혀진 정조"라는 차원에서 접근하는 한 스스로 신원을 밝힐 피해자는 없으리라고(장필화, 1990) 우려했던 여성학 연구자 장필화의 예상을 허망하게 깨뜨렸다.

이 일은 세 가지 점을 말해준다. 첫째로 이 문제가 한국 사회에서 공론화된 것 자체가 획기적이었다. 둘째로 당시의 운동을 비롯하여 일본에 대한 한국 여론의 민족적 분노가 피해자들을 받아들이는 기반이 되었다는점이다. 셋째는 정조담론의 실태 차이, 말하자면 계층이나 신분, 연령에

따라 정조담론이 지니는 무게가 달랐다는 점이다.[46]

　피해자에 대한 관점은, 여론은 말할 것도 없고 운동가들 역시 '조선인'이었기 때문에 위안부가 되었다는 '민족적' 요인을 중시했고 여성이었기 때문에 성폭력을 당했다는 측면을 등한시하는 경향이 있었다. 1990년대 초 김부남사건의 재판이 진행되던 때 21년 전의 강간에 의한 후유증이 문제시되었음에도 그것을 위안소제도의 피해자에게 적용해서 생각하는 사람은 필자를 포함한 운동권 주변에 거의 없었다. 피해자들은 '우리 민족'이 당한 피해의 대변자로 간주되었다. 물론 그런 일로 인해 오랜 세월 동안 누구에게도 위안부였다는 사실을 말하지 못한 채 혼자 괴로워해왔던 많은 피해자가 이제 스스로를 피해자라고 당당하게 말할 수 있게 되었다. 지원 활동가들도 민족의 이름으로든 무엇으로든 피해자들의 고통을 함께 짊어지고 나누려 했다는 점에서 커다란 진전을 이루었다.

　그러나 이렇게 소위 민족의 피해자로서 받아들이는 인식의 이면에는 '피해자들은 매춘부가 아니다'(오히려 '매춘부여서는 안 된다')라는 암묵적인 사회적 합의가 담겨 있었다. 반복되는 말이지만, 이런 담론의 의미는 크게 두 가지이다. 하나는 위안소제도의 피해자들이 '매춘부'와 다르다는 것이고, 다른 하나는 피해자들의 전력이 '매춘부'가 아니라 '처녀'였다는 인식이다. 그러나 어느 쪽이든 이러한 인식은 '매춘부'에 대한 부정적인 ('더럽혀진 여성'이라는 식의) 이미지가 깔려 있다는 점이 공통적이다. 그리

---

46) 예를 들면 대부분이 빈곤층 출신인 피해자들에게 생존 문제는 '정조'보다 우선하는 것이었다. 정신대연구소 회원이었던 고혜정은 피해자들이 약 반세기 동안이나 신원을 밝힐 수 없었던 이유는 정조를 잃은 것에 대한 수치심이 최대의 원인이어서가 아니라 '몸을 파는[賣春]' 구조로 만들어진 위안부제도 아래에서 자신이 '매춘'을 했다고 생각하여, 그렇게 생존해왔다는 것에 대한 '죄의식'을 느꼈기 때문이라고 지적한다(2001년 6월 23일).

고 당시의 공창제도 아래에서 '창기'들이 성노예적 상황에 놓여 있었다는 인식은 전혀 심화되지 못했다.

요컨대, 후자의 의미는 운동이 일어나기 전부터 남성중심적인 '정신대' 상에 포함되어 있었다고 말할 수 있다(김일면, 임종국 등). 그것이 민족억압적인 식민지 상황에서 '일본 관헌에 의한 강제연행' 상과 겹쳐져 한층 강화되고, 전자와 후자는 한 묶음으로 엮이어 이용되었다. 그 결과 '강제로 연행된 조선 처녀들'이라는 담론은 운동권이나 여론, 또 신원을 밝힌 일부 피해자에게조차도 공통적으로 조선인 위안부의 정형화된 틀(stereotype)로 정착되었다.

이런 담론이 조선인 위안부와 매춘부(창기) 출신자가 많았다고 생각되는 일본인 위안부의 차이를 강조하는 것으로 이어져 위안부 피해자들 사이의 분리를 초래하는 사고로 연결되었음은 앞에서 이미 지적한 대로이다. 또 이런 담론은 그런 전력을 지닌 국내 피해자까지 위축시켰다고 생각한다.

그런데 피해자들이 신원을 밝힘으로써 운동이 한층 활발하게 전개되고 있을 무렵, 주한미군 병사에 의한 '기지촌 매춘부' 살해사건이 발생했다(윤금이사건, 1992년 10월 28일). 이 사건은 가해자인 미군 병사의 살해방식이 극도로 잔인했다는 점에서 엄청난 파장을 불러일으켰다. 하지만 운동은 이 사건을 '매춘부'의 인권 문제로서가 아니라 미군 범죄, 민족 자존심의 문제로 다루는 경향이 있었다(정희진, 1999: 339).

다시 말해 운동은 기지촌 '매춘부'들이 미군 병사뿐 아니라 한국인을 포함한 '남성'들에 의해 성적·물리적·정신적으로 착취, 폭력당하고 있다는 구조의 문제를 불문에 붙인 채 미군이 얼마나 한국, 한민족을 억압하고 있는가라는 민족 문제로 바꾸어놓았다. 이 운동에는 '정대협'도 이름을 올렸는데 "50년 전 우리의 자매가 왜놈로부터 받은 모욕을 잊지 않도록, 윤금이를 이대로 죽게 내버려둘 수는 없다"[47]는 '민족적 피해'에 대한 연대였다.

1992년 12월에 한국을 방문한 UN 관계자들에게 '정대협'에서 증정한 선물이 한국에서 '수절의 상징'으로 알려진 '은장도'였다는 것은 그 의미 여하에 상관없이 상징적이다. 정조를 잃은 채 살기보다는 자해하는 것이 떳떳하다는 함의야말로 기지촌 '매춘부'를 미군에 의해 살해당하고서야 비로소 민족의 일원으로 받아들이는 토양(정희진, 1999: 341), 전 위안부들을 '매춘부가 아니라는' 조건에서야 민족의 일원으로 받아들이는 토양을 만들어왔기 때문이다. 작가 안정효가 소설 『은마(銀馬)는 오지 않는다』(1990년)[48] 속에서 묘사한 것처럼, 한국전쟁 중에 미군 병사에게 강간당한 여성이 마을사람들로부터 멸시당하고 생활 기반을 잃게 되자 결국 미군을 상대로 한 '매춘부'가 되고 마는 비극을 낳은 가부장적 여성관이 1990년대 한국의 위안부 담론 속에도 여전히 존재했던 것이다.

3) 민족운동으로서의 의의와 한계

윤금이사건에 대한 당시의 대응이 일종의 남성중심적인 민족운동이 된 것과는 달리, 위안부운동의 주체는 여성단체 연합체인 '정대협'과 생존자들이었다. 그리고 공동대표 이효재가 이 운동의 목표를 "여성을 성노예로 삼은 군부나 국가권력의 만행이 두 번 다시 인류 사회에서 재현되지 않도록 젊은 세대에게 그 진상을 알리고 교육하는 것"(이효재, 1999: 182)이라고 말했듯이, 그것은 궁극적으로 성폭력 근절을 향한 투쟁 과정이었다.

---

47) 모 대학 대자보(정희진: 1999, 382쪽에서 재인용).
48) 이 소설은 영화로도 만들어졌다.

한국의 위안부 문제 해결운동은 식민지시대의 독립운동과 해방 후의 분단 극복, 민주화투쟁의 흐름 속에서 역사적으로 축적되어온 여성의 힘을 반영한 것이다. 앞에서 살펴보았듯이 1980년대 민족민주운동의 성폭력 인식에는 한계가 있었다 하더라도 그런 운동의 성과 위에 1990년대의 페미니즘적 관점에 따라 성폭력운동을 진전시키는 환경이 만들어진 것도 사실이다.

지금의 성폭력 문제에 초점을 맞춘 운동이 진행되는 한편에서 '과거'의 성폭력 문제가 식민지 지배의 청산이나 분단 극복이라는 과제를 떠안고 제기된 것은 한국적 상황 속에서 역사적 필연이기도 했다. 그 과정에서 운동은 피해자들의 성폭력 피해를 민족적 피해로 강조하고 민족담론에 포함된 여성에 대한 성의 이중 기준을 답습하는 한계를 드러냈지만, 이 역시 여성운동이 진전해나가기 위해 거쳐야 할 하나의 과정이었다.

사실 위안부운동의 전개가 오늘날의 성폭력 추방운동에 기여한 측면도 결코 작지 않다. 국제적으로는 위안부 문제나 성노예 문제로 연대하고 민족이나 국가라는 틀을 뛰어넘어 '여성'으로서의 정체성을 확인하는 장을 갖게 된 것이나(조주현, 2000: 247), 「UN 쿠마라스와미(Radhika Coomaraswamy) 보고서」와 「맥두걸(Mcdougall) 보고서」를 세상에 내놓게 한 것도 커다란 공헌이다. 또 베이징 세계여성회의에 참가함으로써 국내 성폭력 문제에 대한 여성운동의 인식을 확장할 수 있었던 것도 빠뜨리지 않고 기록해둘 일이다.[49]

이효재가 지적하듯이 여러 가지 제약은 있었지만 이 운동으로 인해 남

---

49) 1996년 8월 한총련사태가 발생했을 때, 여대생들이 전투경찰(기동대)로부터 받은 성폭력에 대해 '여연'은 전쟁 중에 발생한 성폭력 문제와 동일한 성격을 지닌 것으로 보고 정부를 비판했다.

북여성이 공동 투쟁의 장을 마련하게 된 것도 큰 성과였다. 그것은 정말 "민족 수난의 가장 밑바닥에서 희생을 강요당하고 피해를 입어온 여성들이 분단 극복과 통일의 역사를 만들어갈 주체로서 등장"(이효재, 1999: 218)하는 계기를 만들어낸 일이었다. 그러나 이는 냉전구조의 붕괴와 일조(日朝)교섭에 대한 남북 양 정권의 정치적인 의도 아래에서 가능해진 일이었으며, 피해자들이 진정으로 '역사의 주인' 혹은 그 주체가 되는 데에는 앞으로도 갖가지 어려움으로 가득 찬 기나긴 도정이 기다리고 있다.

1990년대 후반 한국에서는 부계 중심의 성(姓)에 문제를 제기하면서 부모양성을 밝히자는 운동이 진행되었는데,[50] 위안부운동에서도 기존 민족운동의 남성중심성을 모든 측면에서 되묻는 활동이 이루어질 필요가 있다. 지금까지의 운동은 국제적인 차원에서는 성폭력의 측면을 강조하며 연대했지만 국내적으로는 민족 문제를 강조하는 이중구조적인 운동 방식을 지녀왔다.[51] 이것은 운동방침이라는 의도상의 문제가 아니라 위안부 문제의 성폭력적 본질과 민족 문제로서의 측면을 일관성 있는 구조의 문제로 받아들일 수 있을 만큼 성숙되지 못했음을 증명한다.[52] 이런 일관성의 추구 자체가 앞으로의 운동에 요구된다.

---

50) 이 운동은 1997년 '여연'이 주최한 '한국여성대회'에서 남성을 포함한 170명이 대표 선언자로서 '부모양성 사용 선언'을 발표하며 시작되었다.

51) 제4장 참조. 또 한국의 페미니즘 운동이 어떤 때는 유교적 논리를 비판하지만, 또 어떤 때는 그것을 이용하는 전략을 사용하며 운동에 모순을 발생시켰다고 비판하는 사람도 있다(심영희, 1996).

52) 또 지금까지 '정대협'의 UN활동이 위안부 문제의 제기에 한정되었고, 그 밖의 전시 성폭력 문제 등과의 연대행동에 적극적으로 관여하지 않은 것은 갖가지 제약이 있었다고는 하지만 정대협의 국제적인 활동 시각도 민족운동적 성격이 짙었다는 점을 나타낸 것이라고 말할 수 있다.

그런 점에서 각지의 피해자와 지원·운동단체에 의해 2000년 12월 도쿄에서 열린 '일본군 성노예제를 심판하는 여성국제전범법정'(이하 '법정')의 의미는 크다. 이 '법정'의 성과와 의의는 다양한데, 다음 장에서 더 상세하게 기술하겠지만 한국의 운동에서 특히 관심을 가지고 살펴봐야 한다고 생각하는 것은 위안부 인식과 관련하여 일본인 위안부 문제가 제기된 점이다. 또 하나는 일본인 위안부를 어떻게 생각할 것인지를 포함하여, 피해를 당한 각 지역의 사람들이 이 문제에 대해 가지고 있는 인식의 차이와 공통점이 명확하게 드러났다는 점이다. 1990년대 이후 급속하게 발전되어온 오늘날의 성폭력 문제에 대한 이론과 실천의 축적을 받아들여, 이들 과제와 어떻게 대면해나갈 것인지가 앞으로의 운동에서 제기되어야 할 것이다.

마무리

지금까지 1980, 1990년대 한국에서 행해진 성폭력 추방운동의 흐름과 위안부운동의 형성 경위, 성폭력 인식의 문제점, 민족운동으로서의 특징 등에 대해 논의했다. 운동사를 매우 단순하게 정리해보면, 1980년대에 나타난 여성운동의 두 갈래 조류 가운데 민족민주운동과의 통합을 추구한 '여연'계 운동방식이 민족운동적 성격을 지닌 1990년대의 위안부운동으로 합류했고, 여성 문제의 독자성을 주장해온 '또 하나의 문화'의 흐름이 오늘날의 성폭력운동을 진전시켜 왔다고 말할 수 있다. 양자는 때에 따라 연대하면서 한국의 여성운동을 담당해왔다.

위안부운동은 1980년대의 민족민주운동과 연대한 여성운동의 성과 위에 구축되어 과거의 식민지 지배 문제라는 민족적 이슈와 함께 국가권력에 의한 성노예제로서 성폭력 문제를 제기했다. 그것은 한일관계나 통일 문제에서 나타나는 남성중심성에 대한 문제 제기를 동반하기도 했다. 그러나 같은 시기에 시작된 오늘날의 성폭력 추방운동이 예리하게 제기해온 성폭력 인식의 페미니즘적 관점은 위안부운동을 민족운동으로 간주하려는 인식에 압도되어 피해자들의 인식이나 운동방식 속에서 충분히 살아나지 못했다.

이는 한국 여성들에게 식민지 지배나 남북 분단이라는 민족적 수난이 얼마나 무거운 의미인지를 보여주는 동시에, 민족담론이 얼마나 젠더화되어 있는지를 보여준다.

필자는 언젠가 위안부운동이 오늘날의 성폭력 추방운동과 더욱 연대하여 민족운동의 남성중심성을 극복할 수 있는 날이 오리라고 믿는다. 예전에 성폭력 피해자들과 접촉했던 '여성의전화'의 일반 상담원들이 여성문제의 근원적인 해결보다도 계급이나 민족모순의 해결이 우선이라는 지도부의 견해에 위화감을 가지고 있었던 것처럼(민경자, 1999a: 43~44) 위안부운동에서도 피해자 청취조사를 실시해온 연구자나 피해자들과 일상적으로 만났던 일부 활동가는 운동과 실태 사이의 괴리를 민감하게 파악했었다.[53]

한편, 지금까지는 위안부운동의 민족운동적 체질 때문에 이 운동과의 연관성을 경원시했던 페미니스트들도 계속 방관하지 말고 적극적으로 참가하여 운동의 개혁과 진전에 기여해나갈 것이 요구된다. 한국의 페미니스트에게 위안부 문제, 민족 문제에 대한 대응은 양자 모두가 이상으로 추구하고자 하는 사회의 실현을 위해 결코 피할 수 없는 과제이기 때문이다.

---

53) 2001년 6월 23일 한국정신대연구소에서 주최한 토론회에서 나온 연구원들의 발언.

종장 내셔널리즘을 넘어서기 위하여

1. 위안부 문제와 내셔널리즘: 2000년 '법정' 후의 과제

2002년 2월 22일, 서울에 있는 한국정신대연구소에서 '민족주의와 페미니즘'이라는 제목의 토론회가 열렸다. 토론회에는 그동안 줄곧 '전 일본군 위안부'들의 청취조사에 참여했던 연구원들을 비롯하여 여성학·사회학·역사학 연구자, 시민활동가, 학생 등 약 70명이 모여 뜨거운 토론을 벌였다는 말을 전해들었다.[1] 한편 그다음 날에는 일본의 리츠메이칸대학(立命館大學)에서 열린 '동아시아의 평화와 인권, 국제 심포지엄'에서 한국의 사회학 연구자인 김귀옥(현 한성대학교 교수)이 한국전쟁 시의 한국군 위안소제도에 관하여 폭로하는 획기적인 보고를 했다(김귀옥, 2002).

연구소의 토론회나 김귀옥의 발표 모두 '여성국제전범법정'(2000년 12월)을 밑거름으로 삼아 앞으로 일본군 위안부 문제의 해결에 나서려는 활

---

1) 토론의 개요는 한국정신대연구소의 '소보(所報)'(2002년 3·4 합병호)에 소개되어 있다.

동가들에게 중요한 의미를 지닌다고 생각한다. 여기서는 김귀옥의 발표와 그에 대한 한국 내의 반응을 소개하면서, 한국과 일본에서 위안부 문제 해결운동이 추구해야 할 앞으로의 과제에 대해 살펴보도록 하겠다.

1) 한국군 위안부 문제의 제기

먼저 김귀옥의 보고 내용을 간단하게 소개해보자.

김귀옥은 1996년부터 한국전쟁 당시의 이산가족 가운데 주로 남쪽으로 내려온 사람들(월남민)의 정착촌을 방문하여, 그들의 역사적 경험과 정체성을 연구하기 위한 청취조사를 벌여왔다. 그런데 조사 과정에서 한국군이 경영하던 군위안소가 있었다는 사실을 알아냈다. 북한에서 납치되어 온 위안부를 직접 알고 있던 북파공작원 남성들, 납치된 여성, 군위안부를 해야 했던 여성들로부터 증언을 들었다. 또 군위안부와 군위안소의 존재를 증명하는 자료로 육군본부가 1956년에 편찬한 『후방전사(後方戰史)』(인사편)를 비롯하여 당시 군인들의 회고록을 사용했다. 그 요점은 다음과 같다.

육군은 군위안소를 '특수위안대'라 불렀다. 위안소의 설치목적은 병사의 사기앙양, 강간의 방지, 장기간의 대가 없는 전투로 인한 병사의 우울증이나 다른 질병의 예방이었다. 설치시기는 1951년 이후로 추정되며, 1954년 3월경까지 지속되었다. 설치된 장소로는 서울 세 곳, 동해 지방의 강릉과 다른 지역도 있었다. 위안소의 형태는 고정식으로 보이나, 공식자료는 없지만 군인의 회고록 등을 보면 이동식도 있었으리라 추정된다.

위안부의 총수는 확실하지 않지만 『후방전사』의 '위안대' 실적통계표에는 서울과 강릉의 네 곳에 89명의 위안부가 연간 20만 4,560명의 병사를 상대했다는 점이 드러난다(1인당 하루에 6~7명). 또 군의관으로부터 주

2회의 성병검진을 받았고, 위안부는 '제5종 보급품'이라는 명목으로 부대에 배치되었다. 그 밖에 군위안소를 기획, 설치한 주체가 일본군 출신자일 가능성이 높다는 것과 특수위안대의 성격은 사실상의 '공창'제도였다는 사실을 지적한다. 또 군위안부에 관하여 전 북파공작원 가운데는 '직업적으로 몸을 파는 여성'들이 있었다고 증언하는 사람도 있다. 납치나 감언이설에 속은 사례가 있었는데, 그것은 '강제적인 상황에서 일어난 일'이었다고 한다. 또 설령 예전에 공·사창 출신자였다 하더라도 전쟁 전에 5만여 명 정도였던 공·사창이 전후 30만 명으로 팽창했다는 사실은 이해하기 어렵다고 지적한다(김귀옥, 2002). 더욱이 김귀옥은 이 문제도 일본군위안부 문제와 마찬가지로 피해자, 사회단체, 학계가 연대하여 해결해야 할 우리의 과거사 청산 문제 중 하나이며, 한국의 가부장제도로 인해 파생되는 문제라는 관점에서 진상규명과 문제해결을 호소하고 있다.

2) 공창의 의의

1990년대 말 이후 한국에서는 냉전구조와 군부독재정권 아래에서 장기간 금기시되어온 한국전쟁연구, 미군범죄, 군사주의, 의문사 등 수많은 문제가 시민, 연구자, 국회의원들에 의해 제기되었다. 한국전쟁 때 북한에서 남한으로 넘어온 '월남민'을 대상으로 한 연구에 몰두해온 김귀옥의 연구도 그 일환으로 위치 지울 수 있다. 김귀옥은 그때까지 거의 공개되지 않았던 '북파공작원'이나 한국군에 의한 북한의 민간인 납치사건 등을 발표했다. 한국군 위안부 문제는 '월남민' 연구를 시작한 지 얼마 되지 않은 1996년 11월에 처음 접했는데, 이 문제를 한국현대사 문제의 하나로 공개 석상에서 언급한 것은 2000년에 학술단체협의회가 주최한 한국전쟁 관련 세미나의 종합토론에서였다.

김귀옥은 그동안 이 문제를 공표하기 힘들었던 이유에 대해, 일본군 위안부 문제도 아직 해결하지 못한 상황에서 이 문제를 제기하는 일이 '일본의 우익들에게 이용될 가능성'을 고려했다고 말한다. 그럼에도 문제를 제기하는 것은 "우리의 역사 청산"을 확실히 함으로써 '우리나라의 우익'과 직면하는 일이 '일본의 우익'에 대항하는 일 못지않게 중요한 과제라는 인식 때문이라고 한다.[2] 특별히 한국의 일본군 위안부 문제 해결운동과 연계가 있었던 것은 아니지만, 1980년대 말부터 시작된 위안부 문제의 제기와 운동이 김귀옥에게 한국군 위안부 문제를 제기하도록 만든 하나의 토대가 된 것은 사실이다. 게다가 식민지 피지배라는 민족수난적 요소를 농후하게 띠고 있는 일본군 위안부 문제가 일본 정부에 대한 요구를 운동의 중심에 놓을 수밖에 없었던 것에 대해, 한국군 위안부 문제의 제기는 자국 정부와 가부장적 사회에 대한 자성·변혁으로 직결된다는 의미에서 전시 성폭력에 대한 인식을 넓히고 그간의 운동의 발전에 기여할 것이라 기대된다.

3) 한국에서의 반응: 일본군 위안부와의 '비교'

김귀옥의 발표는 일본의 《아사히신문》에 보도되었는데, 한국의 일부 언론도 언급했다. 몇몇 신문은 모두 《아사히신문》이 이 문제를 보도했다는 사실을 전하는 형태의 단신이었다. 게다가 보통 때는 위안부 문제에 관한 기사를 많이 게재했던 《한국일보》나 《조선일보》 등 유력 일간지에서는 보도조차 되지 않았다.

---

2) "베트남전 때도 위안대 운용계획: 김귀옥 박사 인터뷰", 《오마이뉴스》, 2002년 3월 5일.

유일하게 이 문제를 크게 다룬 것은 인터넷신문 ≪오마이뉴스≫이다. 기자가 김귀옥으로부터 직접 보고문을 입수하여 독자적으로 취재하고, 일본에서 발표되기 바로 전날부터 세 차례에 걸쳐 특종으로 보도했다.[3] 나아가 1개월 정도 뒤에는 한국정신대연구소의 강정숙이 김귀옥의 발표와 ≪오마이뉴스≫의 기사에 대한 문제 제기를 같은 신문에 발표했다.[4]

먼저 지적하고 싶은 점은 ≪오마이뉴스≫의 기사와 강정숙의 글에서 공통되는 것으로, 한국군 위안부 문제를 일본군 위안부 문제와 '비교'하는 관점에 대해서이다. 어떤 의미에서는 당연하다고도 말할 수 있지만, 김귀옥의 보고 자체에는 그런 언급이 거의 없어서 오히려 인상적이었는지도 모른다.

예컨대 기사에는 한국군 위안부가 일본군 위안부제도와 설치목적과 운영방식은 비슷하지만 동원방식에서 '근본적인 차이'가 있다고 나와 있다. 즉, 일본군 위안부의 동원은 '일반 여성'에 대해 '(반)강제'적으로 행해진 데 반해, 한국군 위안부의 경우는 '직업여성'(매춘 여성)을 '취업' 형태로 모집했다는 것이다. 그런데 이것이 과연 '근본적인 차이'일 수 있겠는가.

강정숙도 "우선 한국군 '위안대'의 실상을 파악해내야 한다"고 하면서 한국(남측)에서 위안부로 동원되었던 여성들이 "원래 공창이란 것인지, 매춘여성이었다는 것인지 아니면 다른 경로를 통해 위안부가 되었다는 것인지가 분명치 않다. 그래서 한국군 '위안대'의 성격 등이 정확하게 잡

---

3) "한국군도 위안부 운용했다: 일본군 종군경험의 유산", ≪오마이뉴스≫, 2002년 2월 26일자; "한국군 '특수 위안대'는 사실상의 공창", ≪오마이뉴스≫, 2002년 2월 26일자; "베트남전 때도 위안대 운용계획: 김귀옥 박사 인터뷰".

4) "한국군 위안부 문제, 뇌관은 남아 있다", ≪오마이뉴스≫, 2002년 4월 8일자. 또 강정숙의 글을 조금 줄인 것이 한국정신대연구소의 소보(2002년 3·4 합병호)에 게재되어 있다. 덧붙여 연구소에서는 4월 19일에 김귀옥을 초대하여 토론회를 열었다.

히지 않는다"고 말하고 있다.

물론 피해자의 실상을 추적하는 것은 진상규명에서 중요한 요소이다. 그러나 "한국군 '위안대'의 성격"을 물은 뒤, 그 설치목적이나 운영 양태 (즉, 전쟁을 수행하기 위해 여성을 군인들의 성노예로 삼았다는 문제)보다 피해 자 측의 출신이나 성격을 더 중요시하는 것처럼 느껴지는 사람은 필자뿐일까. 말하자면 이런 언급 속에는 일반 "여성"(즉, 처녀)의 동원은 '강제'이고 "매춘여성"의 동원은 강제가 아니라 자유의사에 근거했다는, 일본군 위안부 문제의 인식에 나타나는 피해자 여성에 대한 이분화 도식이 감추어져 있다. 결국 일본군 위안부 문제와 관련하여 생긴 위안부담론의 특징을 그대로 답습한다고 해도 과언이 아니다. ≪오마이뉴스≫의 기사에 대한 독자의 반응에는 공창에 대한 인식이 한층 노골적으로 드러나 있다. 김귀옥의 발표 요지를 해설한 첫 번째 연재기사가 게재된 후 쏟아진 독자의 반응은 다음의 세 가지로 정리된다.[5]

① 군의 어두운 치부를 공개하고 반성하라.
② 구 일본군 위안부제도와는 다른 공창이므로 불법이 아니다.
③ 공창이든 사창이든 군이 전시에 사기앙양을 위해 위안부를 이용했다는 것이 뭐가 잘못됐느냐.

②와 ③은 일본군 위안부 문제에 대한 일본의 역사개찬(改竄)주의자들의 주장과 다르지 않다. 이런 반응, 다시 말해 ②에 대한 반론으로 두 번째의 기사가 쓰여졌지만 한국군이 1947년에 공창폐지령이 공포(다음 해

---

5) "한국군 '특수 위안대'는 사실상의 공창".

시행)된 것을 알면서도 일부러 공창을 모아 운영했으므로 군의 행위가 불법이라는 논점을 강조한 것이었다. 위안부 피해자의 출신에 따라 제도의 성격을 규정하는 관점에 대한 반론까지는 이르지 못했다.

4) 위안부 문제 제기와 관련한 내셔널리즘

또 하나, 강정숙이 한국군 위안부 문제를 일본군 위안부 문제와 비교하면서 양자의 차이로 지적하는 것은 일본군의 경우 타민족의 동원·지배가 행해졌지만 한국군은 그렇지 않았다는 점이다. "가해 남성이 동족이라고 여성이 입은 상처가 감소되는 것은 아니다"라고 말하면서도, 강정숙은 "군위안부 동원방식, 동원규모(지금 확인된 한국군 '위안대' 규모는 일본군 위안부 수와는 비견될 수 없다), '위안소'에서의 대우, 패전 직전직후 '위안부' 피해자에 대한 대응 등에서 타민족 여성에게 훨씬 가혹하였음을 알 수 있다. …… 원래 전쟁, 전쟁터란 상황과 더불어 민족이란 경계를 넘어오면서 매춘구조와 다른 군 '위안부'제도의 폭력성들이 작동하게 된다"고 말하고 있다.

그리고 한국군 위안부 문제가 "같은 민족 내 문제이기에 일본군 '위안부' 문제를 제기하고 운동을 한 것보다 더 어려운 문제가 될 수 있다고 생각한다. 이것은 일본인 군'위안부'들 중 자신을 드러낸 이들이 몇몇에 지나지 않았던 사정과도 통하는 문제라고 생각한다"라고 말한다. 후자의 지적은 맞는 말이다. 그러나 강정숙이 사용하는 '민족이란 경계', '민족 내' 등의 말이 의미하는 것은 도대체 무엇일까. 강정숙은 논문 초두에서 김귀옥의 (한국)"군 '위안부' 문제 제기의 의도와 목적"이 궁금하다며 다음과 같이 질문한다. "이 문제를 제기하는 것으로 얻고자 하는 것이 무엇인가? 민족을 뛰어넘어 군대의 가부장성과 성범죄에 대한 몰각성을 지적하려는 것인가? 아니면 민족 내부의 과제로서 한국군의 문제를 지적하려고 했던가?"(방점은 필자) 여기서 드러나는 것은 가해자도 피해자도 같은 민족인 한국군 위안부 문제를 다루는 일은 '민족을 뛰어넘는 일'이며 '민족 문제가 개입하지 않는다'는 인식이다. 그리고 '민족 문제가 개입하지 않은' 한국군 위안부 문제와, 일본군 위안부 문제에서의 일본인 피해자에 대한 문제의 제기가 어렵다는 점을 지적한다. 그뿐만 아니라 "일본군 '위안부' 피해자 중 한국 여성들은 자기공개를 하는 데 일본 여성들에 비해 가진 장점이 있다. 근대 일본과의 관계에서 온 피해와 이로 인한 한국인들의 일본에 대한 분노와 적개심, 그 일제에 피해를 입었다는 점에서 오는 일본군 '위안부' 피해자에 대한 동정심"(방점은 필자)이라고도 표현한다.

이런 지적은 일본군 위안부 문제에 대한 한국의 운동이 이런저런 평가와는 별개로 그 문제를 타민족 지배의 문제로 받아들였다는 사실을 나타낸다. 또 그와 동시에 내셔널리즘과 성폭력에 관해 흥미로운 시사점을 부여한다.

성폭력에 '타민족'이 개입함으로써 분노를 증대시킨다는 강정숙의 주장은 국가 단위로 인류가 구분되는 현 시기를 생각할 때 어떤 의미에서 보편적으로 드러나는 점이기도 하다. 한국의 기지촌 여성이 미군 병사에게 살해당하는 사건, 오키나와 여성이 미군 병사에게 강간당하는 사건 등 타민족, 타 국민에 의한 수많은 범죄는 차별이나 지배가 개입되기 때문에 그것을 받은 측(피해자가 속해 있는 민족이나 국민)의 격렬한 분노를 불러일으킨다. 그런 의미로 일본군 위안부 문제에서 타민족 여성이 당한 피해의 가혹성이 강조되는 것은 마땅한 일이다. 그러나 그 엄청난 피해의 '가혹성'이나 '분노'는 어디까지나 민족적인 시선에 의한 해석이다. 그것을 피해자가 느끼는 아픔이나 총체적인 피해의 경중에 대해 타자(피해 당사자가 아니라는 의미)가 추측하게 하는 척도로 삼아도 되는가? 강정숙도 "같은 민족 내의 문제인 경우 자신의 경험을 공개한다는 것이 오히려 어렵기 때문에 이후 그것에서 오는 억압의 강도가 피해자에겐 더 클 수도 있다"고 말한다. 즉, 가해자가 타민족이나 타 국가의 사람인지 아닌지가 성폭력 피해자가 느끼는 고통의 크기를 좌우한다고는 말할 수 없다.

적절한 예인지는 모르겠으나, 강간 가해자가 전혀 모르는 사람인 경우와 부친이나 형제처럼 가까운 사람인 경우 피해자가 받게 되는 상처는 어떻게 다를까? 신중한 검토를 요하는 문제겠지만 피해를 밖으로 드러내기 어렵다는 점에서 가까운 사람으로부터 피해를 입은 쪽이 해결하기 곤란하며 정신적 손상을 한층 깊게 하는 요소를 동반한다고 말할 수 있지 않을까. 이는 강정숙의 지적에도 나오듯이 한국군 위안부 문제에서의 '한국인' 피해자, 일본군 위안부 문제에서의 '일본인' 피해자가 신원을 드러내기 힘든 점, 대응하기 힘든 점과도 통하는 대목이다.

필자가 여기서 주장하고 싶은 것은 이렇게 자국 혹은 자민족 내에서 발생한 성폭력 피해자를 껴안기 힘든 면에 대해 '민족이 개입하지 않기 때문'이라고 파악하는 관점의 문제성이다. 오히려 이런 곤란함을 초래하는 요인이 바로 '민족(의식)이 개입하고 있다'는 점이라 생각할 필요가 있지 않을까.

민족이란 말할 나위도 없이 역사적·문화적·사회적으로 만들어진 개념이며 실체이다. 그것은 사람이 젠더화되어 '여성'이 되고 '남성'이 되는 (만들어지는) 것과 유사하다. 어느 사이엔가 몸에 밴 '한국인'이나 '일본인 (민족)'이라는 의식 혹은 '무'의식(어느 것이든 남성중심적으로 형성된 것)이 위안부 문제를 생각할 때의 선입견(bias)이 되어버린 것은 아닐까.

한국군 위안부 문제에서 한국인 피해자나 일본군 위안부 문제에서 일본인 피해자의 피해가 동족이 가해자라는 이유로 가볍게 다뤄지거나, 그에 대해 전혀 반성하지 않는 상황을 만들어내는 일이야말로 내셔널리즘의 방벽(防壁)을 만드는 작업이 아니면 무엇이란 말인가. 피해자중심주의는 이런 피해자를 민족에 의해 분단시키는 내셔널리즘의 방벽을 진정으로 부수는 일이며, 그것을 위해 내적인 내셔널리즘(의식적인 것이든 무의식적인 것이든)을 상대화시키는 일이 아닐까.

5) 앞으로의 과제

그런 의미로 2000년의 '법정'에서 일본인 피해자의 문제가 처음 제기된 일은 커다란 전진이며, 이번 한국군 위안부 문제의 제기와 더불어 새로운 과제가 제시되었다고 말할 수 있다. 그러나 유감스럽게도 그런 제기가 지금까지 각지에서 위안부운동을 전개해온 사람들 사이에서 확산되어 합의가 이루어졌다는 사실을 의미하지는 않는다. 지금은 그저 첫발을 내디딘 단계에 있다고 할 수밖에 없다. '법정'에서 부상한 일본인 피해자 문제는 출신 여부와 관계없이 피해자를 피해자로 보는 사고방식에 바탕을 둔다. 그러나 한국의 '법정' 평가에서는 이러한 성과가 사실상 무시되었다. 오히려 '법정'이 "한국 측의 불만, 식민지주의, 민족차별 문제를 파악할 때 각국의 역사적, 사회적 상황에 따라 피해의 성격이 다른데 이런 차이를 젠더의 문제, 즉 여성에 대한 폭력이라는 틀로 약화시켜버렸다"(김윤옥, 2001: 121)는 지적도 나왔다. 앞으로 이 '법정'의 평가를 둘러싼 합의를 지역 사이에서 치밀하게 지속해나갈 필요가 있다.

한국에서는 한국정신대문제대책협의회에 부설된 '전쟁과 여성인권센터'가 한국군 위안부 문제에도 적극적으로 관여하여 활동하리라 기대한다. 한국군 위안소제도의 피해자들이 신원을 밝히는 일이 가능한 상황을 만들어내기 위해서는 일본군 위안부 문제에 쏟는 힘보다 훨씬 커다란 노력과 열의가 필요하다. 국내뿐 아니라 국제적 네트워크의 지원을 받을 수 있는 운동도 필요할 것이다.

끝으로 현재 진행 중인 일본의 의원입법('전시 성적강제 피해자 문제의 해결 촉진에 관한 법안')운동과 관련하여 한마디 덧붙이고 싶다. 필자는 기본적으로 이 운동이 '국민기금'으로 한정되었던 국가 사죄와 배상을 얻어내기 위한 열쇠를 쥐고 있다고 높이 평가한다. 그럼에도 이 법률안이 말하는 '전시 성적강제 피해자' 속에 일본인 피해자가 포함되어 있지 않다는 점에 대해서는 답답한 기분을 지우기 힘들다. 물론 이 입법운동이 일본 국가로서 '외국인' 피해자에 대한 사죄를 도모할 목적으로 고안되었다는 것만으로도 획기적인 의미를 지닌다는 사실은 이해한다. 또 법안의 작성과 운동을 진행하며 철저하게 피해자 측의 의견을 존중했다는 의미에서 이 운동은 선의를 밀어붙이려는 듯한 '국민기금'의 오만방자함에 비해 상당히 성의가 있다고 인정한다. 나아가 더 결정적인 점은 그동안의 운동이 '외국인' 피해자에 대한 사죄운동 중심이었고, 일본인 피해자가 신원을 쉽게 밝히도록 만드는 지원운동이 부재했다는 사실을 반영한다고도 말할 수 있다. 그렇다고는 해도 역시 일본인 피해자가 제외되었다는 점은 마음이 아프다. 일본인 피해자에 대한 일본 국가의 사죄와 진상규명을 요구하는 운동은 앞으로 어떻게 전개되어야 할 것인가.

2. 한·일 내셔널리즘과 위안부 문제:
   박유하, 『화해를 위해서』에 대해

1) '사이'에 선다는 일

박유하(朴裕河)의 『화해를 위해서』[뿌리와이파리, 2005. 헤이본샤(平凡社)

에서 2006년 일본어판 출간의 주제는 일본과 한국의 '화해'를 위해 지금 한국인에게 필요한 것은 무엇인가이다. 이 책은 지금까지 많은 한국인이 가지고 있던 '가해자=일본', '피해자=한국'이라는 단순화된 인식을 바꾸어 '일본과 자기 자신에 대해 더 알 필요가 있다'는 메시지를 집약했다. 그런 관점에서 위안부 문제를 말하자면 '새 역사 교과서를 만드는 모임'과 같은 일본 우익의 인식과 일본 정부나 '국민기금'의 차이를 확실히 확인할 필요가 있다고 주장한다. 더 나아가 위안부 문제의 책임을 일본 정부에만 물을 것이 아니라 한국 사회나 한국인 자신에게도 물어야 한다고 지적한다.

애초부터 박유하는 쉽사리 '화해'가 이루어질 것이라고는 생각하지 않은 듯하다. 한국어판의 '들어가는 말'에서 박유하는 "여기서 내놓는 견해는 어디까지나 본격적인 논의를 위한 시발점일 뿐이다. 또 이 책이 최종적으로 '화해'를 지향하는 것은 분명하지만 '화해'라는 것이 그렇게 쉽게 가능한 것이라고 생각하고 있는 것도 아니다. …… 분노와 비난이 아닌 평화 속의 조용한 논의가 가능해질 수 있다면, 그때 비로소 화해를 위한 논의는 시작될 수 있을 것"이라고 적고 있다.

특히 인상적으로 느껴지는 점은 박유하가 이런 복잡한 한일관계의 '화해'를 위해 스스로를 '사이'에 세워놓으려 한 것이다. 일본어판의 '머리말'에서 인용하면 "이제는 한국 사회에서든 일본 사회에서든 우도 좌도 아닌 '사이'에 서야 한다"고 표현했다. 이것은 박유하가 말하는 "복잡한 상황을 드러내는, 그 때문에 우리를 혼돈의 늪으로 밀어넣는 사태" 속에 의식적으로 몸을 던지는 행위이다. 이 일은 결코 용이하지 않다. 그저 단순히 통역과 가교 역할을 담당한다거나 각각의 입장으로부터 '중립적'인 것을 말하는 것도 아니다. '재일(한국인)'이라는 점이나 양국에서 긴 세월 생활한 경험이 있다고 해서 얻을 수 있는 위치도 아니다. 우에노 치즈코(上野千鶴子)는 해설에서 이것을 "비판적 지성"이라고 표현한다. 더 나아가 비유적으로 말하면 각 자장에서 강하게 끌어당기는 힘과 반발력에 버텨내는 것이며, 한 순간이라도 힘을 빼서는 안 된다. 특히나 내셔널리즘이 소용돌이치고 있는 일본과 한국, 그리고 양 사회의 등치될 수 없는 듯 보이는 복잡한 좌우 이념의 대립 사이에서 '폭력(전쟁)을 방지하기' 위해 '사이'에 서는 일은 언제 어디에서 예리한 칼이 날아와 박힐지 모르는 일이기도 하다.

위안부에 대해 기술한 제2장, 특히 박유하가 한국의 운동권을 혹독하게 비판하는 대목에서 필자는 솔직히 복잡한 기분이 들었다. 박유하는 필자가 한국에서 문제라고 느끼면서도 쭈뼛거리며 지적할 수 없었던 것을 서슴없이 예리하게 비판하고 있다고 생각되었다. 그 완고한 말투가 정말 당당하게 보였다. 반면에 한국 운동권의 문제점을 비판하면 그들로부터 미움을 받게 되는 것은 아닌지 마음 한구석에 겁을 먹고 있던 내 자신이 정말로 한심하다는 생각마저 들었다.

여기에는 두 가지 의미가 있다고 보인다. 하나는 역시 박유하가 같은 '한국인'이기 때문에 그런 비판이 가능하지 않았을까 하는 생각이다. '일본인인가 한국인인가'라는 물음을 계속해온 나는 아무리 내가 그런 물음 자체에 초연하려 해도 주변으로부터 늘 이런저런 상황으로 인해 '위치 지워져' 왔다. 한국에서 들은 '너는 한국인이 아니니까 그렇게 말하는 거다'라는 반응, 일본에서 '저 사람은 자이니치(재일한국인)니까', '한국인이니까'라는 이유로 허용되어온 것, 더 나아가서 '너는 정대협에서 활동해왔으니까'라는 이유로 어떤 류의 비판의 대상에서 제외되어온 것 모두가 나에게는 배제와 마찬가지의 의미를 지녔다. 그 점에서 박유하는 배제되는 일 없이 비판을 하고 비판을 받는 입장에 있다. 그리고 도망갈 곳 없이 '사이'에 서려는 박유하에 비해, 나 자신은 앞에서 말한 것과 같은 '배제'에 혐오감이 들면서도 '그렇기 때문에 받아들여질 수 있는' 상황에 매달려 있는 듯 생각되었다.

어떻든 이 '사이'에 서자고 말하는 박유하 나름의 과감함은 중요하다고 느껴진다.

2) 한국의 남성중심사회와 위안부 문제 해결운동

『화해를 위해서』 제2장에 대한 나의 복잡한 감상은 다음과 같다. 먼저 박유하가 한국 측의 문제점으로 지적하는 부분에 관해서는 거의 공감하면서도, 한국 측의 대응을 논할 때 한국의 남성중심적 민족주의 담론과 운동권('정대협')을 좀 더 구분하여 말할 필요가 있지 않을까 하는 점이다.

(1) 한국 사회의 남성중심적 민족주의 담론

이미 여러 차례 언급했듯이 1990년대에 여성들이 위안부 문제를 제기하기 전까지 한국 사회에서 '위안부'(당시의 표현으로는 '정신대')는 입에 올리는 일조차 금기시되어왔다. 여성은 가정 내의 아내나 어머니, 자매인 '정숙한' 여성과 '더럽혀진' 여성으로 이분되었다. 남성혈통중심주의에 기초한 한국의 가족은 민족의 단위가 되고, 여성의 성(정조)은 민족의 계승과 단결에 중요한 도구였기 때문이다. 그로 인해 위안부로 동원된 여성들은 피해자였음에도 이제는 '민족'이 필요로 하는 '정숙한' 여성이 아니기에 '더럽혀진 여성'에 속하는 사람으로 간주되었다.

해방 후에도 여성의 성이 민족의 소유물이라는 것에는 변함이 없었다. 위안부가 되었던 여성들은 설령 고향에 돌아갔어도 자신의 경험을 '나의 피해'보다도 '가문의 수치', '민족의 수치'로 생각하는 태도 때문에 침묵당해야 했다. 가족에게서 떨어져 일본군의 성적노리개가 되었다는 사실은 본인의 의사 여부와 관계없이 그 자체만으로도 '더럽혀진' 존재가 되게 했다. 여성의 성을 소유한 사람인 한국 남성들에게 자신의 것을 가로채인 일이며, 그들의 자존심을 상하게 만들었기 때문이다. 그런 분노는 여성에게 향해졌고, 여성은 멸시와 은폐의 대상이 되었다.

이런 사회에서 위안부 문제의 제기는 일본의 식민지 통치 아래에서 '조선 민족'에게 일어난 만행에 대한 항의, 말하자면 '민족적 피해'의 하나로 받아들여졌다. 이런 맥락에서 여성은 '민족'이 소유하는 존재일 뿐이며, 여성을 이분화해온 인식 그 자체에 대해서는 아무 언급도 할 수 없게 된다. 그리고 일본 정부의 사죄를 받음으로써 민족적 굴욕이 해소된다고 말하게 되는 것이다.

(2) '정대협' 활동의 의미: 남성중심사회에 대한 도전과 타협

그러나 한국에서 위안부 문제를 제기한 여성들의 당초 의도는 이런 남성중심적인 시각에 대한 비판을 분명히 포함하고 있었다. 식민지시대의 강제동원 문제는 남성의 징용이나 징병만을 취급했는데 여성의 위안부 문제를 차별하는 것은 이상하다는 인식이었다. 식민지시대에 조선인 남녀가 피해를 당했는데 왜 남성의 피해만 문제 삼고 여성의 피해에 대해서는 무시해왔는가에 대한 분개였다. 또 '민족의 수치'이므로 입 밖에 내지 말라는 압력에 대해 여성의 인권과 관계된 문제라는 인식이 여성학을 공부하는 학생들이나 여성운동 활동가들 사이에 존재했다.

박유하가 주장하는 "책임주체를 분명히 하는 일은 필요하지만, 위안부들의 피해가 복합적인 구조를 가지는 만큼 책임을 '국가'에게로만 돌리는 일은 어떤 의미에서 일본 '국민'을 면죄하는 일이 될 수도 있다"(2005: 94)는 지적은 정확하다. 다만 '정대협' 활동가들은 원래 위안부 문제를 반세기 동안이나 방치해온 것에 대한 '책임'을 누구보다도 강하게 느끼고 스스로 그 책임을 짊어지면서 행동하고자 한 사람들이라 말할 수 있다.

박유하의 한국 비판을 읽으면서 이 두 가지 요소를 구별하는 일이 필요

하다는 느낌이 들었다. 남성중심적인 민족주의 담론을 주체적으로 부르짖는 일과 거기에 휘말려버리는 일은 다르다. 분명하게 남성중심적인 민족주의 담론에 대한 비판을 내포하고 있던 '정대협'활동의 방향성과 목표를 구별하는 일은 한국에서 진행되는 운동의 현상을 보다 정확하게 이해하는 것으로 연결된다. 그리고 그것이 이 운동의 재생 · 발전에도 기여할 수 있다고 생각한다.

(3) '정대협'과 민족주의적 여론의 구별

① 정대협 대표의 '공창' 발언

박유하의 한국 비판에서 두 가지 예를 들어보겠다. 하나는 "'정대협' 대표가 일본의 국민기금을 받은 사람들을 '창녀'라 말한"(2005: 76) 것이 '매춘'을 자신과 관계가 없는 일로 생각하거나 위안부에 대해 편견을 지니고 있다는 증거라고 말하는 대목이다.

결론부터 말하자면 이 발언은 대표가 '편견을 지니고' 그렇게 말했다기보다 성을 파는 여성을 차별하는 한국 사회의 시선을 충분히 알기 때문에 '만일 돈을 받게 되면 당신도 그런 식으로 간주되어버릴 것'이라는 의미로 해석하는 편이 타당하다. 박유하도 한국 군인이 위안부에 대해 수치심을 갖고 있는 예로서 '저 사람들은 모두 돈이 탐이 나서 저런다'며 사죄를 요구하는 위안부를 비난했다는 에피소드를 소개한다. 정말로 이런 시각이 한국 사회에 있기 때문에 할머니들에게 돈 받기를 거부하도록 권했다고 말할 수 있다. 공식적인 사죄와 배상을 끈질기게 요구한 것도 같은 맥락이다.

"'매춘'을 자신과 상관없는 일로 생각하고 있는 일반 여성"들도 어떤 의미에서 그와 같은 태도를 취할 수 있으며, 그들 역시 늘 "그 어느 쪽으로든" 나뉠 수 있는 사람들이다. 실제로 위안부를 이용했고, 일상에서도 '아내'와 '매춘여성'의 노동으로부터 이익을 얻는 입장에 있는 전 군인의 인식과 다르다고 말할 수 없지 않을까.

물론 할머니가 '국민기금'의 돈을 받았다고 해도 그것을 어떤 불명예스러운 일로 보기보다 오히려 돈을 받으면 매춘부나 다름없다고 멸시하는 사회의 시선 쪽에 문제가 있다고 주장했어야 할는지도 모른다. 그런 의미에서 대표의 발언에는 한계가 있었다고 생각한다. 그러나 적극적인 차별의식을 가지고 있었다면 처음부터 이 운동에 몸을 던지지 않았을 것이다.

②'서울대 교수의 망언사건'과 '누드사진집 사건'

또 하나는 '서울대 교수 망언사건'과 위안부를 테마로 누드사진집을 간행한 여자배우의 사건 등에 대해 "'정대협'과 위안부의 발언이 특권적인 정치적 올바름(political correctness)이 되어 있었다"(2005: 90)라고 지적하는 부분이다. 이것도 표면적으로는 말한 그대로이지만, 실제 내용과 약간 차이가 있다고 생각한다.

우선 전자의 사건을 살펴보자. 한국에서 식민지 시기 이래의 사건을 둘러싼 과거사청산(진상규명)법과 관련하여 행해진 심야 TV 토론회에서 최근 '뉴라이트(new right)'의 대표 주자로 알려진 이영훈(李榮薰)이 법률로 과거를 청산하는 것에 의문을 제기한다며, 그 예로 위안부 문제를 들었다. 그런 방법적인 문제보다 오히려 미군위안부나 오늘날의 성매매에 대한 한국인의 성찰 자체가 중요하다는 취지의 발언이 소동의 계기가 되었다. 토론에 참가하고 있던 여당의 '진보파' 국회의원이 이영훈의 발언에 대해 '정신대와 미군위안부가 똑같다는 말인가', '일본의 우익이 주장하는 것처럼 강제가 아니라는 것인가'라고 되물었는데, 신문은 마치 이영훈이 '정신대와 공창은 같은 것으로 강제가 아니다'라며 '일본의 우익과 같은 주장을 했다'고 말한 것처럼 보도했다. 그 후에는 박유하가 기술했듯이 '정대협'

이나 여론의 강한 비판에 휩싸여 며칠 뒤 이영훈이 나눔의 집을 방문하여 할머니들에게 사죄하는 일로 가까스로 진정되었다고 한다.

후자는 위안부를 주제로 하여 제작된 인기 여배우의 누드사진집에 대해 역시 강한 비판이 일어난 사건이다. 결국 제작자 측 대표는 머리 숙여 사죄하고 여배우는 '정대협'을 방문하여 할머니들 앞에 엎드려 눈물을 흘리며 사죄하는 것으로 수습되었다.

어느 쪽이든 이 두 사건 모두 한국 사회에서 위안부 문제가 '어떻게 이야기되어야 하는지'를 여실히 보여준다. 위안부 문제는 절대적으로 일본의 식민지 지배에 대한 민족적인 분노와 직결되는 문제로서, 미군기지 주변이나 일상에서 일어나는 성매매와 단절시켜 취급해야 하는 것이다.

누드사진집에 관해서 말하자면, 원래 이 사진집은 일본 제국주의 군대에 의해 피지배국이 된 조선의 여성이 성을 유린당한다는 설정이 여성을 남성의 폭력의 대상, 지배의 대상으로 묘사하는 성의 상품화시장에서 남성독자를 만족시킬 것이라는 상품 가치를 예상하고 기획되었다[물론 문제가 커지자 제작자 측은 식민지의 아픔을 표현하기 위해 만들었다고 변명했다(정희진, 2005: 85)]. 그런 의미에서 뜻밖에도 이것은 한국 남성의 본심을 노정한 사건이었다. 하지만 사태의 전개는 그런 젠더정치학(gender politics)의 본질에 눈을 돌리기보다 '민족의 순수한 여성이 피해를 입은 민족 문제를 포르노 산업에 이용하려고 한' 제작자와 여배우의 부도덕 문제로 뒤바뀌었다.

어느 쪽이든 최종적으로 '정대협'과 할머니에게 사죄하는 형태로 수습되었기 때문에 박유하의 지적처럼 '정대협'과 할머니의 발언력이 "정치적 올바름"이 된 것은 사실이다. 다만 이 두 사건에서 '정대협'이나 할머니들이 이런 사태를 주도했다고 말하기는 어렵다. 오히려 남성중심적 민족논리에 '이용'되었다고 말할 수 있다. 이 사건으로 분명해진 것은 위안부 문제와 미군위안부 문제를 관계없는 것으로 만들려는 사람들에 대해 유감이라고 말하는 이영훈에게 '정신대 문제와 미군위안부 문제를 동렬에 두는 것은 말도 안 된다', '정신대는 강제연행이 아니라 자발적이라는 것인가?'라고 추궁하는 젊은 '진보파' 국회의원과 그에 동조한 사회자, '위안부 문제에 일본 정부는 책임이 없다는 것인가?'라고 비약한 민주노동당 국회의원이 위안부 문제에 대해 얼마나 편협한 관점을 지니고 있는가 하는 점이다. 또 이 토론회의 발언 내용을 자신들의 사정에 맞는 코드로 바꾸어 기사화하는 언론기자들과 일부 민족주의적 시청자들로 이루어진 네트워크의 광분한 태도도 있다. 그런 흐름이 '정대협'뿐 아니라 일부 '진보'적 시민단체를 '움직였던' 것이다.

처음부터 실제 발언 내용을 확인하지 않고 부정확한 신문보도에 기초하여 이영훈을 단죄하는 성명을 낸 운동권의 책임은 크다. 하지만 관련 단체인 정신대연구소가 이영훈의 발언 내용을 확인하여 곧바로 자신들의 성명을 취하했듯이 운동권은 민족주의적 여론의 의도적인 주도자가 아니었다. '정대협'이 이즈음 줄곧 실행해왔던 '전쟁과 여성인권박물관' 건립금 모금이 난항을 거듭했던 사실도 그런 상황을 드러낸다. '정대협'이나 할머니의 발언이 '특권적인 정치적 올바름'을 지니는 것은 민족주의적 논리를 지지하는 여론의 이해와 중첩되었을 때에 지나지 않는다. '정대협'은 처음부터 한국 정부에 대해서도 독자적인 진상규명을 요구해왔는데, 그 주장은 여론의 응원을 받지 못했고 '특권적인 정치적 올바름'을 확보하지 못했다.

그것이 한국 운동의 어려움이었다. '정대협'이 그동안 한국에서 어느 정도의 영향력을 가지게 된 것은 사실이지만 그조차도 국내외의 정세에 따라 좌우되는 불안한 역량이었다. 활동가들은 지금도 여러 악조건 아래에서 날마다 할머니들을 보살피는 일을 걱정하고, 내외의 공격세력에 대해 신경을 쓰고, 젊은이들의 교육까지 배려하면서 활동을 지속하고 있다. 이 문제의 중요성을 인식하는 사람들이 끊임없는 관심과 애정을 쏟아야 운동을 풍요롭게 만들어나갈 수 있을 것이다.

3) '국민기금'을 둘러싸고

박유하는 이 책에서 소위 '국민기금'에 대해 지금까지 한국 측이 보인 일방적인 견해를 비판하고, 그 의의와 한계에 대해 상세하게 말한다. 확실히 한국에서 '국민기금'을 받아들인 방식은 일면적이었고 그 실태가 정확하게 전해지지 않은 것이 사실이다. 또 박유하가 혹독하게 비판하듯이 기금 수용을 둘러싼 '정대협'의 월권행위에 대해서는 당시 '정대협' 내부에 방침의 재고를 요구한 사람으로서 공감할 수 있는 면이 있었다. 그럼에도 '정대협'이 '국민기금'의 수용방식에 반대한 것 자체는 정당했다고 말할 수 있다. 여기서는 그 이유에 대해 말해보겠다.

(1) '선의'의 강요

'국민기금'은 박유하가 지적했듯이 일본 정부의 '최선의' 대응이었다. 필자도 기금을 추진한 양심적인 지식인들의 생각은 존경할 만하다고 본다. 그리고 당시 일본의 정치 상황 속에서 '자민당, 사회당, 사키가케' 연립정권이라는 기회를 놓치지 않고 '국민기금'을 설립한 그 자체의 의의는 클 것이다. 그러나 당시 한국에서 운동권과 함께 활동했던 필자의 눈에 기금의 설립 과정은 아주 명료해 보이지 않았다.

'정대협'은 기금 추진자들과 전혀 대화하지 않은 것이 아니었다. 몇 번인가 응했는데, 그것은 대등한 대화라기보다 기금 측이 '정대협'에 단지 '이해를 구하기 위한' 장이었다. '이 정도로 열심히 애쓰고 있다, 일본의 정치 상황으로는 이게 최선이니 받아들여 주었으면 좋겠다'는 식이었다. 유감스럽게도 '선의의 강요'처럼 생각되었다.

(2) '국민기금'의 애매함

더욱이 기금의 내용은 박유하도 지적하고 있듯이, 국가도 돈을 일부 내지만 공식적인 배상이 아니라 국민의 기금을 통한 '보상금'이며 도의적인 책임일 뿐이라는 복잡하고 애매한 것이었다. 고노(河野)담화에 의해 어느 정도의 사실을 인정한 다음 단계로서 '국민기금'이 제시되었지만, 그 애매함은 이전 아베 신조(安倍晋三) 전 수상의 발언 등으로 상징되듯이 국가의 책임을 인정하지 않으려는 발언과 연결된다는 사실도 이미 알고 있는 대로이다.

'국민기금'은 양심적인 지식인들이 참가했고 그들이 기금의 내용을 결정하는 데 커다란 영향력을 지닌 듯했지만, 정치에 관여하는 사람들의 맥락에서 한국 측에는 전달할 수 없는 술수도 있었던 것으로 생각된다. 더욱이 나이 든 야당 정치가들은 입법 기술도 충분하지 않았고, '정대협'의 기분을 잘 이해하고 있던 여성의원들의 노력도 애석하지만 일본의 남성 중심적 정치계 속에서 역부족한 한계가 있었다. 결국 남성정치가들이 가진 다양한 의도가 총망라되어 기금이 만들어졌고, 거기에 양심적인 지식인들도 휘말릴 수밖에 없었다. 그렇게 해서 만들어진 기금을 한국의 '여성단체'인 '정대협'을 납득시켜 받아들이도록 한 것에 무리가 있었다.

한국 여성들은 일관되게 진상규명, 공식적인 사죄와 배상, 재발 방지를 위해 교과서에 기재하고 교육할 것을 요청해왔다. 이런 요구는 전시 상황에서 벌어진 성폭력 문제의 해결을 위해 모두 필요하다. 그런데 처음부터 이런 원칙을 충족시키지 않는 조건을 걸고, 정책 추진 주체가 정부인지 민간인지도 불분명한 단체를 만들어 그런 불충분한 조건을 '받아들여 달라'고 요구했기 때문에 '정대협' 측에서 보면 애초에 받아들일 수 있는 이야기가 아니었다.

하지만 박유하가 비판했듯이 '정대협'이 기금에 반대했다고 해도 할머니들이 기금을 받을지 말지에 대해 스스로 판단하고 결정할 권리를 갖고 있었음은 틀림없다. 게다가 국민기금에 반대하며 시작된 한국의 모금을 국민기금을 받은 할머니를 제외하고 나누어준 것은 지나친 행동이었다. 이 점은 '정대협'도, 또 '정대협'과 연대하여 활동해온 일본의 운동체도 반성이 필요한 문제라고 생각한다.

(3) 입법운동의 자세

다음으로 박유하는 "국회에서의 '입법'이 최종적으로 무산되었다"(2005: 68)라고 기술하는데, 이것은 사실과 약간 다르다. 입법화하려는 노력을 했지만 그것이 조약(條約)의 벽에 부딪혀 법안조차 만들지 못했고, 입법화로 해결할 수 없게 되자 국민기금을 만들었다는 설명을 자주 듣는다. 그러나 입법화 노력은 당시 다른 의원과 변호사에 의해 더욱 끈질기게 진행되어, 결국 법안을 작성하고 2000년 3월 참의원에 제출하는 데 성공했다. 물론 법안이 국회에서 가결되지 않으면 진정한 전진은 이룰 수 없지만 이러한 운동의 운용방식은 국민기금과 대조적이었다.

'정대협'과 할머니들에 대한 접촉방식 측면도 결정적으로 달랐다. 법안을 작성할 때 철저하게 한국 운동체의 의견을 경청했기 때문이다. 그것도 간단한 일은 아니었다. 법안의 원안을 작성하고 문면마다 '정대협'의 의견을 들었는데, '정대협'은 쉽게 동의하지 않았다. 1995년에 교섭을 시작하여 '정대협'이 마침내 동의함으로써 법안이 완성된 것은 1999년이다. 특히 그들은 '정대협'이 납득하지 않으면 법안을 제출하지 않는다는 원칙에 따라 몇 번의 수정을 되풀이해도 참을성 있게 교섭했다. 이 과정에서 서로의 신뢰를 구축한 것은 커다란 수확이었다. 거기에는 성폭력 피해자 측의 의견을 존중하는 자세가 있었으며, 일방적인 밀어붙이기는 전혀 없었다. '화해'를 향한 과정으로서 일정한 성공을 거두었다고 평가할 수 있다.

(4) '본질주의'라는 지적에 대해

① 국민기금에 대한 비판의 표현

박유하는 '정대협'이 국민기금을 비판하는 근저에는 '본질주의적 불신'이 있다고 지적한다. 그런 측면은 사실일지도 모른다. 그러나 앞에서 기술해왔듯이 '정대협'이 국민기금을 받아들일 수 없었던 것은 본질주의적 불신이라기보다 운동목표에 따른 태도 때문이었다고 말할 수 있다.

다만 박유하가 혹독하게 비판한, 2000년대에 들어서부터 '정대협'이 발표한 성명문에서 사용된 표현은 확실히 문제가 있다고 말하지 않을 수 없다(2005: 72~73). 이것은 변명처럼 들릴지 모르지만, 감히 말하자면 정세변화에 따른 운동성격의 변화와 관계가 있다고 보인다.

그리고 새로운 활동을 이끌게 된 실무 활동가들은 거의 1980, 1990년대에 학생운동 등을 경험한 젊은 사람들이었다. 그들은 권인숙이 지적했듯이, 군사정권기에 교육을 받고 대학생 시절에는 군사주의문화의 색채를 띤 학생운동을 경험했던 세대이기도 했다(권인숙, 2005). 성명의 '과격'한 표현은 학생운동과 반미운동 등에서도 단골로 등장하는 표현들이었다. 1990년대 초반에는 성명의 한 글자 한 글자에 신경을 썼지만 그 이후로 점점 관념적이고 형식적이게 되었다는 점도 부정할 수 없다.

② 연애와 성폭력

또 하나 박유하가 '정대협'의 본질주의적 사고와 연결 지어 지적하는 것으로 위안부와 병사의 연애관계에 대한 언급이 있다(2005: 85~86). 여기서는 한국에 존재하는 '일본군'과 위안부 이미지의 획일성을 비판하고, "당사자들이 '연애관계'라고 생각한다면 그것 역시 '연애관계'였다고 말할 수 있다"라고 말한다. 그리고 한국인 연구자인 안연선이 "상호적인 연애관계라고 주장하는 것은 위안부 여성들이 성폭력 피해자였다는 것을 부인할 우려가 있다"라고 지적한 것에 대해, 이 역시 본질주의적 사고로부터 도출된 것이 아니냐고 말한다. 박유하가 무엇을 말하려는지 이해할 수 있지만, 그것은 안연선이 말하는 논지와 맞지 않는다. 안연선은 예컨대 당사자들이 '연애관계'로 생각했다 하더라도 그 관계가 폭력적이었다는 점은 달라지지 않는다고 말한다. 안연선은 직접 인터뷰한 전 일본군 병사의 생각과 전 위안부의 말을 기초로 하여, 전 병사가 연애라고 느꼈다 해도 전 위안부에게는 그것이 고통이었을 수 있다는 점을 자신의 저서에서 지적했다. 또 위안소라는 장소의 속성상 군인과 위안부는 절대적인 상하관계로 규정되어 있으므로 상호 연애관계라는 의식은 동등한 것일 수 없으며, 게다가 위안부들이 성폭력 피해자인 상황에 놓여 있었다는 사실은 부인할 수 없다.

4) 열린 운동을 위하여

2000년의 '여성국제전범법정'이 끝난 뒤, 한국 측 대표를 맡았던 윤정옥은 '법정'에 대한 감상으로 '민족 문제가 경시되었다'고 평가했다. 이는 윤정옥뿐 아니라 한국 측 참가자들의 종합적인 견해였다(전절 참조). 일본 활동가들은 한국의 이런 반응에 충격을 받았지만, 나는 오히려 새삼스럽게 충격을 받는 일본 활동가들의 반응에 놀랐다. '법정'을 준비하는 과정에서 논의를 거듭하며 서로의 관점과 사고방식의 차이를 이미 잘 알게 되었을 터이기 때문이다. 또 미력하나마 필자도 한국의 운동 속에서 느낀 문제에 대해 일본의 활동가와 연구자에게 알려야 할 필요가 있다고 생각하여 기회가 될 때마다 발표해왔다.

그러나 그런 점에 대한 일본 활동가들의 반응은 무뎠다. 바로 이것이 박유하가 '머리말'에서 지적한 "한국의 내셔널리즘에는 눈을 가로막는 구조"가 있다는 말과 통하지 않을까. 일본 활동가들의 입장에서 보면 한국의 운동을 비판하고 문제점을 지적하는 것이 곧바로 일본의 우파 내셔널리스트들에게 악용될 우려가 있으므로 그런 일을 피하기 위해 입을 다물었는지도 모른다. 하지만 그래서는 양자가 상호 이해와 신뢰에 기초한 강고한 연대를 만들 수 없다.

일본의 운동은 특히 '국민기금'의 발족을 즈음하여 기금 추진파와 반대파로 나뉘었고, '진짜 투쟁 대상은 누구인가'라는 의구심이 들 정도로 험악한 상태가 되었다. 그러나 이런 상황을 반기는 것은 일본의 보수정권이며, 한일 양국의 차별주의자이다. 소수파의 운동이 일본이나 한국의 거대한 내셔널리즘을 극복하기 위해서는 어떻게 해야 할까. 일본에서는 운동체와 개인 사이의 반목과 분열구도를 뛰어넘어, 적어도 지금까지 '국민기금'에 대한 평가를 둘러싸고 입장을 달리해온 이른바 양심파 사람들이 대화에 나서고 서로의 의견을 소통할 필요가 있다. 또 한국의 운동체와도 더욱 활발하게 교류하고 논의를 심화시킴으로써 신뢰관계를 구축해나가야 할 것이다.

위안부 문제의 해결이 단순히 일본 정부가 공식적인 사죄와 배상을 하도록 만드는 일에 그치지 않는다는 것은 말할 나위도 없다. 사람을 차별하고 이용하는 내셔널리즘적 사고와 싸우는 일이 병행되어야 한다. 무엇보다 운동의 과정에서 폭력성을 제거하는 일이 필요하다. 내셔널리즘과 우리의 내면에 잠재한 차별의식과 대면해나가면서 얼마나 많은 사람들과 신뢰를 구축하고 힘을 모을 수 있는지 우리 스스로에게 되물어야 한다고 생각한다.

3. 배제와 차별에 저항하는 관점

1) 양자택일의 의미

유학하기 위해 건너간 한국에서 위안부 문제 해결운동을 통해 강렬한 내셔널리즘에 직면했던 일은 필자에게 매우 귀중한 경험이었다. 한국의 활동가들과 위안부 문제를 두고 생긴 인식의 차이를 생각함으로써 스스로 가져왔던 내셔널 아이덴티티의 중압으로부터 해방되었고, 그 저주에서 어느 정도 놓여날 수 있었기 때문이다.

그때까지 필자가 '일본인인가 조선(한국)인인가' 고뇌해왔던 각각의 '국민'은 '자연적으로' 형성된 것이 아니라 일정한 기준에 따라 '선별되고' 만들어져 온 것이다. 예를 들면, 1950년 한국전쟁 때부터 시작하여 지금도여전히 지속되고 있는 해외 입양아(거의 구미로 입양된다)의 사례를 보아도분명하다. 입양아가 되어 해외로 보내지는 아이는 비혼[非婚, 미혼(未婚)]여성이 낳은 아이이거나 부친이 외국인(특히 주한미군 병사)이어서 피부색이다른 아이들이다. 그 가운데는 신체장애를 가지고 태어난 아이들도 포함된다.[6] 말하자면 법적인 아버지가 없는 아이, 아버지가 외국인인 아이,

---

6) 1953년부터 2007년까지 해외에 보내진 한국인 입양아는 약 16만 명을 넘는다고 한다. 또 2006년도의 해외 입양아는 1,899명이며 그 대부분은 '비혼인 어머니'에게서 태어난 아이이다. 또 그 가운데 60%가 장애를 지닌 아이였다("한국, 경제대국 세계1위 '아동수출대국!'", ≪프레시안≫, 2007년 5월 9일자).

피부색이 다른 아이, 장애를 지닌 아이는 한국 땅에서 한국인 어머니로부터 태어나도 한국 사회의 일원이 될 수 없는 것이다.

한국도 그렇지만, 일본도 아이는 부친의 국적을 이어받게끔 되어왔다. 필자처럼 어머니의 국적을 이어받는 경우는 '사생아'로서 차별대상이 될 수 있다. 이런 배제의 기준은 여성차별, 소수자(minority)차별, 사회적 약자에 대한 차별이라는 요소를 내포한다.

일본의 경우 한국처럼 해외 입양아를 보내는 일은 드물지만 구성원에게 '국민'으로서 동질화를 요구하고 이질적인 존재에게 매우 배타적인 사회인 것은 주지하는 대로이다. 양국에 존재하는 이런 배제와 차별의 구조가 내셔널 아이덴티티의 양자택일을 강요하고 있지는 않을까.

필자는 위안부 문제에 전념하면서 이런 사실들을 깨달았고, '내셔널 아이덴티티를 양자택일하려고 고민하는 것은 생산적이지 않다'고 생각하게 되었다. 오히려 한국이든 일본이든 사람을 부당하게 차별하고 배제하는 모든 것에 저항하는 입장(관점)에 서는 일이 중요하다고 본다.[7] 나는 그런 방도를 페미니즘에서 얻었다고 생각한다.

2) '국가'라는 틀

그런데 일본에서는 위안부 문제에 대한 접근을 둘러싸고 운동 초기부터 이른바 '양심파' 사이에서 '가해국 국민'으로서의 의식과 입장에 대한 인식을 질문해왔다. 이것은 중요한 관점이다. 하지만 가해자를 '조상으로 둔 사람'으로서의 책임이어서는 안 된다. 어디까지나 현재 그 나라의 참

---

7) 물론 이것이 각각의 영역에서 형성된 말이나 문화의 가치를 부정하는 것은 아니다.

정권을 지닌 사회구성원으로서 예전에 잘못한 정책을 여전히 시정하지 않고 있는 정부를 존속시키는 것에 대한 책임이어야 한다. 그런 의미에서 필자도 참정권을 지닌 사람으로서 일본이 취하고 있는 태도에 책임을 느낀다.

또 위안부 문제에 관여하면서 '가해국 국민'이나 '피해 민족' 등과 같은 국가적 틀을 우선시하면 페미니즘적인 연대는 멀어질 것이다. 오래전에 일본에서 열린 위안부 문제에 관한 논의의 장에서 필자가 쓴 한국 여성운동의 민족담론을 비판한 글이 도마에 올랐는데, 어떤 사람이 그 글을 "재일조선인인 야마시타가 자기비판한 것"이라고 해석했다(日本の戰爭責任資料センター 編, 1998: 197). 나는 그것을 나중에 알고 무엇이라 표현하기 힘든 위화감을 느꼈다. 즉, 나는 '재일조선인'이기 때문에 비판이 허용되지만 일본인 페미니스트가 한국의 민족담론을 비판하는 것은 허용되지 않는다는 주장이었던 것이다. 이렇게 내가 '위치 지워지는 방식'이 내셔널 아이덴티티를 강요하는 구조와 어딘가 상통한다고 느꼈다.

'자이니치(재일한국인)'라고 해도 그러한 정의방식에 의해 드러나는 양태는 다양하다. 각자의 내셔널 아이덴티티도 중층적이고 가변적이다. 뿌리의 한쪽 끝이 식민지기의 한반도에 있다 해도 지금은 일본 국적을 가지고 일본 이름으로 생활하는 사람들도 많다(앞으로는 그 반대의 경우도 있을 수 있다). 이런 사람들이 편협한 '일본인'이라는 정의[마찬가지로 '조선(한국)인', '자이니치(재일한국인)'이라는 정의되로 인해 눈에 보이지 않게 된 것이다.

3) '국가'라는 틀과 위안부 문제

위안부 문제에 접근하는 입장은 다양하고, 그 출발점과 과정 역시 여러 가지이다. 내셔널 아이덴티티의 입장을 중시하면 이런 실태를 점점 더 보기 힘들게 되고 페미니즘적 연대를 저해할 수밖에 없다.[8] 한국의 운동이 민족담론이라는 속박을 풀어냄으로써 페미니즘 운동으로의 가능성을 열어나갈 필요가 있는 것과 마찬가지로, 일본의 운동도 동일한 뿌리를 가진 근대 국민국가의 국가적 틀을 페미니즘이라는 관점에서 파악할 필요가 있다. 물론 가해와 피해의 역사에 무지·무책임해도 괜찮다는 의미는 아니다.

일본에서는 조선인과 타이완인, 필리핀인 등 외국인 전 위안부에 대한 관심과 운동이 활발해져 왔지만 일본인 위안부 문제의 경우는 손대지 않은 채 그대로 남겨졌다.[9] 이 장의 1절에서 기술한 대로, 이는 한국에서 한국전쟁기의 한국군 위안부 문제가 다뤄지지 않았던 것과 마찬가지이다. 하지만 일본인 위안부의 경우, 가해국에 속한 여성이라는 속박이 더해져 그 문제에 대한 접근이 한층 더 어렵다. 또한 페미니즘이 국내의 내셔널리즘을 깨부수는 힘을 필요로 한다(일본 사회에 강력한 내셔널리즘이 존재한다)는 사실을 말해준다.

지금까지 위안부 문제 해결운동은 한국과 일본의 운동체가 긴밀한 연대활동을 이루어 크게 진전되어왔다. 한국의 여성운동이 문제 제기하고 여론화한 것을 시작으로 전 위안부가 신원을 드러냈고, 증언의 청취조사

---

8) 한국의 ≪한겨레신문≫ 지상에서 벌어진 '진보적 민족주의는 유효한가'라는 논쟁에서 권혁범(대전대학교 교수)은 "배제와 차별은 민족주의의 본질이다"라고 지적하며 "국적을 뛰어넘어 초경적인 주체를 지향하는 페미니스트에게도 민족은 부차적인 것일 수 있다"고 말한다("신자유주의를 막을 수 없는 '민족'을 땅에 묻어라", ≪한겨레신문≫, 2007년 12월 14일자).

9) 그런 의미에서 2008년 3월 22일에 열린 '여성들의 전쟁과 평화자료관'(WAM)이 개최한 심포지엄 '위안부가 된 일본의 여성들: 오키나와 그리고 시로타 스즈코 씨를 말하다'는 매우 중요한 시도이다.

가 이루어졌으며, 국제적인 운동으로 발전하자 일본의 시민운동과 여성운동이 그것을 받아들여 호응함으로써 지금까지 이어진 것이다. 공론화된 뒤 일본 역사연구자들의 연구활동이 가장 커다란 힘이 되어주었고, 각종 재판투쟁을 지원한 법률가와 활동가, 시민의 공헌이 있었으며, 국회의원과 NGO의 활약도 컸다. 더 나아가 전 위안부의 증언집회에 모인 수많은 일반 시민의 관심도 큰 도움이 되었다. 2000년의 '여성국제전범법정'을 성공시키기 위해 모여든 각국 여성들 가운데 중심적 역할을 한 것은 일본의 활동가들이었다.

필자는 늘 일본 사회에 존재하는 이런 열성적인 대처에 경의를 품으면서도, 한국과의 양적·질적인 불균형이 넓어지는 것을 마음속으로 우려해왔다. 일본 사회(재일한국인을 포함하여)의 조선인 위안부 문제에 대한 접근이 아이러니하게도 한국 사회의 위안부 문제에 대한 접근을 외형적인 것으로 머물게 하여 결과적으로 내실을 축적할 수 없게 만드는 구조를 형성하지는 않았는가 싶어서이다. 물론 거기에 명확한 상관관계가 있는지는 모르겠다. 또 그렇다고 해서 일본 사회에서의 접근을 비판하고 싶은 것도 아니다.

어쨌든 위안부 문제 해결운동은 이제부터가 더 중요하다. 운동의 목적을 재발 방지에 둔다면 일본 정부에 사죄와 배상을 촉구하고 재발 방지를 위해 다양한 활동을 할 필요가 있다. 그것을 위한 입법운동 하나를 시작한대도 입법화 자체는 시작에 지나지 않으며, 법적 토대 위에서 어떤 작업을 하면 좋을지 그 내용을 논의하고 연구해야 한다. 그러나 그 이상으로 위안부 문제가 우리에게 중요한 이유는 그 문제가 여성을 병사의 성적 위로자로 삼은 일에 대한 문제 제기에서 시작하여, 성적 자기결정권뿐 아니라 전 지구적으로 어떻게 인권을 존중하는 사회를 만들어나갈 것인가에 대한 질문을 던지기 때문이다.

이제 어떻게 재발 방지를 위한 운동을 넓혀 가면 좋을지가 과제가 될 것이다. 일본과 한국의 여성운동은 앞으로 페미니즘이라는 관점에 서서 대화와 상호 이해를 보다 깊이 해나감으로써 신뢰를 구축하고 대등한 파트너로서 활동할 것이 요구된다. 오늘날은 군(한국군, 주한미군, 자위대, 주일미군)의 성폭력 문제뿐 아니라 민간인 남성이 국내·국외에서 벌이는 폭력적 성매매와 인신매매가 두 사회에서, 또 세계의 많은 나라에서 공통되는 문제이기도 하다. 이런 문제를 사정권에 넣으면서 공통의('동일하다'는 의미가 아니라) 역사인식이 뒷받침된 지역으로서의 한일 연대활동이 이루어질 때 위안부 문제 역시 크게 진전되어나갈 것이라 생각한다.

추가장

일본인 위안부를 둘러싼 기억과 담론: 침묵이 의미하는 것

1990년대 초 한국 여성들이 일본군 위안부 문제를 공론화한 이래 약 20년 가까운 세월이 지났다. 그 사이에 일본군 위안부 문제는 국제적인 여성운동의 흐름과 합류하여 현재 세계 각지에서 진행 중인 무력분쟁 아래에서 벌어지는 성폭력 문제와 연결된 문제로 인식되었다. 또 전후 긴 세월간 침묵해온 전 위안부 생존자들이 아시아 각지에서 신원을 드러내고 그들의 피해를 말하게 되었다.

2000년 12월 도쿄에서 열린 여성국제전범법정은 위안부 문제가 제기된 이후 10년 동안 이루어진 운동의 도달점을 보여주었다. 이 법정의 성과와 과제는 여러 가지이지만, 필자는 특히 일본인 위안부 문제가 공론화된 것에 커다란 의의가 있다고 생각했다(종장 참조). 그러나 그 후에도 일본인 생존자들이 신원을 드러내는 일은 거의 없었다고 말할 수 있을 정도로 그들은 여전히 침묵 중이다.

지금까지의 운동에서 일본인 위안부와 관련된 일을 돌아보지 못한 것에 대해 문제 제기가 없지는 않았다. 우에노 치즈코는 이 문제야말로 "일본 페미니즘의 무력함의 증거"라 지적했고(上野, 1998: 128), 앞에서 언급한 법정에서 일본인 위안부에 관한 전문가 증인을 맡았던 후지메 유키(藤目

ゆき)는 일본의 폐창운동이나 여성운동이 역사적으로 공창에 대한 멸시를 갖고 있었다는 비판을 내놓기도 했다(藤目, 2001). 또 창기 출신자가 많다고 여겨져 온 일본인 위안부와 그렇지 않은 타 지역 출신의 위안부 사이에 선을 그으려는 시도가 얼마나 문제가 되는지에 대해서도 몇몇 연구자에 의해 지적되어왔다.

필자 역시 지금까지 이런 문제의식을 공유하면서 일본인 위안부를 의식의 한구석에 두어왔다. 하지만 타 지역 출신 위안부에 비해 고령이어서 일본인 위안부 생존자를 찾는 일이 무리가 아닐까 하는 생각이 앞서서 이 문제를 확실하게 대하지 못했다.

일찍이 1980년대에 일본인 생존자인 시로타 스즈코 씨[1]가 위안부의 진혼비 건립을 요구하며 사회에 신원을 드러냈다. 필자도 한국에서 위안부 문제에 몰두하기 시작하던 즈음에 시로타 씨를 방문하여 직접 이야기를 청해 들은 적이 있었다. 일본 정부에 지속적으로 호소한 그분의 편지도 입수했다. 그럼에도 시로타 씨의 목소리를 확실하게 받아들이고 그것을 사회에 다시 전하는 일은 해낼 수 없었다.

최근 들어 미국이나 유럽 의회 등에서 이루어진 '위안부' 결의에 자극을

---

1) 도쿄 후카가와(深川)에서 태어났다. 14세 때 부친이 빌린 돈 때문에 집을 차압당했다. 공립 여자직업학교를 중퇴했고, 17세(1938년) 때 가구라자카(神樂坂)의 예기옥에 일하러 나갔다. 예기가 된 지 얼마 되지 않아 심한 임질에 걸렸다. 다음 해인 1939년, 요코하마 유곽으로 가며 3년 계약을 하여 500엔을 빌렸다. 다시 타이완, 마쿵(馬公)의 해군위안소에서 3년 계약을 하여 2,500엔을 빌렸다. 이후 일단 귀국했지만 곤궁한 상태가 지속되어 남양의 사이판 섬 카라판의 요리옥으로 3,000엔의 차금을 받고 다시 나갔다. 1941년에는 트럭 섬(미크로네시아 츄크 제도를 말함 — 옮긴이 주)에서 체류하다가 2년 뒤에 일시 귀국했다. 그리고 1944년에 팔라우로 갔으며, 패전 후 미군이 코로르(팔라우의 옛 수도)에 상륙하자 1946년 해군의 배로 우라가(浦賀)에 귀환했다(城田, 1985).

받은 일본에서도 지방자치단체 단위의 의회결의운동이나 입법을 추진하려는 운동이 본격적으로 진행되고 있다.[2] 그런 와중에 일본군 위안부 문제를 젠더의 관점에서 위치 지워 탐구하기 위해서는 지금까지 일본인 위안부 문제에서 빠뜨린 점을 재고하여[3] 위안소제도의 모든 피해자를 국적을 초월하여 응시하려는 관점이 필요하다.

이 글은 이러한 반성과 문제의식에 기초하여 다시 한 번 일본인 위안부에 대해 논의해보고자 한다. 이를 위해 ① 일본인 위안부는 도대체 어떤 존재였는가, ② 전후 일본 사회에서 일본인 위안부는 어떻게 이야기되어왔는가, 또 일본인 생존자로서 유일하게 신원을 밝힌 시로타 스즈코 씨는 무엇을 호소하려 했는가, ③ 1990년대 이후의 위안부 문제 해결운동 속에서 일본인 위안부는 왜 눈에 보이지 않게 되어버렸는가, 그리고 이것을 논의하는 일이 왜 중요한가에 대해 필자 나름의 견해를 기술하려 한다. 다만 이 논고는 문제 제기에 지나지 않는 것으로, 일차 자료에 기초한 치밀한 연구는 앞으로의 과제로 삼고자 한다.

1. 일본인 위안부란

주지하는 대로 1990년대 들어 일본군 위안부 문제가 공론화되는 계기가 된 것은 진상규명에 대한 한국의 호소였다. 또 운동이 전개되는 과정

---

2) 관서 포럼(http://www.jca.apc.org/ianfu_ketsugi/)의 활동 등이 있다.

3) 2008년 3월 액티브 뮤지엄 '여성들의 전쟁과 평화자료관(女たちの戰爭と平和資料館)'에서 '위안부가 된 일본의 여성들: 오키나와 그리고 시로타 스즈코 씨를 말하다'라는 심포지엄이 열렸다. 일본인 위안부에 대한 관심을 높이기 위한 귀중한 시도였다.

에서 한국과 조선민주주의인민공화국을 비롯하여 전쟁이나 식민지의 피해를 입은 나라의 생존자들이 잇달아 신원을 밝혔기 때문이다. 한편 같은 시기에 일본인 위안부 생존자가 신원을 드러내는 일은 눈에 띄지 않았고, 운동을 진행하는 사람들의 인식 속에서도 생존자의 신원을 찾으려는 기미는 점점 희미해져 갔다. 그런데 사실 그 사이에 일본 역사가들이 중심이 되어 발굴한 자료 가운데 일본인 위안부의 존재를 나타내는 자료는 조선인이나 중국인의 경우와 마찬가지로 상당히 많았다.

예를 들어, 지금까지 일본에서 위안부와 관련하여 출판된 몇 개의 자료집[4]에는 일본인 위안부의 존재를 확인할 수 있는 다양한 군(軍) 자료가 수록되어 있다. 또 센다 가코우(千田夏光), 가와다 후미코(川田文子), 다니가와 미쓰에(谷川美津枝), 니시노 루미코(西野瑠美子) 등이 작성한 각종 르포 형식의 글에도 각 지역의 출신자뿐 아니라 일본인 위안부에 관한 언급이 있다.[5] 더욱이 전 병사들의 회상록과, 수는 적지만 당사자들의 증언류

---

4) 高崎隆治 編·解說, 『軍醫官の戰場報告意見集』(不二出版, 1990); 琴秉洞 編·解說, 『戰場日誌にみる從軍慰安婦極秘資料集』(綠陰書房, 1992); 吉見義明 編, 『從軍慰安婦資料集』(大月書店, 1992); 女性のためのアジア平和國民基金編, 『政府調査, 「從軍慰安婦」關係資料集成』全5卷(龍溪書舍, 1997); 鈴木裕子 編, 『日本軍'慰安婦'關係資料集成』上·下(明石書店, 2006) 등.

5) 예를 들어 千田夏光, 『從軍慰安婦 正·續』(1973·74); 『從軍慰安婦·慶子』(光文社, 1981); 西野瑠美子, 『從軍慰安婦-元兵士たちの證言』(明石書店, 1992); 川田文子, 『皇軍慰安所の女たち』(築摩書房, 1993); 谷川美津枝, 『青年將校と慰安婦』(みやま書房, 1986); 山田盟子, 『慰安婦たちの太平洋戰爭』(光人社, 1991); 菅原幸助, 『初年兵と從軍慰安婦』(三一書房, 1997) 등이 있다. 또 2000년의 여성국제전범법정의 성과로 간행된 기록집(VAWW-Net Japan 編, 2000)에 수록되어 있는 니시노 루미코(西野瑠美子)의 「일본인 '위안부': 누가 얼마나 징집되었는가(日本人「慰安婦」—誰がどのように徵集されたか)」와 우라사키 시게코(浦崎成子)의 「오키나와와 군 '위안부'(沖繩線と軍「慰安婦」)」는 일본인 위안부에 관한 귀중한 논고이다.

도 있다.[6]

1990년대 초기에 NGO가 개설한 위안부 정보에 관한 전화창구(종군위안부 110번)에는 많은 정보가 쏟아졌는데, 그 대부분이 전 병사들로부터 들어온 것이었다.[7] 또 필자가 아는 한, 극소수이기는 하지만 일본인 위안부였던 당사자의 정보제공도 있었다.[8]

1) 전체상

일본인 위안부는 언제, 어디에, 어느 정도 있었던 것일까. 조선, 중국, 타이완 등 위안부의 출신지별[9] 통계나 조사는 아직 충분하게 이루어지지 않았다. 그 때문에 일본인 위안부에 관한 전체상도 파악하기 어렵고, 지

---

6) 城田すず子, 『マリヤの讚歌』(日本基督敎團出版局, 1971); 上原榮子, 『辻の華 上・下』; 高安やえ, 「女のラバウル小唄」, 戰中派の會 編, 『續戰中派遺言』(櫂書房, 1979年 所收).

7) 從軍慰安婦110番編集委員會 編, 『從軍慰安婦 110番』(明石書店, 1992); 1992京都, 「おしえてください!『慰安婦』情報電話」, 報告集編集委員會 編, 『性と侵略 ─「軍隊慰安所」84か所 元日本兵らの証言』(社會評論社, 1993); 日朝協會, 『證言・日本軍「慰安婦」 ─ ダイヤル110番の記錄』(2005).

8) 가와다 후미코는 그 가운데 한 사람(從軍慰安婦110番編集委員會 編, 1992: 76~79)을 추적 조사하여 훨씬 상세한 경위를 밝혔다. 그 내용이 가와다 후미코의 앞의 책, '제4장 일본의 위안소에 대해'에 기록되어 있다. 일조협회의 책에도 일본인 전 위안부가 제공한 정보가 실렸지만('저는 일본인 위안부였습니다', 72쪽) 추적 조사는 이루어지지 않은 듯하다.

9) 공문서에 의해서 일본인・조선인・타이완인・중국인・필리핀인・인도네시아인・베트남인・네덜란드인 위안부가 있었음이 확인되었다(吉見 外, 1995: 5). 또 오스트레일리아인・말레이시아인・타이인・미얀마인・인도인・화교[華人]・유라시아인 등의 존재도 확인되고 있다(吉見 外, 1995: 5).

금까지의 연구나 증언 등에서 유추하는 데 불과하다. 이런 점을 전제로 하여 일본인 위안부가 존재했던 시기와 지역을 살펴보면, 위안소가 설치되었던 1930년대 초반부터 일본의 패전 때까지 모든 시기 동안 일본군 위안소가 확인된 지역의 많은 곳[10]에 일본인 위안부가 있었다고 말할 수 있을 것이다.

요시미에 따르면 일본인 위안부는 특히 중국에서 난징이나 상하이 등의 대도시와 중소도시에 많았고 지방으로 갈수록 드물었다고 한다(吉見, 1992: 53). 지방이나 오지 등 위험한 지역에는 조선인 위안부가 많았고 일본인은 적었다. 오키나와를 비롯하여 전장이 된 지역에서도 일본인 위안부의 존재가 확인되고 있는데 지역에 따라 차이를 보인다.

전체적인 숫자도 아직까지 확실하게 파악되지 않았는데, 조선인이나 중국인에 비해 많지 않았나 생각된다.[11] 한커우에서는 1932년경까지 조선인보다 일본인 여성이 많았다고 하며(吉見 外, 1995), 중국 전선에서는 조선인이나 중국인이 일본인보다 많았다고 지적되었다(吉見 外, 1995). 또 동남아시아나 태평양 지역에서는 점령지 여성들이 많은 수를 차지했는데, 조선인이나 타이완인과 더불어 일본인 여성도 위안부로 보내졌다(吉見 外, 1995).

이것은 일본인 위안부의 수가 조선인이나 중국인에 비하면 적으나 결코 작은 수는 아니었다고 말할 수 있다.

---

10) 공문서와 군인의 회상록 등을 통해 위안소가 확인된 지역에 대해서는 요시미 (1995)의 책 4쪽 참조. 또 전 일본 병사들의 증언(1992京都, 1993)과 전 위안부의 증언 등에 따르면 만주 지역, 중국 각지, 타이완, 타이의 방콕, 필리핀, 인도네시아, 싱가포르, 미얀마, 마카오, 사이판 섬, 팔라우, 보르네오, 라바울, 오키나와, 일본 내지 등에 일본인 위안부가 있었다.
11) 강간이나 강간소에서의 피해자를 포함하면 중국인도 상당한 피해를 입었다.

2) 일본인 위안부 징집의 특징

일본에서의 위안부 징집은 크게 다음의 세 가지 형태로 이루어졌다고 말할 수 있다. 첫째는 내지의 유곽 등에서 일하고 있던 여성들을 전지의 위안부로 '옮기는[鞍替]' 경우인데, 물론 여기에도 여러 가지 방식이 있었다고 생각된다. 다음으로 빈곤층 여성이 부모에 의해 팔려 뚜쟁이를 통해 위안부가 되는 사례이다. 전시가 아닌 때였을 경우라면 국내외의 유곽에 팔려나갔을 것이라고 볼 수 있으므로 첫째 경우의 연장선상에 있었다. 여기서는 지면 관계상 상세한 내용을 생략한다.[12] 셋째는 조선 반도에서 많이 발견되었던 취업사기와 마찬가지 방법으로 끌려간 경우이다.

전자의 경우는 많은 연구자가 지적했다. 예를 들면 1938년에 제11군이 한커우에 대규모 위안소를 개설했는데, 거기에는 오사카의 마쓰시마(松島), 도비타(飛田), 고베의 후쿠하라(福原), 히로시마의 하네다벳소(羽田別莊)에서 '업소를 옮긴' 여성들이 있었다(吉見 外, 1995). 그 후 또 와카야마(和歌山)의 여성 200명이 보내져 왔다고 한다.

또 중일전쟁이 전면적으로 시작된 직후 위안부 징집과 관련하여 내무성이 각 청부(廳府) 현 장관 앞으로 보낸 지령(「支那渡航婦女の取扱に關する件」1938年 2月 23日, 吉見 編, 1992: 103)이 있었던 것은 주지하는 대로이다. 이에 따르면 내지에서 중국으로 건너갈 위안부에 대해 "현재 내지에서 창기나 그 밖의 사실상 성매매업[醜業]을 영위하는 만 21세 이상으로 화류병이나 그 이외의 전염병이 없는 사람"으로 한정하고 있었다. 이에 따라 그 전에는 내지로부터 중국으로의 도항이 자유로웠지만, 1938년 이후부터는

---

12) 이런 경우에 대해서는 니시노(西野, 2000) 참조.

21세 이상의 창기 출신자가 일본인 위안부의 중심이 되었던 것으로 해석
된다(吉見 外, 1995). 또 그 무렵부터 전쟁이 확대됨에 따라 병사의 증원과
더불어 위안부의 수요도 한층 높아졌기 때문에 식민지 조선이나 타이완
등지에서 미성년이며 창기업에 종사한 적이 없는 여성들을 여기저기서
급히 모집하게 되었다.

그러나 후술하는 시로타 스즈코 씨의 경우 1939년에 위안부가 되기 위
해 마쿵의 해군위안소로 건너간 것이 18세 때였다. 또한 1941년부터 1942
년에 걸쳐 일본에서 타이완으로, 더 나아가 타이완에서 마닐라의 위안소
로 끌려간 A씨[13]도 15~16세의 소녀였다. 1944년에 일본 내지 모바라(茂
原)에 있는 위안소의 위안부가 된 타미(タミ) 씨는 고작 17세였다. 다시 말
해 외양과 실태의 차이를 고려해야 하는 위안소가 중국뿐 아니라 광범위
한 영역에 걸쳐 존재했던 것으로 보면 '창기 출신의 21세 이상'을 일본인
위안부의 전형이라 단언해버릴 경우 그 이외의 사례를 찾기 힘들게 된다.

다음으로 취업사기를 당해 위안부가 된 경우를 살펴보자. 병사를 상대
로 하는 식당이나 카페, 해군 지정 위안소에서 일하면 높은 급료를 받을

---

13) 이름 불명, 1926년생으로 추정된다. 15세(1941년) 정도인 때에 '여관 도우미'를 하
게 될 것이라는 말을 듣고 또 다른 여자아이와 함께 미야자키 현 사람에게 이끌려
타이완으로 갔다. 처음에는 여관 같은 곳에 채용되었다고 한다. 태평양전쟁이 발
발한 직후인 12월 15일경, 군의 명령이라면서 'S'라는 배를 타고 10명 정도가 필리
핀 마닐라로 갔다. 정말로 위안부를 하게 될 줄은 생각지도 못했다고 한다. 필리핀
M섬이라는 곳에 1942년까지 있었다. 낮에는 사병, 밤에는 장교의 상대가 되었다.
정기적으로 성병 검사도 받았다. 그 후 싱가포르를 거쳐 홍콩으로 갔다가 1945년
에 일본으로 귀환했다. 함께 돌아온 사람은 나가사키 현 사람 세 명, 가고시마 현
사람 한 명이며, 오키나와 사람도 두 명 있었다. 조선 사람들도 엄청나게 많았으니
국가가 보상하는 것은 당연하다. 일본인 위안부에게도 꼭 보상해주면 좋겠다[1992
년 3월 10일의 전화, 당시 65세, 시코쿠 지방에 거주(日朝協會, 2005: 72)].

수 있다고 속여 상하이 해군위안소의 위안부로 일을 하게 한 사건이 있다.[14] 1938년 3월에 대법원 판결이 내려져 피고 10명이 전원 유죄 판결을 받았다. 앞에서 언급한 내무성 지령과 이 판결의 관계에 대해서는 더 고찰해볼 필요가 있다.

그러나 이후에도 사기나 다름없는 징집이 없어질 리가 없었다. 황군을 위문하는 여급이나 댄서를 모집하는 것처럼 꾸며 화베이(北支), 상하이 등으로 팔려간 경우나, 하녀로 일하게 되리라(女中奉公) 생각하고 있다가 도항하기 직전에 작부가 된다는 사실을 알게 되어 부모가 경찰에 구조를 요청한 예도 있었다(吉見 外, 1995). 또 도쿄나 오사카에서 '종군간호부 모집'이라는 신문광고를 보고 응모한 여성이 군위안부가 되었다는 사례도 있었다고 한다(富澤, 1988: 38).

3) 다른 지역 출신자와의 차이

일본인 위안부는 다른 아시아 지역 출신의 위안부와 다른 점이 있었을까. 있다면 어떤 점일까.

먼저 일본인 위안부들은 식민지 종주국 출신 여성이자 일본군 병사와 '같은 나라' 여성이었다. 그녀들은 일본어를 유창하게 말할 수 있고 일본

---

14) 국외 이송 유괴 피고사건에 관한 나가사키 지방재판소 형사부(1936년 2월 14일) 판결과 위 판결에 대한 항소심인 나가사키 항소원 제1형사부(1936년 9월 28일) 판결, 그리고 이 사건의 상고심인 대심원판결(1937년 3월 5일 제4형사부)를 참조하라. 戶塚悅朗, 『日本が知らない戰爭責任』普及版(現代人文社, 2008). 또 이 사건에 관한 해설은 다음 책에 실려 있다. 戶塚悅朗, 「戰時女性に對する暴力への 日本司法の對應, その成果と限界 上・下」, ≪季刊・戰爭責任硏究≫, 43・44 號(2004).

적인 분위기를 띨 수 있었을 것이다. 위안부와 병사가 동향동지로서 만나며 각별한 무언가가 있었을 수도 있고, 위안부 가운데 예외적으로 '나라를 위하여'라는 의식을 지닌 이도 있었을 것이다. 또 소위 화류계 출신자라면 남성을 대접하는 방법을 몸에 익히고 있었을 수도 있다. 군인 측도 위안부가 일본인이니 경계할 필요 없이 마음 놓고 느긋한 자세를 취할 수 있다. 그렇기 때문에 중국의 도시 등 후방 지역에서는 일본인 위안부가 장교용으로 배치되어 내지에서와 마찬가지로 예기나 창기의 역할을 하도록 요구되었다고 말할 수 있을 것이다.

장교를 상대로 한 요정 분위기의 위안소였다면 지불되는 급료도 높아진다. 소위 위안부 가운데 고급이었던 셈이다. 그곳에서 일하는 여성들이 원래 내지에서 예기나 창기를 하고 있었다면 '갈아탔을' 때 전차금도 높았을 것이고, 돈벌이 위주의 업자도 '상품'으로서의 가치를 높게 매겼을 것으로 생각된다.

한편 식민지에서 여성을 징집하는 일은 우선 '입수' 가격 측면에서 볼 때 일본 내지에서 '사들이는' 것보다 훨씬 쌌다. 조선의 공창제도 아래에서 성매매를 하고 있던 여성이 위안부로 적을 옮겼을 가능성도 충분히 있지만, 그 경우에도 일본인 창기에 비해 전차금 액수가 적고 '상품' 가격 역시 낮았다.[15] 더 나아가 빈곤한 가정의 딸을 노려 식당 여급이나 잡역부, 여공 등이 된다고 거짓말을 해서 데려가는 경우는 업자나 주선업자가 인도금으로 여성이나 부모에게 지불하는 금액은 일본 내지에서 창기를 데려오는 것에 비해 그리 많지 않았을 것이다. 게다가 그런 사기나 유괴가

---

15) 재조일본인 창기와 조선인 창기의 전차금도 전자가 훨씬 고액이었다[스즈키 유코의 '제II편 조선공창제도'(2006년 상권)와 '제II편 조선에서 공창제도의 실시와 그 전개'(하권, 해설편) 참조.

횡행할 정도로 경찰의 단속은 허술했다.[16]

소위 시장원리 때문에서라도 점차 일본인보다 조선인이나 중국인 여성을 위안부로 삼으려는 움직임이 활발해졌다. 이런 점에서 보면 일본인을 장교용으로, 조선인이나 중국인을 하사관이나 일반 병사용으로 삼는 등 위안부의 가격에도 민족별 차이를 두었던[17] 이유는 단지 민족차별이 아니라 이런 일그러진 '시장원리'를 내포했기 때문이다.

더 나아가 1930년대 말 이후 조선인을 위안부로 징집한 배경에는 병사의 증원에 따라 성병이 없는 젊고 건강한 여성이야말로 '위생적인 공동변소'로서 유용하다는 인식이 자리잡고 있었다.[18] 그 대상으로 젊은 일본인 딸들을 징집하는 것은 황군의 위신을 걸고 할 수 없는 일이었지만 식민지 여성이라면 가능했다는 점에서 민족차별이 작용했다. 일본인 위안부의 경우 위안소생활에서도 민족차별을 받는 대상이 아니었고, 많든 적든 타지역 출신자에 대한 차별의식이 있었을지도 모르겠다.

---

16) 1930년대 중반부터 1940년대 초반에 걸쳐 조선에서 인신매매가 횡행하고 있었다는 사실이 신문에 엿보인다. 이런 인신매매와 유괴가 빈발했는데도 당국이 단속을 확실히 하지 않고 공안 문제에만 관심을 갖고 있다며 비판하는 사설도 있었다. "유인마(誘引魔)의 발호", ≪동아일보≫, 1939년 3월 29일자(鈴木裕子 他 編, 2006: 831~832).

17) 한 예로 상주 주둔지에 있던 위안소에서는 "지나인 1엔, 반도인 1엔 50전, 내지인 2엔, 이하는 하사관, 병으로 하고, 장교(준위 포함)는 2배액으로 한다"고 밝혀졌다(吉見, 1992: 207).

18) 군의관 아소 테츠오(麻生徹男)는 '황국 장병에게 주는 선물'로서 이미 성병에 걸려 있을 가능성이 높은 일본인보다 젊고 건강한 조선 여성이 좋다는 글을 '의견서'에 썼다(麻生, 1939).

4) '창기 출신'이 의미하는 것

타 지역 출신 위안부와 비교해서 차이나 특징이 있지만, 일본인 위안부역시 위안소제도 아래에서 성노예가 되어야 했던 여성들이었다.

무엇보다 군대의 위안소 자체가 여성을 '병사의 스트레스 배출구'로 사용한다는 발상에서 일방적으로 만들어진 것이기 때문이다. 위안소 설치이유는 이미 몇 가지로 지적되었지만[19] 위안소가 여성에게 부과하는 노역은 병사에 대한 성적봉사이다. 그것이 예를 들어 '같은 나라 사람'인 일본인 여성이라 해도 위안부로서 성적으로 착취한다는 면에서는 타 지역출신자와 마찬가지였다. 일본인 위안부는 주로 장교를, 조선인이나 중국인 위안부는 일반 병사를 상대한다고 구별된 경우도 많았고, 전장이 가까운 위험한 장소에 보내진 것은 대부분 조선인 위안부였다고 한다. 이런면에서 조선인이나 중국인 등 점령지의 위안부들이 가혹한 생활을 강요당한 면이 많았다. 하지만 일본인 위안부의 특권성은 어디까지나 노예로서의 지위의 차이일 뿐, 그것을 뛰어넘지 않는다.

이런 위안소에 대한 발상을 시작으로 그것의 설치, 위안부를 모으는 방법, 활용방법, 관리·운용 등 모든 면에서 토대가 된 것은 당시 일본을 비롯하여 식민지나 점령지에 도입되어 있던 일본식 공창제도(국가 관리 성매매)였다.

창기 전력을 가진 일본인 위안부들은 누구라 할 것 없이 대개 어린 시절 빈곤한 가정에서 자라다가 부모에 의해 술집이나 유곽으로 팔려나간

---

19) 예컨대 요시미 요시아키는 네 가지를 들었다. 첫째는 점령지에서 일본 군인에 의한 강간사건이 많이 발생했다는 것, 둘째는 장병에게 '위안' 제공, 셋째는 성병 문제, 넷째는 군의 기밀보호와 스파이 방지이다.

경우가 많았다.[20] 그리고 빚 때문에 어쩔 수 없이 성노동을 강요당했다. 그들은 주체적인 '상행위'를 한 사람이 아니라 인신매매되어 차금 변제를 목적으로 채무노예가 되어 성노동을 강요당했던 상품이었다. 창기 출신 자가 위안소로 간 것은 엄청난 차금을 변제하기 위한 이유가 많았다. 그 것도 일단 가기로 하고 나면 일본을 출발하기 전이라고 해서 번복할 수 있는 것도 아니었다.[21]

게다가 성노동을 하는 여성에 대한 '더럽혀진 여성'이라는 낙인 때문에 차금을 변제하고 '자유'의 몸이 되었다손 치더라도 그때까지의 생활을 벗 어나기는 여의치 않았다. 조선인 위안부 생존자가 해방 후 또다시 미군을 상대로 한 성노동에 종사하게 되거나 '일반적인' 결혼생활을 영위하기 어

---

20) 시로타 씨, A씨 이외에 다나카 타미(田中タミ, 가명) 씨도 해당된다. 타미 씨는 고 작 6세 때 양친이 이혼하여 증조모가 타미와 동생을 키웠다. 소학교 5학년 때 농가 에 아이 보는 일을 하러 갔다. 11세 때 부친이 타미를 오오모리(大森)에 있는 예기 치옥에 일정 기간 동안 기술을 연마할 수 있는[年季] 양녀로 가게 했다. 20세 때까 지 그곳에서 일한다는 계약을 하고 부친이 전차금을 받아갔다. 하지만 부친은 14 세의 타미를 유곽으로 팔아버렸다. 15세 때 유곽에서 도망쳤는데, 경찰과 부친에 의해 다시 붙잡혀왔다. 1944년 가을, 치바 현 모바라에 일곱 곳의 위안소가 설립되 는데 타미가 있던 유곽도 군의 요청을 받아 출점했다. 위안소 개설에 따라 17세의 나이로 타미는 모바라에 끌려갔다(川田, 1993). 게이코(慶子) 씨는 히코산(英彦 山) 세이로쿠(西麓) 마을 출신으로서 11형제의 장녀였다. 고등소학교 1년을 중퇴 하고 17세(1933년) 때 부친에 의해 20엔에 하카다(博多) 오오하마(大浜) 유곽(사 창가)에 있는 '아사후지(朝富士)루'에 팔렸다. 어떤 사람이 차금을 변제해주어 자 유의 몸이 되었지만 '이런 몸으로 고향에는 살아 돌아갈 수 없다'며 그곳에 머물렀 다. 군 어용상인의 권유로 중국의 위안소로 갔다(千田, 1995).

21) 시로타 씨는 타이완으로 가기 위해 요코하마에서 고베로 향하는 기차를 탔는데, 거기에서 인솔한 주인에게 '가고 싶지 않다'고 말했지만 받아들여지지 않았다. 그 리고 주인은 그녀가 도망치지 않을까 우려하여 화장실에 갈 때도 따라다녔다고 한 다(城田, 1985: 30).

려웠던 것도 이런 이유 때문이었는데, 전후 일본인 위안부의 사정도 그와 유사한 경로를 거쳤다고 말할 수 있다.

2. 전후 일본의 위안부 담론

1) 위안부가 이야기되는 방식

1990년대에 일본군 위안부 문제가 사회적으로 논의되기 전까지 전후 일본에서는 위안부나 위안소제도에 대해 노골적으로 이야기하지 않았다. 그러나 다무라 다이지로(田村泰次郎)로 대표되는 전장문학계 소설류[22]나 르포르타주·논픽션 류, 주로 남성을 독자층으로 한 잡지나 주간지 기사 등을 통해 적지 않게 활자화되어왔다.[23] 이들 대부분에 공통되는 것은 작가가 거의 남성이라는 점과 병사(남성)의 관점·인식에서 위안부나 그들의 성을 그리고 있다는 점, '위안소' 제도의 존재 자체를 의문시하는 묘사는 거의 보이지 않는다는 점이다.

————

22) 石川達三,『生きている兵隊』(1945); 田村泰次郎,『春婦伝』(1947) 등.
23) 김일면의『천황의 황군과 조선인 위안부(天皇の皇軍と朝鮮人慰安婦)』(三一書房, 1989年版)의 권말 '참고문헌·자료' 참조. 나아가 지은이가 불분명한 「대특집 전쟁과 성, 이 이상체험이 초래한 상흔(大特集 戦争と性 この異常体験がもたらした傷痕)」(≪アサヒ藝能≫, 1967. 8),『나의 흐리터분한 전기 '여성과 병대'(我がぐうたら戦記'女と兵隊')』(≪アサヒ藝能≫, 1974. 4),『버려진 전쟁위안부 그 후의 성생활(見捨てられた戦争慰安婦その後の性生活)』(≪アサヒ藝能≫, 1975. 5), 오바야시 키요시(大林清)의 「타마노이 창부전(제4화) 종군위안부 순자의 상해 모정(玉の井 娼婦伝(第4話) 従軍慰安婦順子の上海慕情)」(≪現代≫, 1974년 5월) 등 다수가 있다.

약 7년에 걸친 중국에서의 군대생활에서 복귀한 뒤, 다무라 다이지로가 쓴『육체의 악마(肉體の惡魔)』(1946년),『춘부전(春婦伝)』(1947년),『나녀가 있는 대열(裸女のいる隊列)』(1954),『황충(蝗)』(1964년) 등 전장의 병사와 위안부의 삶(生)과 성(性)을 주제로 한 작품에서는 전장에 있는 일본군의 비인간성을 계속 비판하기는 해도 위안부의 존재 자체에 대한 의문에는 관심이 없었고 젠더 관점도 결여되어 있었다(尾西, 2005). 그리고 이들 작품은 남성비평가들에 의해 높이 평가되었다(渡邊, 2002). 주간지 등에 나타난 위안부 묘사는 더욱 저열하고, 다분히 남성독자의 성적 호기심을 자극하는 듯한 표현이 쓰이고 있다.

이 시기에 흥미만 추구하지 않고 상당히 진지하게 위안부의 실태에 접근하고자 했던 작품이 센다 가코우(千田夏光)의『종군위안부(從軍慰安婦)』(正・續, 1973・74년)와 김일면(金一勉)의『천황의 황군과 조선인 위안부(天皇の皇軍と朝鮮人慰安婦)』(1976년)이다. 이들 작품은 위안부를 알고 있는 전 병사들을 주된 독자층으로 하여 상당한 부수가 팔렸지만, 책에 대한 반향은 거의 없었다고 한다.24) 원래 군대에서 위안부는 군수물자로, 그 관련 자료는 극비로 취급되었다. 남성들은 '황군'이 전장에 위안부를 이끌고 가서 그 덕을 보았다는 이야기를 가정으로 돌아가 여성들에게 하지 않았다.25) 여성들의 반응도 일부 나오기는 했으나 국한된 정도에 지나지 않

---

24) 센다의 책은 50만 부가량 팔렸고, 김일면이 지은 책의 발행 부수는 알려지지 않았지만 13년 사이에 10쇄까지 나왔다. 센다는 '머리말'에서 책에 대한 반향이 없었던 이유는 예전에 위안부를 경험했던 전 병사들이 책을 사서 읽었으나 그녀들의 내막을 알고 충격을 받아 서가 맨 구석에 밀어 넣어버렸기 때문이라고 쓰고 있다(千田, 1995).

25) 하지만 당시부터 전 병사 가운데 야스쿠니 신사에 종군위안부 진혼비를 세워야 한다는 주장을 하는 사람이 있었다("종군위안부 '비'는 치욕인가", ≪아사히신문≫,

았다.[26] 한편 센다의 책보다 앞서 전 위안부였던 시로타 씨의 자전 『마리아의 찬가』(1971년 초판)가 출판되었는데, 이 책은 출판 자체도 쉽지 않았고 별로 팔리지도 않았다.[27] 당사자의 목소리가 공론화되는 일 자체가 곤란을 가져왔던 것이다.

이렇게 위안부를 둘러싼 전후의 담론은 남성들의 추억이나 오락 속에서 소비되었으며, 그 일의 진상이나 당사자의 목소리는 표면화되지 않았다. 전 병사나 전후 세대 남성들은 읽을거리를 통해 남성중심적인 위안부 담론을 소비하고 재생산했다. 그리고 일본이 경제적으로 풍요로워지기 시작하자마자 일본인 남성은 병사가 아닌 일반인으로서 타이완이나 한국 등으로 매춘관광에 나섰다. 한국 여성들이 일본인 남성의 기생관광에 반대하며, 이것은 한국 여성을 또다시 위안부로 삼으려는 일(제2의 정신대)이라고 비판한 것은 당연한 일이었다.

2) 진혼비 건립에 대한 호소

1970년대 끝 무렵, 오키나와의 전 조선인 위안부[배봉기(裵奉奇) 씨, 1917~

1976년 8월 14일자).

26) 센다에 따르면 여성으로부터 나온 반향은 교풍회(矯風會)의 다카하시 키쿠에(高橋喜久江) 씨가 유일했다고 한다(千田, 1995). 또 마루야마 유키코(丸山友岐子)는 김일면의 글에서 보이는 '남성논리'를 예리하게 지적했다(丸山, 1977).

27) 14년 동안 개정 2판이 나왔다. 이런 책은 출판하는 일 자체도 큰일이었는데, 처음에는 《부인공론(婦人公論)》에서 저자의 의도와 전혀 맞지 않는 「전락의 시집(轉落の詩集)」으로 줄여서 내려 했다. 전문(全文)을 내주겠다는 출판사가 나타났는데, 이번에는 남성들의 욕망을 자극하기 위한 목적이었다고 한다. 네 번째로 일본기독교단이 출판해주었는데, 팔리지 않아서 절판되어버렸다(城田, 1985, '머리말').

1991를 주인공으로 한 다큐멘터리 영화 〈오키나와의 할머니〉[야마타니 테쓰오(山谷哲夫), 1979년]가 상영되었다. 위안부 생존자의 모습이 영상을 통해 사람들의 눈에 닿은 것은 이 영화가 처음이었는지도 모른다. 1980년대에 들어서자 센다 가코우의 『종군위안부·경자(慶子)』(光文社, 1981년)가 출판되었다. 한국의 윤정옥 선생이 조선인 위안부의 족적을 더듬는 조사를 시작한 것도 이 무렵부터였다.

전후 외국의 전 위안부들이 침묵해온 것과 마찬가지로 일본인 전 위안부들도 굳게 입을 다물어왔다. 그런 가운데 1970년대 초에 스스로 위안부로서 경험한 일을 책으로 만든 시로타 스즈코 씨는 어떤 의미에서 특별했다고 말할 수 있다.

시로타 씨는 패전 다음 해에 오키나와인 남성의 '3호[三号: 셋째 부인(첩)을 의미함]'로 팔라우에서 귀환했다. 1년 정도 지난 후 가출하여 "몸뚱이 하나쯤 던지면 그만이라는 자포자기한 심정"(城田, 1985: 87)으로 하카다에 가서 유곽이나 진주군(進駐軍)을 상대로 하는 성매매업소[曖昧屋] 등을 전전했다. 한국전쟁이 시작되자 고베 항에 상륙한 귀환 해병대를 상대하다가 일본인을 주요 고객으로 하는 후쿠하라나 구마모토의 도요하시(豊橋) 유곽을 넘나들었다. 남성과 도망쳐 억지로 죽으려 했으나 결국 그녀만 살아남았고 또다시 유타하시의 유곽으로 끌려와 도쿄의 요시와라(吉原, 에도 시대 이래의 유곽), 요코하마의 혼모쿠(本牧)에서 성을 팔았다. 1955년 34세 때 그녀는 우연히 교풍회가 운영하는 자애료(慈愛寮: 1923년에 인가를 받은 부인복지시설 — 옮긴이 주)가 있다는 사실을 알게 되어 주저하지 않고 이곳에 입소했다. 입소 후 보건소에서 검사를 받고 심한 매독과 임질에 걸려 있다는 사실을 알게 되어 절망했지만, 세례를 받고 수술하며 병마와 싸웠다. 퇴원 후 아버지 곁으로 돌아갔으나 양어머니로부터 물장사를 하라는 권유를 받자 집을 나왔다. 그 후 후카쓰 후미오 목사[深津文雄: 1965년

다테야마에 「매춘방지법」에 근거한 여성보호시설 '가니타 부인 마을(カニタ婦人の村)'을 설립한 사람 — 옮긴이 쥐를 만나 생활의 터전을 부여받았다. 「매춘방지법」이 시행되던 1958년에 매춘 근절을 위해 지어진 도쿄 네리마(練馬)에 있는 이즈미료(いずみ寮)에 입소하고, 입소생들과 자활을 위한 빵 공장을 만들 희망을 품었다. 그런데 척수(脊髓)를 다쳐 몇 번이나 위독한 상황을 넘나들며 6년 반 동안 투병생활을 했다. 진작부터 그녀의 희망이었던 영주할 수 있는 땅이 후카쓰 목사의 열성에 힘입어 드디어 실현되었고, 1965년에 '가니타 부인 마을(이하 가니타 마을)'이 개소되자 곧바로 이곳에 입소했다.

6년 반의 투병 기간 내내 줄곧 누워 있어야 했던 시로타 씨는 어린 시절부터의 인생 행로를 하나씩 털어놓기 시작했다. 그것을 후카쓰 목사가 정리하여 1961년에 자서전으로 출판했다. 하지만 그 후 시로타 씨는 전쟁 중에 일본군 위안부로 죽어간 동료들의 일이 머리를 떠나지 않아 악몽에 시달리고 환각이나 환청을 호소하기도 했다(특별 심포지엄 자료 연표). 더 이상 고통을 참을 수 없게 되자 시로타 씨는 후카쓰 목사와 일본 총리 앞으로 편지를 썼다. 1984년 3월 10일 아침, 후카쓰 목사와 슈베스타 수녀에게 보낸 편지에는 다음과 같이 쓰여 있었다.

저는 이제까지 이 일을 쓰거나 발표하지 않고 제 마음속 깊이 묻어두려고 결심했었습니다. 하지만 저 한 사람의 기도만으로는 그 많고도 많은, 불쌍하고도 또 불쌍한 그녀들의 망령을 위로하는 일은 도저히 가능하지 않습니다. 종전한 지 38년이나 지났지만 일본 어디에서도, 정부도 민간도 단 한 번이라도 죽은 위안부를 위로하는 말 한마디조차 하지 않고, 영혼을 위로했다는 소식 한 번 들리지 않고, 신문에서도 찾아볼 수 없고, TV나 라디오에서도 들은 적이 없습니다. 병사나 민간인의 일은 전

쟁 '희생자'로 각지에서 제를 올려주고 있지만 중국, 동남아시아, 남양군도, 알루샨 열도(アリューシャン列島, Aleutian Islands) 등에서 성을 제공했던 사람은 정말로 불쌍했습니다. 살아 있을 때는 아직 젊은 여성으로 병사들에게 실컷 혹사당하다가 걸리적거리는 존재가 되면 내팽개쳐져, 여성들은 황야를 헤매거나 꽁꽁 언 산야에서 먹지도 못하다가 끝내는 들개나 이리 떼의 먹이가 되어 뼈를 드러낸 채 흙이 되고 말았습니다. 이 여인들이 불쌍해서 견딜 수가 없습니다. 남방의 섬에 있던 여성들도, 북방에 있던 여성들도 누구라 할 것 없이 혹독한 생활을 했습니다. 다행스럽게도 저는 보이지 않는 성스러운 손에 이끌려 이곳에 이르게 되었지만, 그것에 어떤 의미가 있을까를 생각하면 가만히 앉아 있을 수 없습니다. 어쨌든 군대가 있던 곳, 있었던 그곳, 위안소가 있었던 곳에 여성들이 있었습니다.

간호부는 달랐지요. 특지(特志) 간호부가 되면 위안부입니다. '장교용' 말이죠. 사병용은 한 번에 50전인가 1엔 정도의 표로 사병의 행렬을 받는데, 성기를 씻을 틈도 없이 상대해야 했습니다. 성냥갑처럼 작은 방이 늘어서 있는 위안소입니다. 죽을 정도의 고통이었지요. 저 역시 몇 번인가 병사의 목을 조르고 싶었습니다. 대부분의 여성들이 반쯤은 미친 채로 살고 있었습니다. 그러다가 죽으면 정글에 있는 구멍 속으로 휙 던져버리고. 부모 등 친지에게 알릴 방도도 없는 채 말입니다. 저는 보았습니다. 이 눈으로 여성들의 '지옥'을 보았습니다. …… 예전에 동료였던 여성들의 갖가지 모습으로 떠오릅니다. 정말로 선명하게. 그리고 뭔가 호소라도 하듯이 목메어 우는 겁니다. 저 혼자만의 힘으로는 어떻게 할 수가 없습니다. 어떻게 해서든 '종군위안부 위령탑'을 가니타 마을에 세우고 싶습니다. …… 저의 증언이 필요하다면 무엇이든 증언하겠습니다. 그 당시의 여성들은 거의 생존해 있지 않다고 생각합니다.

설령 살아 있다 해도 그런 일은 부끄럽다고 여겨 발표할 사람이 없을 테
니까요. …… 고려해주십시오.

이 편지가 쓰인 약 1년 반쯤 뒤인 1985년 8월, 그녀의 소원이 이루어져
가니타 부인 마을의 약간 높은 언덕 위에 전지에서 사망한 위안부들을 위
한 진혼비가 세워졌다. 이 일이 같은 해 8월 19일 ≪아사히신문≫의 '천성
인어(天聲人語)'란에 소개되었고,[28] 그다음 해에는 TBS 라디오가 시로타
씨의 인터뷰를 방송했다.[29] 이 진혼비는 당시 목재(노송나무)로 만들어졌
다. 가니타 마을에는 돌로 된 비를 세울 경제적 여유가 없었기 때문이다.
그러나 목조는 얼마 지나지 않아 썩어버릴지도 모른다. 시로타 씨는 이것
을 석비(石碑)로 바꾸는 데 필요한 원조를 받기 위해 총리에게 편지를 보
냈다. '일본총리대신님' 앞으로 쓰인 편지에는 위안부를 위한 진혼비를
세운다는 사실을 알고 민간인들이 협력해주었는데 정부는 지금까지 40
년 동안 전혀 모르는 일이라는 태도를 보여왔다고 비판했다. 그리고 정부
야말로 진혼비를 세우기 위해 원조해야만 한다고 호소했다.
그런지 얼마 뒤에 쓰인 두 번째 편지의 내용은 다음과 같다.

…… 진정대로라면 정부가 진혼비를 세우는 것이 순리겠지만 정부가
말살해버린 지금, 중참 양원의 의원들이 모금이라도 해서 '돌'로 된 비를

---

28) 또 같은 해 8월 29일에는 ≪아사히신문≫의 '사람(人)'란에 가니타 마을 시설장인
후카쓰 후미오 목사가 소개되었다.
29) TBS 라디오 뉴스 스페셜로 방송된 〈돌의 외침! 어느 종군위안부의 기록〉(1986년 1
월 19일). 이 방송은 제12회 방송문화기금장려상을 수상했다. 또 NPO 아와(安房)
문화유산포럼이 이 방송의 내용을 테이프로 만들어 홈페이지(http://bunka-isan.
awa.jp/)에 게재하고 있다.

세워주면 좋겠습니다. 일본 여성 10만여 명, 조선 여성 20만여 명을 위해 한 사람당 1만 엔 정도라도 내서 사죄해주시면 좋겠습니다. 정부에서 돈이 아니라 실물인 돌을 구입하여 세워주시기 바랍니다. …… 거기에 '제2차 전몰 종군위안부, 위령의 비'라고 새겨주시기를 청합니다.

편지에는 오오히라 마사요시(大平正芳: 재임기간 1978. 12~1980. 11) 총리에게도 편지를 보냈다고 쓰여 있다. 그러나 총리 앞으로 보낸 이 세 통의 편지는 후카쓰 목사 편에만 전달되었고 실제로는 보내지지 않았다.[30] 편지 속에서 시로타 씨는 어차피 비서에게 막혀 총리대신에게는 전달되지 않을지도 모른다고 썼다. 그러나 편지는 가니타 마을 밖을 벗어나는 일조차 불가능했다.

3) 사회의 반향

하지만 다행히 진혼비 건립과 일본인 전 위안부의 존재는 매스컴을 통해 세상에 알려졌다. 그리고 결코 많다고 할 수는 없었지만 전 병사를 중심으로 반향이 나타났다. 신문에 글을 투고하거나[31] 가니타 마을의 시설장 앞으로 편지가 보내지기 시작했다.

전 병사들은 예전에 자신이 신세를 진 위안부에 대해 쓰거나, 혹시나 자기가 알고 있는 위안부가 가니타 마을에 살고 있는 것은 아닌지 소식을 물었다. 소식을 준 사람들은 모두 위안부들이 병사를 위로하기 위해 애썼

---

30) 1991년경 필자가 가니타 마을을 다시 방문했을 때 후카쓰 목사로부터 들었다.
31) "'가니타'의 여성에게 정부는 손을 내밀어라", ≪아사히신문≫, 1985년 8월 23일자, '성' 란.

다, 진혼비를 세운 것은 아주 잘한 일이라고 말했다. 또 정부가 전 위안부를 위해 좀 더 원조해야 한다는 내용도 있었다.

예를 들면 사이판, 괌, 트럭 섬에 있을 때 조선이나 오키나와, 현지의 위안부로부터 위로를 받는 등의 신세를 졌고 전지에서 좋은 추억을 남길 수 있었다, 그 여성들에게 감사하고 있다, 그렇게 일해준 여성들에게 국가가 원조할 필요가 있는 것이 아닐까(후카쓰 목사 앞으로 보낸 T씨의 편지)라는 내용이 있다. 또한 위안부들에게 "제사를 지내주기는커녕 아무런 보상도 주어지지 않고 있다, 더욱이 보상은커녕 '더럽혀진 사람'이라고 차별당하며 숨어서 살아가고 있다, 국가는 죽어간 무명의 사람들을 위해 추도시설을 만들고 수상은 공인으로서 당당하게 영령을 위로하는 공식 참배를 해야 한다('성(聲)', 1985년 8월 23일자)는 등의 주장도 있었다.

또 전 병사들은 위안부의 참상에 대해서도 말했다. 그 이야기에는 조선인과 오키나와인, 중국인과 함께 일본인 위안부도 등장한다. 일본인의 경우는 세부 섬의 장교 위안소에 있던 위안부가 산속에서 신생아 옆에 엎드린 채 죽어 있었다는 이야기[32]나 1945년 3월 괌 섬의 정글에서 부상당한 위안부가 '죽으면 야스쿠니 신사에서 제를 지내준다고 하니 죽여 달라'고 해서 목을 졸라 죽였다는 이야기,[33] 만주에서 오는 귀국선에서 위안부였다고 소문이 난 젊은 여성이 사세보(佐世保) 항에 도착하기 전날 밤 바다에 몸을 던진 일[34] 등이다.

---

32) "세부에서 사라져간 위안부", ≪아사히신문≫, 1982년 8월 7일자. 전에 이 기사를 썼던 사람이 기사에 미처 싣지 못했던 내용을 후카쓰 목사에게 보내준 것이다.
33) 요시다 시게키(吉田重紀), "왜 그녀를 두고 오지 않았는가", ≪아사히신문≫ 1987년 7월 14일자; "종군위안부의 영령을 위로하자", ≪도쿄신문≫, 1987년 8월 5일자.
34) 후카쓰 후미오 귀하, 이름 불명, 1985년 9월 2일.

'가니타 마을'의 진혼비에 대한 반향은 위안부의 참혹한 인생을 슬퍼하는 것이 많았다. 그녀들의 희생에 대해 국가의 책임이 있다고 강력하게 주장하는 것은 아니었지만, 전쟁의 비참한 기억과 더불어 그녀들에게 깊은 동정을 드러냈다고 말할 수 있다.

4) 일본인 위안부의 불가시화(不可視化)

1980년대부터는 시로타 씨의 필사적인 호소에 따라 진혼비가 세워짐으로써 그때까지 남성들에 의해 생산되고 소비되기만 했던 위안부담론에 여성이나 당사자의 관점이 서서히 개입하게 되었다. 일본과 한국의 페미니스트들은 1970년대의 기생관광 반대운동을 계기로 위안부 문제에도 관심을 기울이기 시작했고, 오키나와의 조선인 위안부 생존자였던 배봉기 씨를 10년에 걸쳐 취재하여 쓴 가와타 아야코(川田文子)의 『붉은 기와집(赤瓦の家)』(築摩書房, 1987)이 출판되었다. 재일조선인 박수남(朴壽男) 씨가 위안부 문제를 담은 기록영화 〈아리랑의 노래〉를 만들기 시작한 것도 1980년대 말이다. 위안부 문제에 관심을 가졌던 한국과 일본의 여성들은 1980년대 말 이후 시로타 씨를 '가니타 마을'에서 만났다.

문제의식이 고조되자 이를 토대로 1990년대의 동아시아에서는 위안부 문제가 공론화되기 시작했다. 거기에는 진혼비 건립에 대한 전 병사들의 반향에는 나타나지 않았던 국가의 책임을 묻는 인식이 있었다. 그런데 아이러니하게도 1990년대의 위안부 문제에 대한 여론화나 운동 속에서 일본인 위안부 문제는 완전히 그림자를 감추고 말았다. 그 이유는 무엇일까?

가장 큰 이유는 1990년대에 걸쳐 공론화된 위안부 문제가 일본이라는 국가의 가해책임을 추궁하는 측과 책임을 부정하는 측의 논쟁으로 전개되었던 것에 있다. 전쟁과 식민지 지배에 책임이 있는 '가해국 일본' 대 아시아의 '모든 피해국'이라는 구도이다. 위안부 문제는 일본의 전쟁책임과 전후보상 문제를 제기하는 운동 속에 위치 지워졌다.

운동의 직접적인 시작이라 할 수 있는 1990년 5월 한국 여성계의 성명 발표는 조선인 위안부 문제에 대한 책임 추궁이 주였으며, 일본인 위안부에 대한 인식은 직접적으로 포함되지 않았다. 같은 해 6월 모토오카 쇼지 참의원 의원의 국회 질문도 조선인의 강제연행을 추궁하는 과정에서 나온 것이었다. 1991년 여름에 한국에서 처음으로 신원을 밝힌 김학순 씨 등 조선인 전 위안부들이 일본 정부를 상대로 제기한 소송도 전후보상을 요구하는 재판이었다. 또 1992년에 처음으로 이루어진 UN에 대한 호소 역시 주로 조선인 위안부 문제를 다루고 있었다.

이와 같은 움직임은 태평양전쟁 중에 피해를 당한 아시아의 모든 나라로 확산되었으며 이런 흐름 가운데 1992년 12월 일본에서 획기적인 국제공청회가 열렸다. 이곳에는 한국, 조선민주주의인민공화국, 필리핀, 타이완, 중국, 오스트레일리아의 위안부 문제에 관련된 단체와 피해 당사자가 초청되었다. 하지만 이 공청회에 일본인 위안부는 초대되지 않았다. 시로타 씨의 경우 병상에 누워 있기는 했지만 아직 생존하고 있었다.[35] 설사 출석할 수 있는 상태가 아니었다면 영상 또는 메시지를 전하거나 소개 정도는 할 수 있었을 터이다. 주최 측의 의식에 일본인 위안부 생존자에 대한 관심이 결여되어 있었던 것이 아닐까.

그리고 일본군의 위안부 문제를 둘러싼 담론은 한일 양국에서 모두 '강제인지 아닌지'가 가장 중요한 문제인 듯 취급되었다. 특히 일본의 보수파는 위안부 모집이 강제적이지 않았고 공창제도 아래에서 '자유의사'로

---

35) 시로타 씨는 1993년 3월 3일에 사망했다.

상행위에 종사했던 것이므로 일본 정부의 책임은 없다고 주장했다. 이에 대해 운동을 추진하는 측은 우파가 전제하는 노예사냥과 같은 협의의 강제가 아니라 취업사기와 유괴 등 광의의 강제, 더 나아가 젠더와 식민지 지배라는 구조적인 강제성을 주장했다. 또 공창제도에서의 창기가 위안부가 되었다 하더라도 그 역시 성노예라고 주장하는 일본과 재일 연구자들도 있었다.

운동 속에서 위안부 문제의 본질은 여성·민족·계급차별이 중층적으로 작용한 문제라는 관점에서 논의되었는데, 이 경우의 민족이란 피지배 민족임을 암묵적으로 가리키고 있었다. 또 한국과 타이완의 운동가들도 창기 출신의 일본인 위안부를 자국의 피해자들과 동렬에 놓는 것에 동의하지 않았다.36) 그 때문에 운동은 아시아 모든 나라의 피해자들을 위주로 한 지원활동이 중심이 되었고, 일본인 위안부 문제의 진상규명과 일본인 생존자의 신원을 드러내도록 촉구하는 운동은 일어나지 못했다. 덧붙여 1995년에 일본 정부가 민간과 더불어 입안한 '여성을 위한 아시아 평화국민기금'도 그 사업 대상에 일본인을 포함시키지 않았다.

그런 가운데 일본인 위안부를 확실하게 피해자로 위치 짓게 된 것은 2000년 '여성국제전범법정'에서였다. 그러나 그 이후 구체적인 활동이 일어난 것은 아니다. 국민기금에 반대하며 그 사이에 진전되고 있던 입법운동인 '전시 성적강제 피해자 문제의 해결 촉진에 관한 법안'도 전시 성적 피해여성의 범주에서 일부러 일본인을 제외하고 있다.37)

---

36) 한국의 '정대협'은 1993년에 발표된 고노 담화에 대한 성명에서, 매춘부 출신의 일본인 위안부와 강제적으로 연행된 조선인 위안부를 동렬에 두는 것은 이 문제의 본질을 훼손한다고 주장했다(山下, 2008: 40).

37) 이 법률안에서는 '전시 성적강제 피해자'를 "전시에 성적강제에 의해 피해를 당한

마무리

지금까지 일본인 위안부는 운동의 틀 밖에 놓여왔다. 시로타 씨가 김학순 씨보다 먼저 신원을 밝혔는데도 그녀의 호소를 지지하고 일본인 생존자를 지원하는 운동은 형성되지 못했다. 후지메 유키는 "성노예화된 역사적 체험을 둘러싸고 우리 일본인 여성들은 '같은 여성'으로서 아시아에 있는 여성들의 상처의 깊이는 직감한 반면, '같은 여성'인데도 '같은 일본인'인 일본의 공창들·일본인 위안부들에게 공감하는 회로를 단절시키고 있다"(藤目, 2001: 210~211)고 지적한다. 이 '공감하는 회로를 단절'시키는 것이야말로 일본 사회의 가부장적 내셔널리즘이 아닐까. 일본인 위안부의 경우 '가해국'의 국민이며, 나라를 위해 봉사하겠다는 의식이 있었다거나 공창제도 아래의 창기였다는 사실 때문에 그들의 성적피해가 아주 가볍게 사라졌다. 위안부의 토대가 된 공창제도는 원래 국가가 사람들의 성을 통제하는 한 형태이지만, 빈곤층 여성의 인신매매나 남성의 성적도구화, 그런 여성들에 대한 멸시 등을 허용하는 제도였다. 그리고 아시아·태평양전쟁기에는 그것을 위안소제도로 확대하여 식민지와 점령지 여성들까지 이용했다.

위안부 문제는 외국인 여성에 대한 성적폭력행위와 전시의 잔학성에 대한 문제일 뿐 아니라 국가에 의한 여성의 인권침해로 연결되는 (남녀의) 성지배와 통제라는 의미에서 일본인 위안부를 피해자로부터 제외해서는 안 되는 문제이다. 바꾸어 말하면 일본인 위안부를 피해자로 보지 않는 한 이 문제는 결코 해결되지 않는다.

———

여성으로, 구 호적법(다이쇼 3년, 법률 제26호)의 규정에 따라 본적을 갖고 있던 자 이외의 사람을 말한다"라고 정의한다.

일본인 위안부를 피해자로 인식하기 위해서는 다른 나라에 적용하는 내셔널리즘뿐 아니라 자국에서 작동하고 내면화되어 있는 내셔널리즘을 스스로 해체할 필요가 있다. 내셔널리즘을 초월한다는 것은 진정으로 이런 일을 꾸려나가는 데서 실현 가능하지 않겠는가.

보론

근로정신대가 된 사람들의 인생 피해에 대하여

1. 조선인 소녀들에게 '근로정신대에 간다'는 말이 의미했던 것

1) 황민화교육

원고(原告, 나고야 미쓰비시·조선여자근로정신대 소송을 제기한 한국인 여성들) 대부분은 소학교를 끝낸 정도의 10대 초반 소녀들이었다. 그들은 식민지의 소학교에서 철저하게 황민화교육을 받아 학교에서 가르치는 세계관과 가치관을 있는 그대로 흡수했다. 어린 소녀들이 일본행을 반대하는 부모의 뜻을 거스르면서까지 근로정신대가 되기를 바라며 교사의 말을 믿고 일본으로 건너간 것은 그들이 소학교에서의 가르침을 얼마나 순진하게 수용했는지를 나타내는 증거이다.

2) 조선의 여성교육환경

식민지 상태에서 조선 가정의 생활수준은 대개 빈곤했는데, 원고들은 밑바닥에 가까운 극빈 가정 출신이었던 위안부들과 달리 초등교육을 받을 수 있을 정도가 되었던 가정의 출신자들이었다. 하지만 아무리 향학열이 있어도 당시 조선인 여성교육이 가능한 곳은 대단히 한정되어, 여성을 위한 중·고등교육기관은 일부 도회지에만 있었으며 그 수도 매우 적었다. 또 식민지 지배하에서 여성을 위한 공교육기관, 중·고등교육기관이 소수였던 것은 물론, 여성에게는 교육이 필요 없고 아들 쪽이 우선이라는 남존여비의식에 근거한 차별이 엄연히 존재했다. 그런 가운데 지방의 마을에 살고 있던 서민층 여성들이 진학하는 일은 더욱 쉽지 않았다고 생각된다(金富子, 2005; 朴宣美, 2005; 山下, 2005).

따라서 조선 민중의 의식 정도에 모든 책임을 돌릴 수 없다. 식민지 통치정책으로서 일본이 조선에 도입한 교육수준은 남성에 대해서도 일본 내지의 교육수준보다 낮았을 뿐 아니라 여성에 대해서는 남성보다 한층 정도가 낮은 내용을 배우게 하는 등, 처음부터 여성에 대해 '무교육'주의적인 자세를 보였기 때문이다. 아동교육이 중요하다고 생각한 조선의 지식인들은 사설교육기관을 설립해나갔는데, 그 기관들도 총독부의 정책에 의해 성장하기 어려울 수밖에 없었다. 또 여성교육의 경우 미국 선교사들이 19세기 후반 이후에 설립한 교육기관이 조선에서 가장 수준 높은 교육 내용을 마련하고 있었다는 사실은 총독부의 여성교육수준을 반증한다고 할 수 있을 것이다.

3) 일본에서 공부한다는 것

조선의 상류층 가정의 여성들 가운데 극히 일부이기는 하지만 부모가 일찍이 문명에 눈을 뜨고 경제력도 있으며 본인의 학구열도 있는 경우, 자신이 바라면 일본으로 유학하는 경우가 있었다. 그들은 유학에서 돌아와 교사나 잡지기자, 조산원, 혹은 다른 전문직에 취업하는 등 직업을 가진 경우가 많았다. 1920년대 즈음부터 조선 내에서 여학교에 진학할 수 있게 된 여성들은 '신여성'이라 불렸는데, 이런 유학파는 그 가운데서도 상당한 엘리트였다고 말할 수 있다(山下, 2000).

조선 일부에 이런 현실이 있었던 반면, 지방 서민층 출신의 원고들이 근로정신대로서 일본으로 가는 것에 얼마나 큰 꿈을 품었을지 상상하기란 그리 어려운 일이 아니다. 일본에 가면 나라를 위해 노동봉사를 하고 공부도 하며 돈까지 벌 수 있다는 이야기는 그들에게 하나의 이상이었다. 보통으로 생활해서는 결코 실현할 수 없는, 꿈꾸는 일조차 생각할 수 없는 이야기에 자신이 주인공이 되려 한 것이다.

4) 소녀들의 외골수 사고

사회정세를 어느 정도 알고 분별력이 있는 어른들은 어린 소녀가 일본에 가는 일이 당연히 위험하다고 생각할 수 있겠지만, 소학교에서 황민화교육을 받고 그 내용을 곧이곧대로 순진하게 믿어버린 소녀들은 오로지 그런 꿈이 실현된다는 생각에 일말의 의심조차 없었을 것이다. 오히려 학교에서 배운 대로 나라를 위해 공헌할 수 있고, 부모에게 경제적으로 부담을 주지 않고 계속 공부할 수 있으며, 게다가 노동으로 금전적 보수를 받을 수 있다는 점에서 부모에게는 효행을, 가정에는 봉사를 할 수 있으리라 생각했던 것이다.

2. 일본에 가서 받았을 충격

앞에서 말했듯이 근로정신대가 되어 일본으로 가는 일에 대해 갖가지 꿈을 품고 있던 원고들이 일본에 가서 받았던 충격이 어떠했을지는 상상하기 어렵지 않다. 그것은 꿈이 무참하게 파괴되어가는 과정이었으리라 생각된다.

먼저 근로봉사는 그 나이대 소녀들에게 가혹한 것이었다. 노동환경뿐 아니라 내지의 일본인들로부터 받았을 민족차별은 이등 국민이라는 자신의 위치를 깨닫게 했다. 이것은 황국신민화교육을 받으며 가졌던 정체성을 틀림없이 뒤흔들어놓았을 것이다.

또 학수고대해왔던 교육도 받을 수 없었다. 날마다 장시간에 걸친 노동을 강요당했을 뿐 여학교에 다니게 해주겠다는 약속은 거짓이었음이 점차 느껴졌을 것이다. 꿈의 가장 커다란 부분이 파괴되기에 이르렀다.

급료도 받을 수 없었다. 귀국하면 송금하겠다는 등의 설명은 당사자들에게 불안을 가중시키는 요인이 되었을 것이다.

학교에 갈 수 없고 돈도 받지 못하고 노동도 극히 힘든 데다가 차별받는 분위기마저 겪는 상황에 휘말리게 된 원고들이 일본행을 반대했던 부모님의 말씀이 어떤 의미였는지 실감하고, 또 그런 부모의 걱정을 아랑곳하지 않고 부모에게도 좋을 것이라 생각하며 했던 행동이 결국 잘못되었다는 사실을 알게 되었을 때 과연 어떤 생각을 하게 되었을까. 또 조선에는 거의 발생하지 않는 엄청난 지진(1944년 12월 나고야 지방을 강타한 동남해 지진)을 경험했을 때의 공포도 충분히 헤아릴 수 있을 것이다.

패전을 일본에서 받아들여야 했던 상황도 소녀들의 정체성에 혼란을 초래했으리라는 점을 상상할 수 있다.

더 나아가 일본 군사산업의 일각에서 일했기에 군대식의 폭력적인 생활을 강요당했다. 필자가 한국에서 만난 이전 근로정신대 여성 가운데는 강간을 당한 사람도 있었다. 사춘기에 당한 이런 폭력은 신체뿐 아니라 정신에도 커다란 손상을 입혔을 것으로 생각된다.

3. 조선으로 돌아온 후에 겪게 된 인생의 곤경
: 근로정신대로 갔던 일이 조선 사회에서 의미하는 것

1) 정신대 담론

(1) 정신대 담론
일본에서의 쓰라린 경험을 가슴에 품고 고향으로 돌아온 원고들은 거기서 처음으로 정신대의 또 다른 의미, '일본 군인의 성적노리개가 된 여성들'이라는 논리를 접하게 되었다. 부모나 주변 어른들, 친구들의 말을 듣고 알게 되었다. 처음에 본인들은 일본의 군수공장에서 일하고 왔다는 사실에 대해 그렇게 감추고 싶다거나 창피한 일이라 생각하지는 않았을 것이다. 하지만 주위 사람들의 한결같은 반응을 접하는 사이, 근로정신대로서의 경험은 기억의 한 귀퉁이에 집어넣어야만 하는 것으로 인식되었다.

(2) 정신대 담론의 의미
당시 조선에서 남성의 노리개가 된 여성, 정숙하지 않은 여성이라는 낙인이 찍히면 사회로부터 또 때로는 가족들로부터도 눈 밖에 나는 결과를 초래하고, 여성들 사이에서도 음란하고 더럽혀진 사람으로 취급되어 편견과 차별에 시달려야 했다. 나아가 그것은 적령기에 들어선 '보통' 여성이 결혼하여 새로운 생활 기반을 갖고 살아가는 일반적인 생활궤도에도 편승하기 힘들어졌다는 사실을 의미했다.

(3) 정신대 담론의 배경: 가부장제에서 여성의 역할과 성도덕

여성을 정숙한 사람과 그렇지 못한 사람으로 양분하는 사고방식은 조선왕조 후기에 더욱 강해졌다고 한다. 주자학을 국가통치의 지주로 삼은 조선왕조의 제도와 관습은 점차 서민에게도 확산되어갔다. 철저하게 남계중심적인 가족제도는 국가지배권력의 시스템을 사람들에게 골고루 미치게 하기 위한 실천의 장이 되었다. 여성에게는 남편에 대한 정조와 수절을 지켜야 할 것이 요구되었다. 여성은 예컨대 남편이 죽더라도 재혼하지 말아야 하고, 심하게는 남편의 뒤를 따라 죽어야 미덕이라고 간주되어 그런 여성이 열녀로 칭송되었다. 남편이 사망한 뒤 재혼한 여성의 자식은 관리등용시험인 과거를 치를 자격도 박탈당했다. 가부장제 아래에서 여성의 최대 임무는 남편 가문의 대를 이을 자식을 낳아 기르는 일이었다.

남편 가문을 위해 바쳐져야 하는 여성의 정조는 철저하게 그 가문의 계승·유지에 필요한 것이었다. 남계 '혈통'이 중시되었기 때문에 만일 본부인이 대를 이를 자식을 낳지 못하면 남편이 첩을 두어도 정당화되었다. 경제적으로 첩을 둘 수 없는 서민층에서는 첩 대신 '씨받이'라는 관행이 행해졌다.

하지만 부인이 남편 이외의 남성과 성관계를 맺는 일은 법도에 어긋났으며, 강간당했더라도 그 여성은 유린되었다고 간주되어 인연이 끊겼다. 그 때문에 여성들은 정조를 지키기 위해 작은 칼(은장도)을 지니고 다닐 정도였다. 여성에 대한 정조의 강요는 근대 이후 새로운 현모양처상이라는 요소로 정착되었다. 한국에서는 최근까지도 강도가 침입하여 들어간 집의 여성을 강간하는 것은 입을 막는 데 유효한 수단이라 여겨졌다. 만일 여성이 강도에게 강간당한 사실이 알려지면 그 여성은 남편이나 시가

로부터 부정하다고 취급되어 인연을 끊겨야 했기 때문이다. 그리고 강도
강간죄로 체포된 범인은 속칭 '가정파괴범'이라 불렸다. 필자가 한국에
체류하던 1990년대에도 이 말은 여전히 사용되고 있었다.

(4) 해방 후의 정신대 담론

이런 사회적인 분위기 속에서 정신대 담론에 편입된 전 위안부와 근로
정신대를 경험한 여성은 식민지시대에 피해를 받았음에도 그 피해를 호
소할 수 없었고, 오히려 입에 올리는 일마저 꺼려지는 논리만 정착되어갔
다. 남성의 징용·강제연행은 공적으로 논의되고 보상 문제까지 부상했
지만 정신대라는 이름하에 은폐된 위안부와 근로정신대에 대한 진상규
명과 보상, 사죄 문제는 해방 후 약 반세기에 이르기까지 어둠 속에 묻혀
왔다. 예전에 정신대였다고 말하는 것은 자신이 더럽혀진 여성이라는 사
실을 밝히는 것과 마찬가지로 간주되어 당사자가 아니더라도 이 문제를
화제로 삼는 일만으로도 더럽혀지는 듯한 분위기가 형성되었다.

(5) 정조와 민족주의

1948년에 창건된 대한민국에서는 식민지 지배하의 근대법으로 도입된
가부장제가 빼앗겼던 민족의식의 결속을 위해 이용되었다. 그 한 예가 호
주제이다. 남자 혈통을 중심으로 하는 호주제는 민족이 가진 미풍양속의
증거로서 또다시 새로운 민법에 포섭되었다(호주제가 폐지된 것은 2005년에
이르러서이다). 이는 여성에 대한 정조의 강요가 의연하게 지속된다는 사
실을 의미한다.

여성의 정조는 말하자면 남성의 소유물이었다. 여성의 신체 자체가 가
계의 계승·유지를 위한(아들을 낳아 기르는) 도구로서 기능한다고 간주되
었기 때문이다. 그로 인해 정신대 피해는 여성이 주체가 된 피해로 인식

되는 것이 아니라 남성에게 자기 소유물이 더럽혀졌다는 식으로 받아들여졌다. 가문의 수치라는 의식도 마찬가지였다. 정신대를 언급하면 자신의 더러움을 증명하는 것이 되기 때문에 여성들은 이 일을 입 밖에 내지 못했다. 남성들 역시 자신의 소유물인 여성들을 왜노에게 가로채였다고 느끼고 자기 민족의 불명예스러운 일이라 생각했기 때문에 함구했다.

정신대 담론은 일본군의 위안부연행에 동반된 공포나 기억과 더불어 식민지 지배 이후 조선(한국)의 가부장제사회에 놓여 있던 여성의 예속성, 성도덕에 기초하여 형성되고 확산되었다고 말할 수 있다. 전후에도 가부장적인 사회가 유지되는 가운데 이런 논리가 크든 작든 유지·재생산되어왔다는 사실은 앞에서 기술한 대로이다. 진상규명은 일절 이루어지지 않았으며 오히려 금기시되었다. 여성은 전체적으로 여전히 사회나 가족 집단 내에서 남성과 동등하지 않았으며, 성을 포함한 신체의 주체가 될 수 없는 위치에 놓여 있었다.

(6) 원고들의 피해로서의 정신대 담론

이런 정신대 담론이 사회적 상식으로 정착되어가는 가운데, 원고들은 근로정신대가 되어 일본에서 당해야 했던 쓰라린 경험에 더하여 정신대 담론의 당사자가 되어야 하는 위험부담마저 새로 떠맡을 수밖에 없었다. 실제로 남편이나 주위 사람들에게 근로정신대였다는 사실이 알려져 이혼당하는 등의 경험을 했다는 증언도 있다.

이런 일을 원고들이 위안부와 동일시됨으로써 얻게 된 피해라고 표현하는 것은 정당하지 않다. 원래 위안부도, 근로정신대도 그 실태에 대해서는 그간 명확하게 규명되어오지 못했으며 위안부의 구체상이 명확하게 알려지기 시작한 것은 1990년대에 들어서이기 때문이다(후술). 따라서 적어도 그 이전에 원고들이 받은 피해는 정신대 담론을 구성하는, 일본에 의해 고향을 떠나야 했던 여성들에게 덧씌워졌던 '더럽혀진 여성'이라는 멸시의 대상이 된 피해라고 말하는 편이 타당할 것이다.

2) 대일 협력자

또 해방 후 한국에서 원고들이 자신의 피해를 발설하기 어려웠던 이유 가운데 하나로 대일 협력자라며 오해받을 우려가 있었다는 점을 들 수 있다. 원고들의 경우, 그렇게 어린 나이에 한 행동이었음에도 그 행위가 한국에서 쉽사리 '친일파'라는 낙인이 찍히는 것으로 이어졌다.

4. 일본군 위안부 문제와의 연관성

1) 정신대 피해신고의 쇄도

1990년 5월 노태우 대통령의 방일을 앞두고 한국의 여성들이 '정신대 문제'에 대한 대응을 한일 양 정부에 요청한 것을 계기로 하여, 같은 해 11월에는 한국정신대문제대책협의회가 결성되며 본격적인 행동이 이루어졌다. 그때까지는 매우 단편적인 정보만 존재할 뿐이었다. 1991년에 김학순 씨 등이 스스로 전 위안부였다는 사실을 밝히고, 같은 해 요시미 요시아키 교수가 일본 정부와 군의 관여를 증명하는 구체적인 자료를 발굴했다는 사실이 발표되면서 위안부 문제가 한일 정부 사이의 현안으로 부상했고, 다음 해인 1992년 1월부터 운동단체에 전 위안부여성들의 피해신고가 쇄도했다.

당시 운동단체 사무소에는 정신대 피해를 입은 당사자나 가족의 전화가 쉴 새 없이 걸려왔다(필자도 사무소에 있으면서 전화를 받은 적이 있었다). 그 가운데는 근로정신대 출신자였다는 전화도 많았다. 전 근로정신대 당사자의 전화는 운동단체 측에서 전혀 예상하지 못했던 일이었다. 약 1/3이 그런 전화였다. 매스컴은 근로정신대로 동원된 사람의 이야기를 마치 위안부였던 것처럼 전했다. 그 일이 취재기자의 무지에 기인했는지, 의도적인 것이었는지는 확실히 알 수 없다. 하지만 소학교를 졸업한 정도의 근로정신대원이 위안부가 되었다는 기사가 사회에 미친 충격은 강했고, 선정적이라는 면에서 뉴스거리가 될 만했음은 분명하다.

2) 또다시 방치된 근로정신대 문제

운동단체는 이 사태를 어떻게 받아들여야 할지에 대해 몇 차례나 토론을 벌였다. 앞에서 기술한 것과 같은 혼동에 대해 사실의 시정을 요구하기도 하고 '오보'를 지적한 적도 있었다. 그러나 결국 당분간 근로정신대원과 관련된 활동은 보류하고 위안부 피해자의 문제에 집중하기로 했다. 단체의 명칭에 들어 있는 정신대를 다른 명칭으로 바꾸어야 하는가를 둘러싸고 운동권 내에서 논의가 이루어지기도 했다. 그러나 이것도 결국 그대로 남기기로 했다. 당시 운동단체 활동가들은 위안부들의 연행을 정신대라는 이름으로 기억했기 때문이다.

필자는 이에 대해 만일 정신대라는 명칭을 그대로 사용할 것이라면 근로정신대 문제에도 대응해야 한다고 생각했다. 하지만 유감스럽게도 그렇게 되지는 않았다. 그것은 위안부 문제에 대한 대응만으로도 힘에 부쳤던 운동단체의 역량 탓이기도 했다. 몇 번이나 진상규명과 사죄를 요구했지만 일본 정부는 거의 시늉에 불과한 사죄만 되풀이하고 있었기 때문에 위안부 문제에 초점을 둔 운동에 전력을 기울일 수밖에 없었다.

장기간에 걸친 운동 과정에서 운동 내부나 일부 사람들 사이에는 근로정신대와 위안부의 구별이 확실하게 이루어졌다. 하지만 아직도 근로정신대 문제에 대한 대응은 미미했다. 그 때문에 원고들은 1990년 이후에도 계속해서 위안부와 혼동되었고 정신대 담론의 영향을 받고 있었다. 전 위안부들은 한국 사회나 국제 사회로부터 여성인권운동의 담당자로 평가받게 되었다. 그러나 다른 한편에 있는 근로정신대 피해자들과 관련해서는 진상규명이 명확하게 이루어지지 않았고, 한일 간의 문제로도 크게 부각되지 못한 상황에 놓여 있었다. 그 때문에 이전 상태와 아무런 변화도 없는 채 지금에 이르렀다고 말할 수 있다. 그런 의미에서 원고들이 제기한 소송은 커다란 의미가 있다.

전 근로정신대 경험자들이 해방 후에 당한 피해는 정신대 담론에 의한 것이라고 기술했는데 그것은 위안부 피해도, 근로정신대 피해도 마찬가지로 여성에 대한 성도덕관으로 인해 생긴 '더럽혀진 여성'이라는 젠더 차별에 기초한 인식 때문이다. 근로정신대가 해방 후에 받은 피해가 극복되기 위해서는 정신대 담론의 극복이 필요하고, 이를 위해서는 궁극적으로 위안부 문제의 해결도 필요하다.

5. 일본 정부와 관련 기업의 책임

위와 같은 사정은 원고들이 받은 해방 후의 피해가 한국 사회 특유의 정신대 담론에서 생겨났다는 견해를 뒷받침하는 것인지도 모른다. 그러나 이는 타당하지 않다. 전후 일본 정부는 위안부 문제나 근로정신대 문제에 대하여 가해국으로서 진상규명이나 책임의 소재를 밝히는 일에 태만해왔다. 일본 정부는 패전 이후 반세기 이상이 지난 지금도 조선 여성들이 식민지 지배 아래에서 당한 피해에 대해 어떤 적극적인 대책도 강구하지 않고 있다. 만일 그 사이에 적어도 근로정신대를 동원했던 정부나 기업이 조선의 소녀들을 꾀어 강제노동에 종사시킨 사실을 솔직하게 인정하고 반성하며 앞으로 두 번 다시 이런 일이 일어나지 않도록 하겠다는 결의를 사회적으로 표명했더라면 원고들이 여성차별적이고 남성중심주의적인 정신대 담론에 의해 이 정도까지 고통받지 않았을 것이다. 위안부 문제도 마찬가지인데, 일본 정부가 이 문제들을 무책임하게 방치해옴으로써 원고들에게 오늘날까지 고통을 가중시킨 것이다.

지은이 후기

　한국에서 유학을 시작한 1988년부터 어느덧 20년이 되어간다. 그중 처음 10년 동안은 서울에서 보냈고, 다음 10년은 미국, 캐나다(2년 반), 그리고 일본(관서지방)에서 보냈다.

　이 책에는 이 네 곳에서 쓴 내용이 담겨 있다. 특히 제4장과 제5장은 각각 미국과 캐나다에서 체류하는 동안 썼다. 한국과 일본을 떠나 그때까지 내 생활의 절반 정도를 차지하고 있던 위안부 문제로부터 거리를 두고서야 비로소 '정대협'에 대한, 한국의 활동가들에 대한, 그리고 나 자신의 정체성에 대한 고뇌를 상대화하는 여유를 가질 수 있게 되었다. 그것은 나 개인에게는 다행스러운 일이라 생각하지만, 한국의 운동 일선에서 이탈했다는 죄책감 같은 것도 늘 따라다녔다.

　또다시 일본에 정주하게 되었을 때부터도 위안부 문제에 대한 발언과 연구를 조금씩 재개했지만 한국에서와는 또 다른 의미에서 '마음이 편치 않음'을 느껴왔다. 늘 한국의 운동체를 의식하면서 위안부 문제를 생각하기 때문에 자연히 소극적이게 되면서 스스로 움직임을 좁혔던 이유가 있는지도 모르겠다. 그래서 앞으로도 계속될 운동에 적극적으로 개입하기 위해서는 이제까지의 연구를 한 권의 책으로 정리하여 위안부 문제에 대한 내 나름의 구분을 지을 필요가 있다고 생각했다.

또 정체성 문제는 수심을 알 수 없는 연못처럼 깊이 이해하기가 어렵다. '정체성의 고뇌로부터 해방되었다'고는 했으나 지금까지 있었던 '고뇌' 자체의 공허함을 깨닫게 되었다는 의미에 불과하다. 전과 같이 정체성 문제는 어떤 형태로든 나의 뇌리를 떠나지 않을 것이다. 다만 한국의 여성학, 역사, 운동, 내셔널리즘 등을 몸소 체험하고 위안부 문제를 통해 오랜 세월 가져왔던 정체성에 관한 '고뇌'를 뛰어넘을 수 있었다는 메시지를 많은 사람들, 특히 정체성 문제로 고민하는 사람들에게 전하고 싶다는 생각을 할 수 있게 되었다.

돌이켜보면 20년 동안 위안부 문제를 통해 여러 사람들과 만날 수 있었다. 그 모든 사람들과의 만남에 힘입어 지금의 내가 있게 되었다고 생각한다. 한 사람 한 사람의 이름을 들 수는 없지만 그 모든 분들께 마음속 깊이 감사드리고 싶다.

한국의 '정대협'이나 '정신대연구소'에서 함께 활동했던 사람들은 내가 다른 이들과 다른 의견을 갖고 있어도 배제하지 않고 받아들여주었다. 앞으로도 서로의 차이를 인정하면서 함께 걸어 나가고 싶다. 또 신원을 밝혀주신 한국의 생존자들로부터는 커다란 용기를 얻었다. 유학을 떠나기 전에 일본인 생존자인 시로타 스즈코 씨에게서 받은 격려도 잊을 수 없다. 나에게 직접 체험담을 들려주신 많은 생존자들이 돌아가셨지만, 그들의 원통한 마음을 역사에 새겨넣기 위해 노력하겠다고 다짐한다.

또 원래 유학하기 전에 나에게 위안부 문제의 중요성을 가르쳐주신 분은 여성사연구자인 스즈키 유코 선생님인데, 유학 후에도 여러 가지로 격려해주셨다. 그 사이 한국 운동조직의 파트너로서 함께 활동해온 일본의 단체와 개인을 포함한 많은 분들로부터도 언제나 따뜻한 격려의 말씀을 들었다. 여기서 모든 분들께 감사의 인사를 드린다.

쓰다주쿠(津田塾) 대학과 이화여자대학교에서 가르침을 받은 선생님들

께도 이 자리를 빌어 감사드린다. 특히 이효재 선생님과 윤정옥 선생님으로부터는 연구와 운동뿐 아니라 인품과 사상에 대해서도 큰 가르침과 애정을 받았다. 이 점은 언제까지라도 잊지 않을 생각이다.

끝으로 힘겨운 상황에서도 나를 낳고 길러주신 부모님께 감사드린다. 사실은 작년에 돌아가신 어머니의 손에 맨 처음으로 이 책을 전해드리고 싶었다. 예전에 어머니가 혼자서 괴로워했던 경험과 나의 경험을 아울러 말할 수 있다면 얼마나 좋을까 싶기도 했다. 유품 가운데 사진관에서 찍은 가족사진이 한 장 들어 있었다. 사진 속의 나는 열 살이고, 어머니는 딱 지금의 나와 비슷한 40대 후반이셨다. 아버지와 오빠는 신사복과 학생복 차림인데 어머니와 나는 치마저고리를 입고 있다. 그때 어머니는 무엇을 생각하고 계셨을까. 어렸을 때 나는 "어머니는 일본 사람이면서 왜 조선인이 되려고 해?"라고 따지듯이 물었지만, 지금이라면 "치마저고리가 참 잘 어울리시네요"라고 말씀드리고 싶다.

이 책의 구상을 듣고 흔쾌히 출판을 허락해주신 아카시쇼텐(明石書店)의 구로다 다카시(黑田貴史) 씨와 편집작업을 담당해주신 효도 게이지(兵頭圭兒) 씨께 깊은 감사를 전한다.

야마시타 영애

옮긴이 후기

　2008년에 출간된 야마시타 영애 선생님의 책 『내셔널리즘의 틈새에서: 위안부 문제를 보는 또 하나의 시각』은 한국과 일본 양국 사이의 불편하지만 외면할 수 없는 역사적 진실인 '위안부' 문제에 대한 체계적인 연구서이자 야마시타 선생 자신의 내셔널 아이덴티티에 대한 고뇌의 궤적이다.

　이 책에서 야마시타 선생은 한국에서 유학하는 동안 여성학에 관한 학술연구뿐 아니라 민주화운동과 여성운동에도 실천적으로 관여하면서 체험한 자신의 내적 성찰과 운동 현실에 대한 인식을 구체적으로 소개하고 있다. 선생은 특히 일본군 '위안부' 문제에 관한 관심은 이미 1980년대 한일 양국의 여성운동 내부에서 싹터 왔으나 반세기에 걸친 침묵을 깨는 계기를 만든 것은 바로 한국의 여성운동이었다는 사실을 강조한다. 1990년 5월, 한국의 여성운동단체가 연대하여 일본 정부에 일본군 '위안부' 문제의 진상규명 요구 성명을 발표한 일이 기폭제가 되어 아시아 각지에서 이 문제의 해결을 요구하는 운동이 활발해졌고, 또 피해자들이 신원을 드러낼 수 있도록 용기를 일깨웠기 때문이다.

　여성단체의 성명이 발표되고 얼마 뒤인 1992년 1월 8일, 당시 일본 총리인 미야자와 기이치의 방한을 앞두고 한국정신대문제대책협의회(정대협) 회원 30여 명이 일본대사관 앞에서 '종군위안부 강제연행 인정과 희생자에 대한 손해배상' 등 6개항을 요구하는 집회를 열었다. 수요 집회의 시작이었다. 이후 수요 집회는 민간 차원의 대표적인 '반일집회'로 자리잡았고, 국내 집회 사상 유례가 없는 최장기 집회로 기록되었다. 수요 집회에는 세계 각국의 인권단체 회원들을 비롯하여 나이와 국적을 불문한 수많은 사람이 참석해 일본군 위안부 문제 해결을 외쳤고, 광복절과 세계여성의 날 등의 기념일에는 세계 연대 집회로 진행되기도 했다.

전 일본군 '위안부' 할머니들은 매주 수요일 일본 대사관 앞에 모여 "일본은 사과하고 피해를 보상하라"며 절규해왔다. 일본군 '위안부' 문제는 일본군과 일본 정부가 조직적·체계적으로 만든 성폭력 시스템이며, 여성의 인간성을 참혹하게 말살한 세계에서 그 유례가 없는 반인륜적 범죄이다. 일본에 사과와 배상을 요구하는 것은 범죄에 대한 참회와 반성을 표하고 고통받은 피해자에게 일정한 보상을 해야 한다는 당위론이다. 그러나 일본 정부의 '위안부' 인식은 역사적 증거가 없는 날조라거나 전쟁에서 불가피하게 발생한 성매매로 치부하는 정도에 불과하며, 1965년 한일협정(한일조약) 때 식민지 지배에 대한 포괄적인 배상이 끝났으므로 '위안부' 청구권도 다시 논의할 필요가 없다는 주장만 되풀이하고 있을 뿐이다.

'위안부' 문제에 대한 진지한 인식의 결여가 비단 일본 정부 차원의 것만이 아니라는 점에 문제의 심각성이 있다. 2006년 4월 일본군 위안부 문제 관련 '정신대할머니와 함께하는 시민모임'이 보낸 질의서에 외교통상부가 서면으로 밝힌 입장은 "일본군 '위안부' 문제에 관한 일본 정부의 법적 책임은 남아 있으나 소모적인 법적 논쟁을 방지하기 위해 외교협상을 하지 않는다"는 것이었다. 대한민국 외교통상부가 자국민의 기본권과 국민보호의무에 앞서 일본의 눈치를 보는 듯한 답변을 한 것이다. 이에 반발하여 2006년 7월 일본군 '위안부' 생존피해자 109명은 외교통상부를 상대로 헌법소원(대일청구권 협정 제3조)을 제출했다. 헌법재판소는 2011년 8

월 30일 일본군 '위안부' 문제에 대해 "해결 노력을 충실히 이행하지 않는 대한민국 정부가 기본권을 침해하고 있다"며 재판관 9명 중 6명이 위헌 결정을 내렸다. 하지만 위헌 판결이 나온 뒤에도 정부는 아무런 후속 조치를 취하지 않았고, 위헌소송을 끌어 오는 사이에 48명의 피해자가 세상을 떠났다.

2011년 12월 14일, 20년에 걸친 '위안부' 피해 할머니들의 수요 집회가 1000회를 맞이했다. 정대협은 1000번째 수요시위를 기념해 14일 주한일본대사관 앞에서 '위안부' 소녀를 형상화한 '평화비' 제막식을 가졌다. 일본에서는 시민단체 회원 등 일본 내 양심세력 600여 명이 14일 인간띠를 만들어 외무성을 포위하고, 정부를 압박하는 시위를 벌였다는 소식도 들려왔다. 이렇게 20년에 걸친 수요 집회는 많은 변화를 낳았다. 무엇보다도 조국에서조차 관심과 배려를 받지 못하고 수치심과 피해의식 속에서 살아온 '위안부' 할머니들에게 스스로 권리와 자의식을 주장할 수 있게 만들었다는 데 큰 의미가 있을 것이다.

한국과 일본 사회의 일부에서는 '위안부 정신대는 스스로 몸을 바친 자발적 성매매'라거나 '일본 정부가 위안부에게 왜 보상해야 하는가?' 등의 발언이나 글이 공공연하게 발표되는 등, 여전히 일본군 '위안부' 문제를 은폐·호도하려는 시도가 이어지고 있다. 그러나 '위안부' 문제는 이제 일본 제국주의에 의해 피해를 본 여성만의 문제거나 민족주의 담론에 갇혀 있는 문제가 아니다.

이 책에서 야마시타 선생이 운동단체와 여론에 나타난 남성중심적이고 민족주의적인 '위안부' 담론을 치열하게 비판했듯이, '위안부' 문제는 식민지 지배에서 비롯된 트라우마라는 관점을 뛰어넘어 여성운동의 역사성과 인간의 실존적 가치 회복운동에 연관시켜 인식해야 할 문제이다. 2011년 한국 사회의 정치적 변화를 계기로 시민의 사회의식이 급격히 성장하면서 수요 집회에 대한 전 시민적 연대의 필요성이 확산되었다는 점은 '위안부' 문제를 바라보는 시각에도 커다란 변화가 이루어지고 있음을 반증한다. 위안부 소녀 평화비에 따뜻한 털모자와 담요를 씌워준 수많은 손이 여성과 남성의 차이, 민족의 틈새를 메우고 위안부 문제의 본질을 꿰뚫어보는 힘으로 작동하리라 기대해본다.

야마시타 선생님의 귀한 삶의 체험과 연구의 궤적을 따라갈 수 있도록 부족한 저를 번역자로 선택해주신 것도 감사한데, 틈틈이 보내주신 격려 메일 덕분에 번역을 즐겁게 마무리할 수 있었다. 선생님께 진심으로 감사드린다. 그리고 꼼꼼한 교정을 통해 내용에 대한 치밀한 검토를 일깨워준 도서출판 한울의 편집부 분들께도 감사의 마음을 전하고 싶다. 이 책과 더불어 많이 배우고 성장할 수 있었던 2011년이었다.

2011년 12월 끝자락에서
박은미

참고문헌

:: 한국어 문헌

[단행본]

권인숙. 2005. 『대한민국은 군대다』. 청년사.

공미혜. 1999. 『한국의 가부장적 테러리즘』. 하우기획출판.

김연자. 2005. 『아메리카타운 왕언니, 죽기 오분 전까지 악을 쓰다』. 도서출판 삼인.

박유하. 2005. 『화해를 위해서: 교과서·위안부·야스쿠니·독도』. 뿌리와이파리.

안연선. 2003. 『성노예와 병사 만들기』. 도서출판 삼인.

안정효. 1990. 『은마는 오지 않는다』. 고려원.

이능화. 1927. 『조선해어화사(朝鮮解語花史)』. 동양서원.

이현숙. 1992. 『한국교회여성연합회 25년사』. 한국교회여성연합회.

이화여자대학교 한국여성사 편찬위원회. 1978. 『한국여성사』 제1권.

이효재 엮음. 1979. 『여성해방의 이론과 현실』. 창작과 비평사.

이효재. 1989. 『한국의 여성운동: 어제와 오늘』. 정우사.

정희진. 2005. 『페미니즘의 도전』. 교양인.

조순경 엮음. 2000. 『노동과 페미니즘』. 이화여자대학교출판부.

조주현. 2000. 『여성 정체성의 정치학』. 도서출판 또 하나의 문화.

조(한)혜정. 1998. 『성찰적 근대성과 페미니즘』. 도서출판 또 하나의 문화.

한국교회여성연합회. 1978. 『매춘 문제와 여성운동』(한국교회여성연합회 교육 자료 제3집).

_____. 1983. 『기생관광: 전국 4개 지역실태조사 보고서』.

_____. 1988. 『여성과 관광문화: 제주지역 중심으로』.

한국성폭력상담소 엮음. 1999. 『섹슈얼리티 강의』. 도서출판 동녘.

한국여성의전화연합 엮음. 1999. 『한국여성인권운동사』. 도서출판 한울. (韓國女性ホットライン連合 編, 『韓國女性人權運動史』. 山下英愛 譯. 明石書店. 2004).

한국여성의전화연합 기획 · 정희진 엮음. 2003. 『성폭력을 다시 쓴다: 객관성, 여성운동, 인권』. 도서출판 한울.

한국여성연구소 엮음. 1981. 『한국여성관계자료집』. 이화여자대학교출판부.

한국정신대연구소 · 한국정신대문제대책협의회 엮음. 1999. 『강제로 끌려간 조선인 군위안부들』 3. 도서출판 한울.

[논문]

강선미 · 야마시타 영애. 1993. 「천황제 국가와 성폭력: 군위안부 문제에 관한 여성학적 시론」. ≪한국여성학≫, 제9집.

강정숙. 2002. 4. 8. "한국 위안부 문제: 뇌관은 남아 있다". ≪오마이뉴스≫.

김은실. 1994. 「민족담론과 여성: 문화, 권력, 주체에 관한 비판적 읽기를 위하여」. ≪한국여성학≫, 제10집.

민경자. 1999a. 「성폭력 여성운동사」. 한국여성의전화연합 엮음. 『한국여성인권운동사』. 도서출판 한울.

_____. 1999b. 「한국 매춘여성운동사: '성 사고 팔기'의 정치사, 1970~98」. 한국여성의전화연합 엮음. 『한국여성인권운동사』. 도서출판 한울.

박명규. 1996. 「한국민족주의의 역사적 전개와 특성」. ≪세계문화≫, 여름호.

변혜정. 1999. 「성폭력의 의미구성과 여성의 차이」. 한국성폭력상담소 엮음. 『섹슈얼리티 강의』. 도서출판 동녘.

신혜수. 1994a. 「여성인권운동의 국제화와 한국화: 일본군 '위안부' 문제 해결운동을 중심으로」. 이화사회학연구회 엮음. 『일상의 삶 그리고 복지의 사회학』. 사회문화연구소출판부.

_____. 1994b. 「민족주의와 페미니즘: 일본군 '위안부' 문제를 통해 본 그 결합과

긴장」. 1994년도 한국여성학회 춘계학술대회 발표논문.

＿＿＿. 1998.「여성인권운동」. 한국여성단체연합 엮음.『열린 희망: 한국여성단체연합 10년사』. 동덕여자대학교 한국여성연구소.

심영희. 1996.「한국 성담론의 지속과 변동: 유교적 담론과 페미니즘 담론을 중심으로」.≪여성연구≫, 51호.

야마시타 영애. 1989.「식민지지배와 공창제도의 전개」.≪사회와 역사≫, 제51호.

여성사연구회 편. 1989. 좌담「한국 민주운동과 여성운동」.≪여성≫, 3.

여순주. 1993.「일제 말기 조선인 여자근로정신대에 관한 실태 연구」. 이화여자대학교 여성학과 석사논문.

윤택림. 1994.「민족주의 담론과 여성: 여성주의 역사학에 대한 서론」.≪한국여성학≫, 제10집.

이미경. 1987.「매춘 문제에 대한 여성운동론적 접근」.『매춘 문제와 여성운동』(한국교회여성연합회 교육자료 제3집).

＿＿＿. 1998.「여성운동과 민주화운동: 여연 10년사」. 한국여성단체연합 엮음.『열린 희망』. 동덕여자대학교 한국여성연구소.

이상화. 1998.「군 '위안부' 피해자의 신체적·정신적 후유증에 대한 이해와 그 대책」. 한국정신대연구소 엮음.『군위안부 피해자의 현실에 대한 올바른 이해』.

이효재. 1990.「한국 가부장제의 확립과 변형」. 여성한국 사회연구회 엮음.『한국가족론』. 도서출판 까치.

＿＿＿. 1994.「한국여성학과 여성운동」.≪한국여성학≫, 제10집.

＿＿＿. 1999.「일본군 위안부 문제 해결을 위한 운동의 전개과정」. 한국여성의전화연합 엮음.『한국여성인권운동사』.

장명국·이경숙. 1988.「민족민주운동으로서의 여성운동의 과제 ─ 노동운동을 중심으로」.≪새벽≫, 제3호.

장상. 1995.「아시아여성학센터의 역할」. 이화여자대학교 한국여성연구원 주최 '아시아의 페미니즘' 제1차 아시아여성학술대회자료집(1995. 5. 26. 미발행).

장필화. 1990. 10. 12. "여성논단: 덮어 둔다고 해서 없어질 수 없는 일".≪여성신문≫.

_____. 1995.『아시아 여성학 연구를 위한 서설: 한국 여성학의 반성』(미발행).

_____. 1996.「한국 가부장제와 여성 교육의 성장」.『아시아 가부장제와 여성의식
의 성장』. 이화여자대학교 아시아여성학센터 주최 '96 아시아 여성학 대회.

정진성. 1998.「군위안부 문제에 대한 올바른 이해」. 한국정신대연구소 엮음.『군
위안부 피해자의 현실에 대한 올바른 이해』.

정희진. 1999.「죽어야 사는 여성들의 인권: 한국 기지촌여성운동사, 1986~98」.
한국여성의전화연합 엮음.『한국여성인권운동사』. 도서출판 한울.

조순경 · 김혜숙. 1995.「민족민주운동과 가부장제」.『광복50주년 기념논문집 8
여성』(미발행). 한국학술진흥재단.

조(한)혜정. 1996.「페미니스트들은 '아시아' 담론이 부상하는 상태에 어떻게 개
입할 것인가?」.『아시아의 가부장제와 여성의식의 성장』. 이화여자대학교
아시아여성학센터 주최 '96 아시아 여성학 대회.

최민지. 1980.「한국 여성운동 소사」. 이효재 엮음.『여성해방운동의 이론과 현
실』. 창작과 비평사.

최영애. 1996.「사례발표: 성폭력피해 후유증과 여성의 삶 ― 어린이 성폭력 사례
를 중심으로」. 한국여성학회 제13차 추계학술대회 발표문.

최성애. 1994.「여성독자노조 건설의 필요성에 대한 일 연구: 금융업을 중심으로」.
이화여자대학교 대학원 여성학과 석사논문.

한국여성학회 제3회 workshop.「여성학교육방법 및 교육과정」(1996. 1. 15~16).

:: 일본어 문헌

[단행본]

井桁碧 編. 2000.『「日本」國家と女』. 靑弓社.

石川達三. 1945.『生きている兵隊』. 河出書房.

石田米子 · 內田知行 編. 2004.『黃土の村の性暴力』. 創土社.

李順愛 編譯. 1989.『分斷克服と韓國女性解放運動』. 御茶の水書房.

市川房枝 編集 · 解說. 1978.『日本婦人問題資料集成』第一卷. ドメス出版.

伊藤秀吉. 1931.『日本廢娼運動史』. 廓淸會婦人矯風合廢娼連盟(不二出版, 1982年 復刻版).

李効再・李順愛 他 譯. 1987.『分斷時代の韓國女性運動』. 御茶の水書房.

上野千鶴子. 1998.『ナショナリズムとジェンダー』. 靑土社.

內海愛子・石田米子・加藤修弘 編. 2005.『ある日本兵の二つの戰場』. 社會評論社.

大隈末廣. 1936.『日本公娼制度論』. 天風合出版部.

田村泰次郎. 1947.『春婦伝』. 銀座出版社.

戶塚悅朗. 2008.『日本が知らない戰爭責任』普及版. 現代人文社.

笠原十九司. 1999.『南京事件と三光作戰』. 大月書店.

_____. 2002.『南京事件と日本人』. 柏書房.

川田文子. 1987.『赤瓦の家』. 筑摩書房.

_____. 1993.『皇軍慰安所の女たち』. 筑摩書房.

_____. 1997.『インドネシアの「慰安婦」』. 明石書店.

關東局. 1937.『關東局統計三十年誌』.

琴秉洞 編・解說. 1992.『戰場日誌にみる從軍慰安婦極秘資料集』. 綠蔭書房.

金富子. 2005.『植民地期朝鮮の敎育とジェンダー―― 就學・不就學をめぐる權力關係』. 世織三房.

金一勉. 1976.『天皇の軍隊と朝鮮人慰安婦』. 三一書房.

金一勉 編. 1992.『戰爭と人間の記錄 軍隊慰安婦』. 德間書店.

酒井シヅ. 1982.『日本の医療史』. 東京書籍.

女性のためのアジア平和國民基金 編. 1997.『政府調査「從軍慰安婦」關係資料集成』全5卷. 龍溪書舍.

城田すず子. 1985.『マリアの贊歌』. かにた出版部.

菅原幸助. 1997.『初年兵と從軍慰安婦』. 三一書房.

從軍慰安婦110番編集委員會 編. 1992.『從軍慰安婦110番』. 明石書店.

杉山萬太. 1912.『鎭海』.

鈴木裕子・加納美紀代・若桑みどり. 1995.『戰爭がつくる女性像』. 筑摩書房.

鈴木裕子・山下英愛・外村大 他 編. 2006.『日本軍「慰安婦」關係資料集成』

　　上・下. 明石書店.

千田夏光. 1973・1974. 『從軍慰安婦』正・續. 三一書房.

_____. 1995. 『從軍慰安婦・慶子 ― 死線をさまよった女の証言』. 恒友出版.

高尾新右衛門. 1922. 『元山港』. 東書店.

高崎隆治 編・解説. 1990. 『軍医官の戦場報告意見集』. 不二出版.

田中利幸. 1993. 『知られざる戦争犯罪』. 大月書店.

谷川美津枝. 1986. 『青年將校と慰安婦』. みやま書房.

ダンサー, ベルケ・ヨール, バーバラ 編. 1996. 『一九四五年, ベルリン解放の
　　眞實 ― 戦争・強姦・子ども』. 寺崎あき子・伊藤明子 譯. 現代書館.

崔碩義. 2005. 『黄色い蟹』. 新幹社.

纐纈厚 編・解説. 1992. 『軍紀・風紀に關する資料』. 不二出版.

津田道夫. 2002. 『侵略戦争と性暴力』. 社會評論社.

角田由紀子. 2001. 『性差別と暴力』. 有斐閣.

統監府警務第二課. 1908. 『妓生及娼妓ニ關スル書類綴』(隆熙2年).

統監府内部衛生層. 1909. 『韓國衛生一斑』.

天津居留民団. 1941. 『天津居留民団三十周年記念誌』.

長澤健一. 1983. 『漢口慰安所』. 図書出版社.

西野瑠美子. 1992. 『軍隊慰安婦 ― 元兵士たちの証言』. 明石書店.

日朝協會. 2005. 『證言・日本軍「慰安婦」― ダイヤル110番の記録』.

日本の戦争責任資料センター 編. 1998. 『シムポジウム, ナショナリズムと「慰安
　　婦」問題』. 青木書店.

早川紀代. 1998. 『近代天皇制國家とジェンダー』. 青木書店.

早川紀代 編・解説. 2002. 『陸軍に於ける花柳病』. 不二出版.

VAWW-NET Japan 編譯・松井やより, 前田朗 解説. 2000. 『戦時・性暴力をどう裁
　　くか ― 國連マクドゥーガル報告全譯』. 凱風社.

VAWW-NET Japan 編. 2000~2002. 『日本軍性奴隷制を裁く ― 二〇〇〇年女性國
　　際戦犯法廷の記録』. 第一~六巻. 緑風出版.

パウル, クリスタ. 1996. 『ナチズムと強制賣春 ― 強制收容所特別棟の女性たち』.
　　イエミン恵子・池永記代美ほか 譯. 明石書店.

朴宣美. 2005.『朝鮮女性の知の回遊 ― 植民地文化支配の日本留學』. 山川出版社.

彦坂諦. 1991.『男性神話』. 徑書房.

平壤民団役所 編纂. 1914.『平壤發展史』.

藤井忠俊. 2000.『兵たちの戦争』. 朝日選書.

藤目ゆき. 1997.『性の歴史學』. 不二出版.

藤原彰. 1998.『天皇制と軍隊』. 青木書店.

釜山府. 1984.『釜山府史原稿』6. 居留地 編. 民族文化社.

ブラウンミラー, スーザン. 2000.『レイプ・踏みにじられた意思』. 幾島幸子 譯. 勁草書房.

保高正記. 1925.『群山開港史』. 群山府大和町一番地.

木浦府. 1930.『木浦府史』.

山田盟子. 1991.『慰安婦たちの太平洋戦争』. 光人社.

尹健次. 2000.『現代韓國の思想 ――九八〇〜一九九〇年代』. 岩波書店.

尹貞玉 他 譯. 1992.『朝鮮人女性がみた「慰安婦問題」』. 三一書房.

尹貞玉 著, 鈴木裕子 編・解説. 2003.『平和を希求して』. 白澤社.

尹明淑. 2003.『日本の軍隊慰安婦制度と朝鮮人軍隊慰安婦』. 明石書店.

吉田淸治. 1977.『朝鮮人慰安婦と日本人 ― 元下關勞報動員部長の手記』. 新人物往來社.

　　　.『私の戦爭犯罪 ― 朝鮮人强制連行』. 三一書房.

吉田裕. 2002.『日本の軍隊 ― 兵士たちの近代史』. 岩波書店.

吉見義明. 1987.『草の根のファシズム』. 東京大學出版會.

　　　. 1995.『從軍慰安婦』. 岩波書店.

[논문]

1992京都. 1993.「おしえてください!『慰安婦』情報電話」. 報告集編集委員會 編.『性と侵略 ―「軍隊慰安所」84か所, 元日本兵らの証言』. 社會評論社.

麻生徹男. 1990.「花柳病ノ積極的予防法」. (1939.6.26). 高崎隆治 編・解説.『軍医官の戦場報告意見集』. 不二出版.

石田米子・大森典子. 2000. 「中國山西省における日本軍性暴力の實態」. 西野瑠美子・林博史 編. 『「慰安婦」・戰時性暴力の實態Ⅱ — 中國・東南アジア・太平洋編』. 綠風出版.

大越愛子. 1998. 「『國家』と性暴力」. 江原由美子 編. 『性・暴力・ネーション』. 勤草書房.

大林清. 1974. 「玉の井娼婦伝(第四話), 從軍慰安婦順子の上海慕情」. ≪現代≫ (1974.5).

川田文子. 1999. 「中國戰犯供述書にみる日本軍の性暴力」. ≪季刊戰爭責任研究≫, 第23号.

金貴玉. 2002. 「韓國戰爭と女性: 軍慰安婦と軍慰安所を中心に」. 朝鮮戰爭・日米安保・サンフランシスコ講和條約五〇周年 第五回日本大會. 『冷戰・國家暴力と日本 資料集』(2002.2.22~25).

金富子. 1992. 「韓國女性運動からみた朝鮮人慰安婦問題」. 尹貞玉 他 著. 『朝鮮人女性がみた「慰安婦」問題 — 明日をともに創るために』. 三一書房.

金允玉. 2001. 「女性國際戰犯法廷の成果と殘された課題」. VAWW-NETジャパン 編. 『裁かれた戰時性暴力』. 白澤社.

纐纈厚. 1995. 「天皇の軍隊の特質 — 殘虐行爲の歷史的背景」. ≪季刊戰爭責任研究≫, 第8号.

小林雅子. 1983. 「公娼制の成立と展開」. 女性史總合硏究會 編. 『日本女性史』第三卷. 東京大學出版會.

浦崎成子. 2000. 「沖繩線と軍「慰安婦」」. VAWW-NET Japan 編. 『「慰安婦」・戰時性暴力の實態Ⅰ』. 綠風出版.

鈴木裕子. 1991. 「昭和史の最暗部 — 朝鮮人從軍慰安婦問題への接近」. ≪世界≫(1991.9).

徐京植. 1998. 「民族差別と『健全なナショナリズム』の危險」. 日本の戰爭責任資料センター 編. 『ナショナリズムと「慰安婦」問題』. 青木書店.

宋連玉. 1992. 「『從軍慰安婦』に見る民族と性」. ≪思想と現代≫, 31号.

田中利幸. 2000. 「なぜ米軍は『從軍慰安婦』問題を無視したのか」. 池田惠里子・大越愛子 編. 『加害の精神構造と戰後責任』. 綠風出版.

戸塚悦朗. 2004. 「戰時女性に對する暴力への日本司法の對応, その成果と限界」上・下. ≪季刊戰爭責任研究≫ 43・44号.

鄭鎭星. 1995. 「韓國における『女性』と『民族』」. ≪國際文化會館會報≫, Vol. 6, No. 2.

崔星愛 著, 山下英愛 譯. 2005. 「韓國における經濟開發とジェンダー・ポリティクスー七〇 八〇年代の中東建設プロジェクトを中心に」. ≪女性・戰爭・人權≫, 第7号.

崔沃子. 1989. 「韓國女性運動史」. 李順愛 編譯. 『分斷克服と韓國女性解放運動ー1970年代を中心に』. 御茶の水書房.

戸塚悦朗. 2004. 「戰時女性に對する暴力への日本司法の對応, その成果と限界ー 發掘された日本軍「慰安婦」拉致處罰判決(一九三六年)をめぐって(上)」. ≪季刊戰爭責任研究≫, 第43号.

西野瑠美子. 2000. 「日本人「慰安婦」ー誰がどのように徴集されたか」. VAWW-NET Japan 編. 『「慰安婦」・戰時性暴力の實態 I』. 緑風出版.

早川紀代. 1995. 「海外における買賣春の展開ー台湾を中心に」. ≪季刊戰爭責任研究≫, 第10号.

林博史. 1999. 「シベリア出兵時における日本軍と『からゆきさん』」. ≪季刊戰爭責任研究≫, 第24号.

樋口雄一. 1999. 「朝鮮人小女の日本への强制連行について」. ≪在日祖先人史研究≫, 第24号.

藤永壯. 2000. 「朝鮮植民地支配と『慰安婦』制度の成立過程」. 金富子・宋連玉 編. 『「慰安婦」・戰時性暴力の實態 I ー 日本・台湾・朝鮮編』. 緑風出版.

藤目ゆき. 2001. 「女性史研究と性暴力パラダイム」. 大越愛子・志水紀代子・持田季未子・井桁碧・藤目ゆき 著. 『フェミニズム的轉回』. 白澤社.

藤原彰. 1996. 「「天皇の軍隊」の歷史と本質」. ≪季刊戰爭責任研究≫, 第11号.

____. 2000. 「天皇の軍隊の特色ー虐殺と性暴力の原因」. 池田惠里子・大越愛子 編. 『加害の精神構造と戰後責任』. 緑風出版.

松岡環. 2000. 「南京大虐殺下における日本軍の性暴力ー南京戰參加の先兵士の調査と被害女性の調査から」. 西野瑠美子・博史 編. 『「慰安婦」・戰時

性暴力の實態II ─ 中國・東南アジア・太平洋編』. 綠風出版.

丸山友岐子. 1977. 「男性ライターの書いた『從軍慰安婦』を斬る」. ≪女・エロス≫, 9号.

森栗茂一. 1994. 「賣買春勞働者の發生 ─ 天草者の故郷から」. 脇田晴子, S・B・ハンレー 編 『ジェンダーの日本史(上)』. 東京大學出版會.

山下英愛. 1992. 「朝鮮における公娼制度の實施」. 尹貞玉 他 譯. 『朝鮮人女性 がみた「慰安婦問題」』. 三一書房.

_____. 1994. 「『慰安婦』問題の認識をめぐって」. 憲法を活かす市民の會. ≪あく ろす≫, 第3号.

_____. 2000. 「近代朝鮮における『新女性』の主張と葛藤 ─ 洋畵家羅蕙錫を中心 に」. 井桁碧 編. 『「日本」國家と女』. 青弓社.

_____. 2005. 「韓國における女性法曹養成教育の歷史と現狀」. ≪青丘學術論集≫, 第25集.

_____. 2007. 「植民地下朝鮮の『新女性』 ─ 金一葉の半生とその思想」. 早川紀 代 他 編. 『東アジアの國民國家とジェンダー』. 青木書店.

_____. 2008. 「韓國における性賣買關聯法制定の經緯 ─ 女性運動の取り組みを 中心に」. ≪女性・戰爭・人權≫, 第9号.

梁澄子. 1997. 「元『慰安婦』にみる『複雜性PTSD』─Judith Herman 著, 『心的外 傷と回復』から)」. ≪戰爭責任研究≫, 第17號.

尹健次. 1994. 「課題としての『民族』 ─ 近代日本のアイデンティティをめぐって」. ≪世界≫(1994.11).

吉田重紀. 1987. 7. 14. "なぜ彼女を置いてこなかったか". ≪朝日新聞≫.

_____. 1987. 8. 5. "從軍慰安婦の靈慰めよう". ≪東京新聞≫.

吉見義明. 2000. 「『從軍慰安婦』政策における日本國家の指揮命令系統」. VAWW-NET Japan 編. 『「慰安婦」・戰時性暴力の實態I ─ 日本・台湾・朝鮮編』. 綠風出版.

필자 미상. 1967. 「大特集 戰爭と性, この異常体験がもたらした傷痕」. ≪アサヒ 芸能≫.

필자 미상. 1974. 「我がぐうたら戰記'女と兵隊'」. ≪アサヒ芸能≫.

필자 미상. 195. 「見捨てられた戦争慰安婦その後の性生活」. ≪アサヒ芸能≫.

:: 영어 문헌

Chang, Iris. 1998. *The Rape of Nanking.* New York: Penguin Books.

Enloe, Cynthia H. 1988. *Does Khaki Become You? The Militarization of Women's Lives.* London: Pandora.

Herman, Judith Lewis M. D. 1997. *Trauma and Recovery.* Perseus Books Group.

Galtung, Joan. 1990. "Cultural Violence." *Journal of Peace Research*, vol. 27 no. 3.

Timothy, Harding. 1996. "Program for humanitarian action at the University of Geneva and proposed interventions for the victims of military sexual slavery during wartime."

Yamashita, Yeong-ae. 2001. "Identity, Social Movements and nationalism: The issue of 'Comfort Women'." 立命館國際言語文化紀要. ≪立命館言語文化研究≫ 13卷 2号.

:: 기타

[관보 · 법령 · 자료집 등]
『旧韓國官報』. 亞細亞文化社(1973).
『統監府公報』. 亞細亞文化社(1974).
市川房枝 編集 · 解説. 1978. 『日本婦人問題資料集成』第一卷. ドメス出版.
稻葉正夫 編. 1970. 『岡村寧次大將資料 上卷 戰場回想篇』. 原書房.
樺太廳 編. 1928. 『樺太廳法規輯覽』.
韓國學文獻研究所 編. 1985~1988. 『朝鮮總督府官報』. 亞細亞文化社.
韓國女性研究所 編. 1981. 『韓國女性關係資料集』. 梨花女子大學校出版部.
纐纈厚 編 · 解説. 1992. 『軍紀 · 風紀に關する資料』. 不二出版.

國務院法制處 編. 1937.『滿洲國法令輯覽』.

杉山茂一 編. 1944.『京城に於ける接客業者に關する調査』.

鈴木裕子・山下英愛・外村大 編. 2006.『日本軍「慰安婦」關係資料集成』. 明石書店.

ソン・ビョンギ 編. 1973.『統監府法令資料集』上中下. 大韓民國國會図書館.

高崎隆治 編・解說. 1990.『軍医官の戰場報告意見集』. 不二出版.

朝鮮總督府.『朝鮮總督府統計年報』.

朝鮮總督府.「道警察部長會議諮問事項答申書」(1935.4). 韓國總務處政府記錄保存所マイクロフィルム版.

朝鮮總督府.「勞務資源調査ニ關スル件」. 韓國總務處政府記錄保存所マイクロフィルム版.

朝鮮總督府警務局.『朝鮮警察の槪要』(1927).

統監府警務第二課.「妓生及娼妓ニ關スル書類綴」(1908). 韓國總務處政府記錄保存所マイクロフィルム版.

統監府內部衛生局.『韓國衛生一斑』(1909).

南洋廳 編.『南洋群島要覽』(1932).

早川紀代 編・解說. 2002.『陸軍に於ける花柳病』. 不二出版.

釜山府. 1984.『釜山府史原稿』6 居留地 編. 民族文化社.

滿洲帝國民生部.『民生年鑑』(1938).

山田弘倫・平馬左橘.「朝鮮ニ於ケル花柳病ノ統計的觀察」(1921).

吉見義明 編・解說. 1992.『從軍慰安婦資料集』. 大月書店.

吉見義明・林博史 編. 1995.『共同研究日本軍慰安婦』. 大月書店.

ドキュメンタリー映畵.〈沖繩のハルモニ〉(山谷哲夫, 1979)

朴壽南. 記錄映畵〈アリランのうた〉(1980년대 말).

[잡지·신문·팸플릿 등]
≪곽청(廓淸)≫. ≪대한매일신보(大韓每日申報)≫. ≪대한일보(大韓日報)≫.
≪독립신문(獨立新聞)≫. ≪동아일보(東亞日報)≫. ≪무휘보(務彙報)≫. ≪신가

정(新家庭)≫. ≪여성신문(女性新聞)≫. ≪오마이뉴스≫. ≪조광(朝光)≫. ≪조
선일보(朝鮮日報)≫. ≪조선휘보(朝鮮彙報)≫. ≪프레시안≫. ≪한겨레신문≫.
≪한국일보≫. ≪황성신문(皇城新聞)≫.

アジアの女たちの會. 『アジアと女性解放』.

『한국정신대연구소 소식지』.

『國際セミナー 女性と觀光文化』. 主催: 韓國敎會女性連合會(1988).

名古屋三菱・朝鮮女子勤勞挺身隊訴訟弁護団 編. 『元朝鮮女子勤勞挺身隊員
    に對する性差別被害』. 名古屋三菱・朝鮮女子勤勞挺身隊訴訟を支援する
    會發行(2004).

[웹사이트]

전시 성적강제 피해자문제의 해결 촉진에 관한 법률. http://www.kamimotomieko.
    net/news/2005/02_28.html

한국성폭력상담소. "성폭력 개념". http://www.sisters.or.kr/index.php/subpage/
    about/1

關西フォーラム. http://www.jca.apc.org/ianfu_ketsugi/

權赫範. "新自由主義を防げぬ民族を埋葬せよ ― 進步的民族主義は有效か. http://
    www.hani.co.kr/arti/culture/culture_general/257086.html

찾아보기

※ 각 장 출처

서장: 1~3절은 새로 씀, 4장 「정신대 문제의 부상이 드러낸 것」(≪世界≫ 臨時增刊号, 岩波書店, 1992. 4)

제1장: 「조선에서의 공창제도의 실시」(尹貞玉 他 譯, 『朝鮮人女性がみた「慰安婦問題」』, 三一書房, 1992)

　　　 「조선에서의 공창제도의 실시와 그 전개(鈴木裕子・山下英愛・外村大 他 編, 『日本軍「慰安婦」關係資料集成』下, 明石書店, 2006)

제2장: 「일본군에 의한 성폭력의 진상과 그 특징」(『岩波講座アジア・太平洋戰爭5 戰場の諸相』, 岩波書店, 2006)

제3장: 「한국 여성학과 민족: 일본군 '위안부' 문제를 둘러싼 '민족' 논의를 중심으로」(日本女性學會 ≪女性學≫ 4호, 1996)를 수정.

제4장: 「한국의 '위안부' 문제해결운동의 과제」[姜德相・鄭鎭星 他 共著, 『近・現代韓日關係と在日同胞』, 서울대학출판부, 1999(원문은 한국어)]를 가필 수정한 것

제5장: 「한국의 '위안부' 문제 해결운동의 위상: 80~90년대의 성폭력운동과 관련하여(상・하)」(日本の戰爭責任資料センター 編, ≪戰爭責任研究≫ 34・35호, 2001. 3)를 가필 수정한 것.

종장: 1절 「'위안부' 문제와 내셔널리즘: 2000년 '법정' 후의 과제」, ≪情況≫, 8・9월호, 2002. 8)

　　　 2-3절 새로 씀

추가장: 「일본인 '위안부'를 둘러싼 기억과 언설: 침묵이 의미하는 것」(加藤千香子・細谷實 編著, ジェンダー史叢書 第5卷, 『暴力と戰爭』, 明石書店, 2009)

보론: 「근로정신대가 된 사람들의 인생 피해에 대하여」(「名古屋三稜・朝鮮女子勤勞挺身隊訴訟」[2007年 5月 31日 控訴審判決, 現在 上告中]에서 나고야고등재판소에 제출한 의견서, 2006. 5)

| 지은이 야마시타 영애(山下英愛)

일본 도쿄 출생. 쓰다주쿠 대학 국제관계학과를 졸업하고, 동 대학원을 거쳐 한국 이화
여자대학대학원 여성학과를 졸업했다. 리츠메이칸 대학에서 국제관계학으로 박사학
위를 받았다. 공동 편저서로『일본군 '위안부' 관계자료집성(日本軍「慰安婦」関係資料集
成(上・下)』(明石書店, 2006)이 있고, 옮긴 책으로『한국여성인권운동사(韓国女性人権運
動史)』(한국여성의전화연합 편저, 明石書店, 2004),『한국의 군사문화와 젠더(韓国の軍
事文化とジェンダー)』(권인숙 저, 御茶の水書房, 2006) 등이 있다.
　　리츠메이칸 대학의 외래교수로 재직하고 있으며, 최근에는 시민을 대상으로 한국 드
라마 강좌를 열거나 드라마 에세이를 쓰면서 한일 간의 문화교류에 힘쓰고 있다.

| 옮긴이 박은미(朴恩美)

서울 출생. 서울대학교 영문학과를 졸업하고, 동 대학원 석사과정을 졸업하고 박사과
정을 수료한 뒤 일본 히토츠바시 대학에서 문예사회학으로 사회학 박사학위를 받았다.
지은 책으로『영국 농촌사회의 위기와 토마스 하디: 웨섹스 소설을 중심으로』(박사학
위논문),『도전받는 가정공동체』(공저, 2006),『미래를 여는 가정공동체』(공저, 2008)가
있고, 옮긴 책으로는『위험한 여성: 젠더와 한국의 민족주의』(2001),『섬유근육통
(Fibromyalgia)』(2003),『당신은 어떤 사람으로 살고 싶은가』(2006),『근친 성폭력: 감춰
진 진실』(2010),『마이너리티란 무엇인가: 개념과 정책의 비교사회학』(2012) 등이 있다.
　　가톨릭대학교 인간학교육원 외래교수, 가톨릭여성연구원 연구교수로서 대학과 가
톨릭교회 내에서 교육활동에 참여하고 있으며, '품 심리상담센터'와 연구소를 운영하
며 심리상담과 연구에 힘쓰고 있다. 끊임없는 배움을 통한 개인의 성장과 건강한 인간
관계 형성에 관심이 많다.

한울아카데미 1418

내셔널리즘의 틈새에서
: 위안부 문제를 보는 또 하나의 시각

ⓒ 박은미, 2012

지은이 | 야마시타 영애
옮긴이 | 박은미
펴낸이 | 김종수
펴낸곳 | 도서출판 한울

편집책임 | 박록희
편집 | 염정원

초판 1쇄 인쇄 | 2012년 2월 8일
초판 1쇄 발행 | 2012년 3월 10일

주소 | 413-756 파주시 교하읍 문발리 535-7 302(본사)
       121-801 서울시 마포구 공덕동 105-90 서울빌딩 1층(서울 사무소)
전화 | 영업 02-326-0095, 편집 031-955-0606(서울사무소: 02-336-6183)
팩스 | 02-333-7543
홈페이지 | www.hanulbooks.co.kr
등록번호 | 제406-2003-000051호

Printed in Korea.
ISBN 양장 978-89-460-5418-9 93330
     반양장 978-89-460-4559-0 93330

* 가격은 겉표지에 있습니다.
* 이 도서는 강의를 위한 학생판 교재를 따로 준비하였습니다.
  강의 교재로 사용하실 때에는 본사로 연락해주십시오.